O Fim da Divindade Mecânica

Conversas Sobre CIÊNCIA E ESPIRITUALIDADE ao Final de uma Era

O Fim da Divindade Mecânica

Conversas Sobre CIÊNCIA E ESPIRITUALIDADE ao Final de uma Era

John David Ebert

Tradução
Edvaldo Batista de Souza

EDITORA TEOSÓFICA
Brasília-DF

Título do original em inglês
Twilight of the Clockwork God – Conversations on Science & Spirituality at the End of an Age

Direitos Reservados à
EDITORA TEOSÓFICA, Sociedade Civil
SGAS — Quadra 603 — Conj. E, s/nº
70.200-630 — Brasília-DF — Brasil
Tel.: (61) 322-7843
Fax: (61) 226-3703
E-mail: st@stb.org.br
Sites: www.editorateosofica.com.br
www.stb.org.br/livrar.html

John David Ebert

O Fim da Divindade Mecânica

Conversas Sobre
CIÊNCIA E ESPIRITUALIDADE
Ao Final de uma Era

Deepak Chopra
Rupert Sheldrake
Stanislav Grof
Lynn Margulis
Ralph Abraham
Brian Swimme
Terence McKenna
William Irwin Thompson

E16

Brasília, 2002
ISBN 85-85961-80-5

CDD 100

Capa:
Marcelos Ramos
Diagramação:
Reginaldo Alves Araújo
Revisão:
Carlos Cardoso Avelino

Sumário

Este livro é dedicado a

Melynda Christoff,

sem a qual ele não teria sido possível.

"Neste mesmo século, eu profetizo, este século de Alexandrianismo científico e crítico, das colheitas, das formulações finais, levantar-se-á um novo elemento de interiorização para a derrocada da vontade de vencer da ciência... As ciências em separado – Epistemologia, Física, Química, Matemática, Astronomia – aproximam-se aceleradamente umas das outras, convergindo para uma completa identidade de resultados. O tema será uma fusão dos mundos-forma, que apresentará ... um número pequeno de teorias... que, no final, serão vistas como mitos... sob véus modernos..."

– Oswald Spengler
A Decadência do Ocidente (1918)

Prefácio

O Fim da Divindade Mecânica, de John David Ebert[1], é uma elegia, uma oração fúnebre para um sonho que morreu. No princípio, foi um sonho com um universo perfeitamente ordenado, em que cada parte harmoniosamente se encaixava à parte vizinha, como dentes das delicadas engrenagens de um relógio suíço. Foi um sonho que uniu a terra e os céus dentro das três leis da mecânica de Newton, e permitiu aos cientistas prever tudo, desde o regresso de um cometa cem anos depois, no futuro, até a hora exata da maré alta no mês que vem. Foi também um sonho cujo domínio rapidamente expandiu-se para além dos limites das ciências físicas e abrigou tudo, desde o estudo da história até a psicologia humana. E assim o sonho tornou-se pesadelo, porque não havia lugar para a consciência e os valores humanos dentro de um cosmo tão previsível. Na verdade, a própria vida reduziu-se a nada mais que um acidente químico em um planeta orbitando uma estrela não descrita em um universo indiferente.

Foi um pesadelo cheio de arrogância. A habilidade de prever eclipses e o trajeto das balas de canhão logo geraram a ilusão de que tudo poderia ser predito. E o que pode ser predito, mediante análise pormenorizada de causa e efeito, pode, portanto, ser controlado. Um século depois dos *Principia*, de Newton, o filósofo Jeremy Bentham propunha engendrar a sociedade humana de acordo com princípios rígidos da ciência, a fim de produzir um mundo utilitário que desse "a maior felicidade ao maior número possível de pessoas". Assim sendo, até o prazer e a dor deveriam sujeitar-se a medidas científicas em um mundo previsível de progresso sem fim.

Esse sonho-pesadelo deveria ter sido posto de lado pelas grandes revoluções científicas do início do século 20, as quais culminaram na explosão atual de interesse na Teoria do Caos. Hoje não somos mais observadores passivos de um cosmo criado por um Deus Mecânico, mas

---

[1] John David Ebert foi editor de textos da Fundação Joseph Campbell durante seis anos. Ele tem escrito e dado palestras sobre a importância da mitologia na Sociedade Contemporânea.

sim membros ativos de um universo participativo. Nossas habilidades de predizer e controlar o mundo são rigorosamente limitadas. E nós sabemos que somente os sistemas abertos e que respondem a seu ambiente sobreviverão, no final das contas.

As implicações dessa revolução para a nossa percepção do mundo e de nós mesmos já se disseminaram nas artes. O universo mecânico não tinha como ser encontrado em Virginia Woolf ou James Joyce. De fato, sugestões quanto a isso já apareciam nos quadros de Cézanne, nos quais o artista era claramente um participante ativo na cena diante de si. Do mesmo modo, cabe-nos compreender que um mundo baseado em uma cultura única, monolítica, é um local insalubre para se viver e que, portanto, temos a tendência de apreciar a pluralidade de ópticas e leituras.

Ainda assim, em outras áreas da vida, o universo mecânico prossegue seu curso. O tic-tac de relógio ainda se ouve em nossas escolas, hospitais, câmaras legislativas e no poder executivo. Alguns psicólogos de linha cognitiva crêem que a consciência e o comportamento humanos podem ser reduzidos, como um programa de computador, a uma série de algoritmos[2]. As razões por detrás do genoma humano e o desejo de manipular plantas e animais estão unidos sob a égide nefasta da engenharia genética. Os políticos estão sempre prontos a recorrer à força militar para resolver disputas internacionais ou dominar a população. Organizações e mercados estão aprendendo muito lentamente com os sistemas vivos da natureza que a auto-organização é mais bem-sucedida que a hierarquia rígida. Da mesma forma, apesar dos enormes sucessos, a medicina moderna, em virtude de sua mecanização, tende a retirar o elemento humano do paciente, transformando-o em uma máquina defeituosa que requer conserto por parte de especialistas.

Todos desejamos uma vida melhor para a próxima geração. Apesar disso, será que sempre levamos em conta o impacto de nossas ações sobre o meio ambiente e o simples fato de que não é possível um progresso ilimitado em um planeta finito? A Divindade Mecânica deveria ter sido posta de lado – entretanto, ainda mantemos a fé no poder absoluto de nosso conhecimento científico e acreditamos que, no final, mais tecnologia irá resolver os problemas que nos circundam. Ao mesmo tempo, o interior das cidades e os lagos deterioram-se. A violência campeia. Populações morrem de fome. As doenças assumem proporções epidêmicas. E a possibilidade de desemprego e de uma vida sem

---

[2] Algoritmo – Em matemática, conjunto de regras e operações, bem definidas, usadas para a solução de um problema. (N. ed. bras.)

qualidade e sem recompensas desumaniza a juventude, enquanto os governos parecem mais interessados em desviar fundos para fazer guerra às drogas.

Eis porque *O Fim da Divindade Mecânica*, de Ebert, é tão importante. A obra argumenta poderosamente em favor de uma nova visão da natureza e de nós mesmos, que emerge neste século. Para as entrevistas que constam do livro, Ebert escolheu as figuras de proa do novo paradigma. E se há momentos em que os especialistas nem sempre concordam com o rumo que estamos seguindo, isso torna o livro ainda mais excitante. Mostra que o pensamento novo não é monoliticamente hierárquico. Em vez disso, é uma tentativa humana, humanística, de celebrar nosso universo vivo e compreender nossa posição dentro dele. A leitura de *O Fim da Divindade Mecânica* dá-nos uma visão do espírito novo da era em que vivemos e de nossa responsabilidade para com ele. Ebert fez um excelente trabalho, e seus interlocutores manifestaram suas opiniões. A despeito disso, neste mundo novo, somos todos responsáveis, todos participantes. Assim, o resto depende de nós.

F. David Peat

"Deve-se dar pesos,
e não asas,
à imaginação".

– Francis Bacon

Introdução:

A Gênese e a Desintegração Da Visão Mecânica Do Mundo

I – O Diálogo entre o Mito e a Ciência

A partir das descrições de Carl Jung de suas várias conversas com Einstein durante o jantar, fica claro que cada um deles pouco entendia o que o outro queria dizer. "Ele vinha freqüentemente à minha casa", pondera Jung, "e eu sempre o bombardeava com questões sobre sua teoria da relatividade. Não sou dotado para a matemática, e vocês podem imaginar o trabalhão que o pobre homem teve para explicar-me a relatividade... Um dia, entretanto, ele perguntou-me algo sobre psicologia. Foi o dia de minha vingança".[1] A idéia dos dois maiores gênios do século 20, na área das ciências da Natureza e do Espírito, conversando e não se entendendo é irônica, uma vez que ambos estavam envolvidos em um desmantelamento semelhante do universo mecânico. Corria o ano de 1911, e Carl Jung trabalhava em sua obra-prima *Psicologia do Inconsciente*, o volume que marca o seu afastamento da psicologia racionalista de Sigmund Freud.[2] Foi a primeira exploração feita por Jung na área do mito, e nela se lançaram os alicerces de sua teoria do inconsciente coletivo. A física já se tinha posto de cabeça para baixo em 1905, com a publicação de um pequeno trabalho de Einstein, intitulado "Da Eletrodinâmica dos Corpos em Movimento", no qual ele anunciava que os conceitos de tempo, espaço e massa – considerados absolutos durante séculos – tornar-se-iam agora propriedades variáveis da matéria em movimento à medida que ela se aproximava da velocidade da luz.

Conforme teorizou o filósofo Michel Serres, a facilidade com que duas partes se comunicam é função de quão bem são elas capazes de excluir "o terceiro homem", que Serres denomina "o parasita", personificação mítica das várias formas de entropia que ameaçam distorcer a comunicação na forma de ruído, estática, mal-entendidos, barreiras da

---

1 V. Jung (1976), pp. 67-68. Para mais comentários de Jung sobre sua reunião, v. *Selected Letters of C.G. Jung, 1909-1961*, editadas por Gerhard Adler (1984), p. 116; e *C.G. Jung Speaking Interviews and Encounters*, editado por William McGuire e R.E.C. Hull (1977), p. 326.

2 *Wandlungen und Symbole der Libido*, posteriormente traduzido para o inglês como *Symbols of Transformation (Símbolos da Transformação).*

linguagem, e assim por diante.[3] A habilidade de excluir esse terceiro elemento, por parte da ciência e da espiritualidade, aumentou significativamente desde os dias de Jung e Einstein, porque agora eles parecem ter mais o que dizer um ao outro. O físico quântico Erwin Schrödinger, por exemplo, continuando na tradição de Arthur Schopenhauer, que o precedera um século antes, supunha que a filosofia hindu era essencialmente equivalente às descobertas fenomenológicas da física moderna, enquanto o sacerdote católico Teilhard de Chardin passou a vida buscando unir a visão do mundo evolutivo das ciências com da Cristandade. O físico David Bohm despendeu vários de seus últimos anos de vida envolvido em diálogos com Jiddu Krishnamurti, ao passo que as conversas entre Fritjof Capra e o Irmão David Steindl-Rast foram publicadas com o título *Belonging to the Universe (Pertencendo ao Universo)* em 1991. E dois dos protagonistas deste livro, Brian Swimme e Rupert Sheldrake, continuaram a tradição através de colaborações com o teólogo Matthew Fox.

Não faz muito tempo, assisti a um documentário em vídeo com cinco partes sobre uma conferência ocorrida na Europa com o título "A Arte se encontra com a Ciência e a Espiritualidade numa Economia em Mudança".[4] O que me impressionou foi que nem os artistas nem os economistas tinham muito a contribuir para o diálogo em quatro áreas, ao passo que os vários representantes das ciências e religião tinham coisas interessantes e inteligentes para dizer a si próprios e aos outros. Teólogos como Huston Smith, Sogyal Rinpoche, ou o Dalai Lama não pareciam sequer ameaçados pela eloqüência dos cientistas, os quais, no meu entendimento, roubaram a cena. Rupert Sheldrake, Ilya Prigogine, David Bohm, Francisco Varela e Fritjof Capra foram, de longe, os oradores mais articulados e eletrizantes da conferência, e era claro que idéias realmente *novas* surgiam daquele grupo em especial.

As ciências, todavia, nos dias atuais não são tão ensimesmadas como no passado, pois existe uma nova geração que leva o mito a sério. A atitude de Frazer em *The Golden Bough* não é mais apropriada ao *Zeitgeist*, porque ele insistia em que a civilização havia passado por uma seqüência irreversível de três fases, a partir da mágica, e através da religião até a ciência. Uma vez atingida a última fase, as anteriores de-

---

3 Veja Serres (1982), pp. 125-126. Para mais detalhes sobre esta citação, veja a Bibliografia ao final desse volume.

4 Esta série em vídeo pode ser obtida através da *Mystic Fire*.

sapareciam completamente, já que haviam sido esboços grosseiros de uma abordagem "científica" do mundo, algo que as primeiras culturas sempre se esforçaram por atingir. Entretanto, com a publicação da obra *A Decadência do Ocidente,* de Oswald Spengler, em 1918, e de *Genesis and Development of a Scientific Fact (A Gênese e o Desenvolvimento de um Fato Científico),* de Ludwik Fleck, em 1934, a matriz de "progresso", na qual Frazer – e todos os demais no século 19 – havia baseado sua teoria de desenvolvimento cultural, tornara-se ultrapassada.

Foi Jean Gebser que, em 1949, com seu livro *Ever-Present Origin (A Origem Sempre Presente),* ultrapassou os limites da teoria do desenvolvimento cultural de Frazer. Desenvolveu sua própria teoria, na qual os estágios da história tornavam-se uma série de estruturas de consciência que, uma vez cristalizados, não mais se tornavam obsoletos pelas fases subseqüentes, mas sim miniaturizados para cumprir funções específicas no mapa geral da consciência humana. Na seqüência de Gebser, os estágios Arcaico, Mágico, Mítico e Racional da história da cultura foram seguidos, no século 19, pelo estágio Não-perspectivo (também conhecido como Integral), em que todas as demais estruturas e pontos de vista foram englobados em um espaço novo de estágio relativista, no qual as filosofias conflitantes co-existem como ícones geométricos dos dados corporativos no espaço cibernético dos romances de William Gibson.

Assim, em conformidade com a imagem que Gebser faz do nosso mundo contemporâneo, eu argumento que uma nova geração de cientistas tem surgido, geração essa para a qual a mágica, o mito e a ciência são parte do mesmo espectro da atividade cultural humana. Idéias como a hipótese de Gaia, a teoria do Caos, as estruturas auto-organizadas de Ilya Prigogine, ou o cosmo holográfico de David Bohm exibem a presença de imagens de cosmologias antigas e mais míticas. A estrutura mágica da consciência, que caracterizava o aspecto da infância primordial do homem, vem novamente à tona, por exemplo, no Programa de Pesquisas de Anomalias em Engenharia de Princeton, chefiado por Robert Jahn e Brenda Dunne, os quais documentaram meticulosamente a realidade de fenômenos paranormais como a telepatia, a psicocinese e a visão remota. Os campos morfogenéticos de Rupert Sheldrake são uma espécie de transformação científica do antigo *anima mundi,* a alma do mundo, a qual, mesmo recente como na época de Leibniz, ainda infundia consciência prolífera e perceptiva na partícula infinitesimal. Médicos como Richard Gerber, Larry Dossey, ou Deepak

Chopra, da mesma forma, levam a sério as antigas microcosmologias descartadas pela maioria dos cientistas acadêmicos há muito tempo, observando em sistemas de pensamento como a ioga *Kundalini*, ou na acupuntura, os rudimentos de uma ciência completamente nova de "medicina vibracional", na qual os canais e caminhos prânicos do corpo sutil podem tornar-se supercondutores dos estados de consciência, levando a uma condição superior de saúde.

Este fenômeno, além disso, não é apenas uma outra manifestação da cultura "pop" ou a última moda do Narcisismo da Nova Era, já que vem ganhando terreno de maneira constante ao longo do século 20, expandindo-se em esferas de influência cada vez maiores entre a população. Sua audiência, por conseguinte, é ao mesmo tempo popular e elitista, incluindo campeões de vendagem como *Holographic Universe (O Universo Holográfico)*, de Michael Talbot, *The Tao of Physics (O Tao da Física)*, de Fritjof Capra, *God and the New Physics (Deus e a Nova Física)*, de Paul Davies, além de obras mais refinadas como as antologias de *Gaia*, de William Irwin Thompson, ou *Gentle Bridges: Conversations with the Dalai Lama on the Sciences of Mind (Pontes Amáveis: Conversas com o Dalai Lama a Respeito das Ciências da Mente)*, ou mesmo a mais recente obra acadêmica de Kitty Ferguson, *The Fire in the Equation: Science, Religion and the Search for God (O Fogo na Equação: Ciência, Religião e a Busca por Deus)*.
O tema, portanto, permeia muitas mentes nestes dias atuais, e este livro busca ser uma contribuição modesta para esse assunto. Seu foco é a relação entre a imagem compartilhada pelo mito arcaico e a ciência moderna, com vislumbres do passado quanto à matriz histórica da qual emerge esse diálogo.

II – A Divindade Mecânica

Se rebobinarmos o filme da história européia até os séculos 13 e 14 nós veremos, talvez para nossa surpresa, que a criação do universo mecânico originou-se na imaginação de vários monges góticos. Para homens como Robert Grossetteste, Petrus Peregrinus, Roger Bacon e Witelo, o cosmo medieval descrito em apoteose por Dante era uma espécie de máquina de moto-perpétuo gigante: a hierarquia aninhada de esferas translúcidas carregando os cinco planetas em suas órbitas não se movia por si só, como preconizavam Aristóteles e Pitágoras, mas era governada por hostes de anjos bioluminescentes, os quais giravam as esferas com um movimento eterno, não dissipado. As grandiosas catedrais góticas, por sua vez, foram concebidas como miniaturas terrenas da máquina cósmica, com suas vigas aéreas de sustentação, grandes vitrais e abóbadas, que incorporavam o homem e podiam imitar a organização da arquitetura divina.

Lewis Mumford era de opinião que os primeiros relógios mecânicos foram construídos pelos monges beneditinos no século 13 com o propósito de regular as sete horas canônicas do dia. Entretanto, parece mais provável, como indicou Jean Gimpel,[5] que os primeiros relógios tenham sido calendários astronômicos e, como tais, tenham surgido de uma tentativa de imitar a máquina de moto-perpétuo dos céus. Um dos mais antigos relógios mecânicos que conhecemos foi encontrado na ilha de Antiqueira e data do período helenístico. É uma caixa retangular dentro da qual uma elaborada série de engrenagens e rodas é utilizada para girar vários ponteiros que ficam do lado de fora, aparentemente com o objetivo de mapear o curso do sol através do zodíaco.[6]

Por volta do ano 1090, os chineses inventaram um relógio mecânico de pedestal movido por roda d'água, a qual girava uma esfera de anéis entrelaçados e um globo celeste. Em torno do ano 1150, na Europa, foi traduzido para o latim um texto em árabe de um tratado astronômico de autoria do matemático hindu Bhaskara, onde talvez se encontre a primeira referência à idéia da máquina de moto-perpétuo desenvolvida pelos ocidentais. A máquina de Bhaskara é uma espécie de roda semovente que opera através da passagem de mercúrio por uma série de varetas ocas, e uma das primeiras referências a um relógio mecânico parece referir-se a ela, pois o relógio usado na ilustração de um livro da corte de Alfonso X de Castela, por volta de 1276 é visto como tendo um astrolábio como ponteiro, o qual é movimentado por um peso e um mecanismo pendular, o qual roda por meio de um tubo giratório por onde passa o mercúrio. Ambas as máquinas, por sua vez, parecem ter sido concebidas como reflexos terrenos das rodas eternas do cosmo. "O relógio que marca o tempo e domina nossas vidas", salienta Gimpel, "é apenas um subproduto do relógio astronômico".[7]

Desse modo, a invenção do relógio mecânico pelos monges – de um jeito ou de outro – durante essa época, foi inspirada pela imagem do cosmo como máquina de moto-perpétuo, já que os relógios se aproxi-

---

[5] V. Gimpel (1976), pp. 149-153.

[6] V. Peterson (1993), capítulo 2, esp. pp. 23-30.

[7] Gimpel, ibid., p. 153.

mavam melhor, para a mente medieval, do ideal de um cosmo semovente em miniatura, do que qualquer outra máquina. Assim se pronunciou Oswald Spengler sobre o assunto:

"Aqui, melhor que em qualquer lugar, se manifestam as origens religiosas de todo o pensamento técnico. Esses descobridores meditativos, em suas celas, com orações e jejuns, *extraíam* os segredos de Deus, [e] *sentiam* que O estavam servindo dessa maneira... Assim, criaram a *idéia da máquina* como um pequeno cosmo que obedece exclusivamente à vontade do homem."[8]

> *"Muitos monges empenharam-se em suas celas em desenvolver a idéia do* moto-perpétuo. *Essa ... idéia depois exerceu influência sobre nós, pois o sucesso significaria a vitória final sobre "Deus ou a Natureza"... um mundo pequeno da própria criação de alguém, que se move como o mundo grande, em virtude de suas próprias forças e obedecendo apenas à mão do homem. Edificar um mundo por si mesmo, ser o próprio indivíduo um Deus – tal é o sonho de Fausto vivido pelo inventor, a partir do qual se origina o projeto e modificação de projetos de máquinas, com vistas à aproximação, tanto quanto possível, do inatingível limite do moto-perpétuo."*[9]

Esses monges já analisavam as propriedades da matéria para chegar a meios novos e complexos de controlar as forças misteriosas nela contidas, das quais somente Deus, ou o Diabo, tinham conhecimento. Examinavam espelhos e lentes, as propriedades da luz e do magnetismo, e Roger Bacon, que foi lançado na prisão devido a suspeitas públicas de haver feito barganhas faustianas com o Diabo, já sonhava com máquinas a vapor e máquinas voadoras. Spengler, mais uma vez, comenta: "... aquele que não se sentia pessoalmente possuído pela vontade de subjugar a natureza certamente consideraria tudo isso como *diabólico*, e, de fato, os homens sempre consideraram as máquinas como invenções do Diabo". Isso porque, na mente do povo, o poder sobre a terra era identificado, de modo pouco confortável, com a tentação de Satanás a Cristo, na qual o Diabo o conduz ao topo de um monte e lhe promete todos os reinos do mundo, bastando para isso que ele se prostrasse e o adorasse.

---

[8] V. Spengler (1929), vol. 2, p. 502.

[9] Spengler (1932), pp. 84-85.

Assim, o mito de Fausto cristalizado na imaginação ocidental entre os anos 1000 e 1500 catalisou uma série de inovações tecnológicas que constituem uma das maiores explosões de criação mecânica jamais ocorrida. Espelhos, rodas d'água, serrarias, rocas de fiar, teares, óculos, bússola, armas de fogo, moinhos de vento, canhões, papel e a imprensa surgiram dessa eclosão Cambriana de mutações técnicas.

Erich Neumann, discípulo de Jung, caracterizou o significado dessa época como "o reaparecimento do arquétipo da terra, em oposição ao arquétipo do céu que havia dominado durante a Idade Média."[10] Essa mudança de rumo da sensibilidade ocidental foi evidente, por exemplo, em desenvolvimentos como a invenção da perspectiva de profundidade na pintura, o que ocorreu simultaneamente com a quase diária revisão de mapas resultantes das descobertas do Príncipe Henrique, o Navegador, Bartolomeu Dias, Cristóvão Colombo, Vasco da Gama e Fernão de Magalhães. A série de esculturas clássicas que começou a surgir das profundezas da terra, onde haviam sido sepultadas desde os tempos romanos, foi também estranhamente fortuita, pois essas Vênus e *Laocöons* assinalaram obras de arte de Botticelli e Michelangelo com um caráter reconhecidamente pagão, não presente nas obras da arte cristã dos séculos anteriores. Tais obras eram definitivamente não medievais em seu interesse pelos pormenores da anatomia humana. Do mesmo modo, observa-se nas pinturas de Leonardo da Vinci um interesse novo em exibir, com precisão, as dobraduras de um manto ou as penas das asas de um anjo. Basta examinar em detalhe as asas de pardal dadas a Gabriel em sua obra *Anunciação* ou os efeitos atmosféricos dos horizontes azuis ao fundo.

Nesse meio tempo, nas ciências, a hipótese atomista fora revivida através de uma tradução feita no século 15 da obra de Lucrécio *De Rerum Natura* e por fim essa nova ontologia da matéria foi utilizada por grandes mentes do século 17, incluindo Descartes, Gassendi, Bacon e Hobbes. Nas palavras de Newton:

> *"Parece-me provável que Deus, no princípio, tenha formado a matéria em partículas sólidas, massivas, duras, impenetráveis e móveis, de vários tamanhos e formas, e com tais propriedades e proporção no espaço que a maioria delas encaminhou-se para o fim para o qual foram feitas; e que tais partículas primitivas, sólidas, sejam incomparavelmente mais duras que*

---

[10] Neumann (1974), pp. 94-95.

quaisquer outros corpos porosos que elas compõem; tão duras que jamais se podem desgastar ou partir em pedaços; nenhum poder conhecido é capaz de dividir o que o próprio Deus fez inteiro na primeira criação."[11]

A Teoria dos Quatro Elementos, de Aristóteles, por conseguinte, ficou deslocada e, juntamente com as disciplinas ditas espirituais, como a alquimia, em que o esforço central é produzir uma aparição divina do espírito embutido na matéria, dependia da noção dos elementos que compunham as estruturas de todas as coisas em proporções variáveis. E quanto à contrapartida celestial da alquimia, a astrologia, um destino igualmente cruel lhe estava reservado, porque a nova e florescente ciência da astronomia já estava em seu processo de demolir a dicotomia céu-terra, arcabouço do cosmo medieval. No épico babilônico da criação, *Enuma Elish*, os deuses guerreiros masculinos destroem a deusa Tiamat e esquartejam seu corpo para construir um cosmo com as partes. Da mesma forma, os cientistas filósofos dos séculos 16 e 17 atacaram o Ser Vivente cósmico de Platão, e passaram a descarnar seu esqueleto até que restasse somente algo morto.

"Minha visão", escreveu Kepler, "é mostrar que a máquina celestial não deve ser comparada a um organismo divino, mas a um mecanismo de relógio". Kepler, portanto, em uma imitação irônica do Demiurgo de Platão, transformou os círculos celestiais dos planetas em elipses, enquanto Galileu colocou da cabeça para baixo a visão aristotélica do movimento, com sua articulação da Lei dos Corpos Cadentes, para a qual o esquema visual primário era um arco parabólico feito pela trajetória de uma bala de canhão. Newton, por sua vez, fundiu os dois mundos do céu e da terra, antes colocados distantes um do outro pela mente medieval, em um contínuo único através da junção de um par de arcos parabolóides de Galileu justapostos pelas extremidades, a fim de a partir daí derivar as órbitas elípticas dos planetas engendradas por Kepler. Os planetas podiam agora ser considerados como objetos cadentes que, de algum modo, jamais conseguiam atingir seus alvos. Para Newton, o relógio mecânico foi a analogia perfeita para sua visão do cosmo, ou quase isso, pois seus cálculos indicaram-lhe que as órbitas dos planetas eram inerentemente instáveis, fazendo com que eles finalmente fossem chocar-se com o sol se não fosse o recurso de um *deus ex-machina*, o deus que tinha de periodicamente dar corda ao mecanismo do relógio para evitar o caos.

---

11 Campbell (1988a), p. 8.

III – O Demônio na Máquina

Pelo final do século 19, a máquina a vapor já começara a substituir o relógio como imagem básica do cosmo. Enquanto o relógio mecânico tinha suas origens no céu, a máquina a vapor fora inventada no final do século 17 como uma bomba para extrair água dos poços das minas, e assim, era algo que vinha das próprias profundezas da terra. Aqui existe uma oposição arquetípica produzindo a si mesma, uma vez que mesmo se sabendo que as leis dos céus e da terra eram absolutamente idênticas – já que o trabalho de Newton o demonstrara – ainda havia, na imaginação coletiva, uma associação dos céus com o âmbito da eternidade e da atemporalidade, pois a imagem de um relógio cósmico derruba o conceito de *transformar-se* através de ciclos que se repetem dentro de ciclos maiores, até o infinito. Na mecânica de Newton, o tempo simplesmente não existe, porque todos os processos e suas equações são teoricamente reversíveis. Mas nós *sabemos* que os eventos no tempo vivido, real, *não são reversíveis* – esse foi, por exemplo, um dos segredos conhecidos dos grandes autores das tragédias – e que o arquétipo terrestre tem sido associado, classicamente, aos ritmos do tempo: geração e corrupção, crescimento e decadência.

A termodinâmica, do mesmo modo, evoluiu diretamente da meditação sobre a máquina a vapor, a qual é um artefato tipicamente terreno. Todos os quatro elementos clássicos estão envolvidos em sua operação: a terra, na forma de carvão; o fogo que aquece o carvão; este, por sua vez, ferve a água e a transforma em vapor – uma espécie de ar com muita umidade – usado para realizar o trabalho de empurrar o pistão no êmbolo; quando o vapor resfria-se, tornando-se água novamente, o ciclo recomeça. Assim, a máquina a vapor fez nascer sua própria ciência, a termodinâmica, na qual, contrariamente à mecânica de Newton, o tempo *não* é uma quantidade desprezível, mas a essência, uma vez que flui numa única direção: para frente.

Foi a publicação das *Reflexões sobre o Poder Motivador do Fogo*, de Sadi Carnot, em 1824, que estabeleceu os postulados metafísicos básicos da termodinâmica. Carnot perguntara-se por que as máquinas a vapor funcionavam com tão pouca eficiência; mesmo as inovações técnicas de Watt não obtinham eficiência acima de dez por cento. Esse fato levou-o a uma meditação profunda sobre a metafísica da máquina a vapor, na qual ele platonicamente visualizou um artefato de aquecimento que funcionava sem atrito e em temperatura constante. Concluiu que sua eficiência era função direta da tensão entre a temperatura de aquecimento da água antes de ser usada no trabalho e a temperatura de resfriamento após o trabalho. Quanto maior a diferença de temperatura, mais eficientemente se podia converter as reservas de energia em trabalho. Carnot, todavia, viu que mesmo as máquinas mais eficientes jamais atingiriam cem por cento, uma vez que a energia utilizável sempre se perdia quando o ciclo se reiniciava.

O sonho Faustiano do moto-perpétuo tornou-se impossível com a máquina ideal de Carnot, porque tal máquina, a fim de se manter funcionando, deveria criar continuamente energia do nada. Quando Kelvin e Clausius descobriram o trabalho de Carnot na metade do século, concluíram que nele havia a formulação implícita do que Clausius denominou Entropia, a qual ele assim formulou: o calor sempre flui do corpo mais quente para o mais frio. Uma vez balanceada a diferença de temperatura, deixa de haver um gradiente de energia, e o sistema terá chegado ao equilíbrio térmico. Assim, as duas grandes leis da termodinâmica podem ser expressas da seguinte forma: "O conteúdo total de energia do universo é constante e a entropia total aumenta continuamente".[12]

Portanto, foi da meditação sobre a máquina a vapor que surgiu a idéia do fim do mundo, pois a entropia é um sistema fechado que deve crescer sempre e, em tudo o que parece, o universo é um sistema fechado. Com a dissipação gradual da energia disponível pelo universo, não haverá nenhuma energia deixada para transformações posteriores. As estrelas não mais poderiam espalhar seu calor no espaço frio que as circunda, pois reinaria a homogeneidade de temperatura e o universo gradualmente se encheria de átomos desarraigados, flutuando como tropas cansadas de um exército, incapazes de se erguer na forma de falanges revigoradas para a batalha. O universo foi imaginado, desse modo, como uma gigantesca máquina a vapor que gradualmente se extinguiria.

O salvador desse apocalipse termodinâmico, entretanto, surgiu na forma do demônio de Maxwell, um pequeno ser que fazia lembrar daqueles anjos medievais transformados em esferas planetárias. James Clerk Maxwell imaginou como seria possível reverter a segunda lei da termodinâmica: ele visualizou o demônio sentado à entrada de uma caixa dividida em duas metades. Em toda a caixa, um gás teria atingido

---

[12] Rifkin (1981), p. 33.

o equilíbrio térmico na forma de temperatura constante. Esse ser capturaria as moléculas mais velozes e as conduziria a um compartimento, deixando o outro cheio das moléculas mais lentas, restabelecendo, assim, a diferença de temperatura e estabelecendo um novo gradiente para o fluxo de energia. Afinal de contas, a máquina de Carnot transformar-se-ia em máquina de movimento perpétuo, uma vez que não precisaria de suprimento de energia nova para reiniciar seu ciclo.

É claro que a idéia foi apenas um desses mitos científicos, como o homúnculo de Leibniz, porque Maxwell estava saindo das leis do mundo dos fenômenos a fim de nele inserir um ser dos limites sobrenaturais para ligar a máquina de Carnot, da mesma forma que a visão do mecanismo do relógio associada aos planetas, de Newton, o obrigara a recorrer à idéia de que Deus tinha de reiniciar constantemente o movimento dos planetas para que seus cálculos fossem exatos. A subestrutura apocalíptica do demônio de Maxwell vem à tona como um palimpsesto quando a comparamos à visão de Cristo no Julgamento Final, separando os salvos à sua direita e os condenados à sua esquerda, lançando estes últimos nos abismos de um inferno implacável, enquanto aqueles entram em suas mansões no clima (presumivelmente ameno) dos céus. A história da ciência é cheia dessas estruturas míticas, pois a ciência nunca é tão "objetiva" quanto seus sacerdotes nos querem fazer crer, já que ela mesma é produto da imaginação humana e sujeita aos mesmos contornos arquétipicos do mito. A visão apocalíptica da morte calorífica do universo, no fim, tem muito em comum com o Ragnarok escandinavo, o Dia do Juízo, de acordo com o qual o mundo será destruído em uma conflagração final. Wagner e Hebbel, sem nenhuma coincidência, trabalhavam em seus dramas do Nibelungo, ao mesmo tempo em que os estudiosos da termodinâmica punham um fim ao cosmo acionado por mecanismo de relógio.[13]

---

13 As quatro partes da ópera de Wagner, *O Anel*, foram completadas em fases, entre 1869 e 1876. A trilogia dramática de Hebbel, *Os Nibelungos*, data de 1862. Todavia, Wagner já vinha trabalhando em rascunhos de seu *Anel* desde 1848. As primeiras peças de Ibsen, da mesma forma, do período entre 1855 e 1867, são extraídas dos mitos nórdicos e das lendas Vikings. Rudolf Clausius, nesse meio tempo, por volta de 1850, foi o primeiro a formular o princípio da entropia seguindo-se ao trabalho de Carnot e, no ano seguinte, Kelvin formulou a mesma teoria de maneira independente, embora ambos houvessem lido Carnot. O termo "entropia" foi cunhado por Clausius em 1865.

IV – De Dínamos e Mônadas

Quando Henry Adams postou-se, deslumbrado, diante da mostra de dínamos na Grande Exposição de 1900, compreendeu que estava na presença de um tipo de máquina totalmente novo, algo com o poder de alterar radicalmente a imaginação ocidental:

> *"... para Adams [escreve ele], o dínamo tornou-se um símbolo de infinito. Ao crescer acostumado a uma grande galeria de máquinas, começou a sentir um dínamo de doze metros e meio como sendo uma força moral, algo parecido com o sentimento dos primeiros cristãos em relação à Cruz... Entre o dínamo na galeria das máquinas e a casa de máquinas do lado de fora, a quebra de continuidade implicava uma fratura colossal para os objetos de um historiador. Ele não mais podia descobrir uma relação entre [a máquina] a vapor e a corrente elétrica que não fosse semelhante à relação entre a Cruz e a catedral. As forças eram intercambiáveis, senão irreversíveis, mas ele podia apenas ver um* fiat *absoluto na eletricidade, assim como via na fé."*[14]

E assim, ao raiar do século 20, o dínamo tornar-se-ia o símbolo da transformação do universo mecânico de Newton na visão de tempo e espaço de Einstein, como uma estrutura entrelaçada de baixa freqüência de curvas geodésicas. A cosmologia de Einstein parece-se, na verdade, em vários de seus aspectos, com a de seu predecessor judeu-alemão Spinoza – um de seus filósofos favoritos – porque Spinoza imaginara o tempo e o espaço como atributos de uma mesma substância subjacente que ele identificou com Deus. Para Einstein, do mesmo modo, tempo e espaço são atributos da energia-massa, pois o tempo diminui e o espaço se contrai à medida que os objetos se aproximam da velocidade da luz; e na presença de campos gravitacionais intensos próximos a objetos maciços e volumosos, os relógios movem-se mais lentamente e o espaço deforma-se. A massa é, de fato, energia contida, e todos os objetos podem ser reconvertidos em energia. A teoria da relatividade anunciou o início da fusão cultural do arquétipo da terra.

Por exemplo, a concepção dos átomos na mecânica quântica, que emergiu quase ao mesmo tempo, também sofria uma mudança *gestalt*. Os átomos da mecânica de Newton eram pequeníssimos objetos sólidos de formas e tamanhos variados, cujas combinações formaram a

---

[14] Adams (1961), pp.380 81.

ordem das coisas. O conceito moderno de átomos, entretanto, é mais etéreo, pois essas pequeníssimas unidades de força agressiva retendo reservas enormes de energia têm mais em comum com as mônadas de Leibniz que com qualquer outra coisa. Além disso, suas fantasmagóricas propriedades de partículas-onda e de não-localidade desafiam as categorias binárias da lógica clássica, enquanto a queda espontânea de radioatividade dos átomos de urânio, tório e plutônio não parecem suscetíveis de interpretação causal.

Nas artes, nesse meio tempo, algo semelhante já ocorria desde a invenção do espaço aperspectivo de Cézanne. A história dos quadros do século 20 revela a dissolução gradual dos objetos sólidos, que se transformaram em fontes de energia a partir das quais concretizaram-se inicialmente. Primeiramente, na geração de Picasso, Klee e Mirò, os objetos surgindo nas telas como flores d'água japonesas são manifestações do âmago da mente sonhadora, as formas do que brilha com radiação interna própria, tal como os peixes luminescentes que habitam os abismos mais escuros do oceano. O que David Cronenberg, o grande diretor de filmes, afirmou sobre seu próprio trabalho aplica-se igualmente: "As pessoas perguntam: 'o que você está tentando fazer com seus filmes?' Respondo: 'imagine que vocês abriram um buraco em suas testas e que seus sonhos se projetam diretamente na tela.'"

Na segunda fase, aquela de Jacson Pollock, Willem de Kooning e Mark Rothko, essas formas variáveis resolvem-se nas fontes energéticas que lhes deram vida, pois a visão de suas telas é manifestação de energia pura, o que os hindus chamam *shakti*, ou, no caso de Rothko, o Vazio dos budistas. Essas são as zonas causais de manifestação, a partir das quais surgem as formas de sonho e mito e das quais, por sua vez, o próprio mundo físico surgiu.

Desse modo, é evidente para mim, de qualquer modo, que os cinco séculos em que o arquétipo da terra dominou a imaginação coletiva ocidental estão chegando ao fim, e com ela, as várias filosofias do materialismo que criou. E apesar de um número significativo de nossos cientistas modernos permanecer preso ao século 19, seu mundo pertence ao passado e não é aquele que se abre diante de nossos olhos atualmente.

V – A Segunda Religiosidade

Existe um romance de Doris Lessing, intitulado *As Tentações de Jack Orkney,* que apreende perfeitamente esse tipo de bifurcação em nosso inconsciente coletivo, que é o foco desse livro. A história trata de um socialista de meia idade que viveu envolvido em várias causas, organizando marchas de protesto e escrevendo romances de aventura de segunda classe acerca de suas viagens ao redor do mundo. Com relação aos seus pontos de vista religiosos, Lessing assim se expressa: "ele... vestia o seu ateísmo como um manto de honra. A descrença na vida após a morte era um certificado de bravura e, acima de tudo, de clareza de idéias".[15]

Ao iniciar-se a história, ele é chamado à beira do leito de morte do pai, onde encontra seu irmão e sua irmã, os quais, para sua surpresa, também não são mais religiosos. O pai falece e Jack volta ao lar, para junto de sua esposa e de suas atividades políticas. Somente então descobre que não pode mais dormir à noite devido a uma série de sonhos aterrorizantes. Ele jamais tivera medo da morte, pelo menos não no sentido existencial difuso ao qual Heidegger refere-se em *O Ser e o Tempo*. Todas as noites, entretanto, os sonhos atormentadores aconteciam, nos quais ele era enterrado vivo juntamente com seu pai ou tinha de defrontar-se com uma mulher vestida em um manto branco que lhe apontava o caminho para uma terra prometida. Acaba perdendo o interesse pelas atividades políticas e, para espanto de todos os seus amigos, comparece à igreja num domingo pela manhã. Isso tudo também não lhe parece direito, no entanto; e, à medida que os sonhos tornam-se piores, ele decide estudar religião comparada e antropologia, ao mesmo tempo que estuda Chardin e Simone Weil. A história termina em tom malévolo e ameaçador quando ele decide repudiar a religiosidade por completo, mesmo vendo que seus sonhos tornam-se progressivamente piores.

Vejo a história de Lessing como a analogia perfeita para o que acontece atualmente na civilização ocidental, que já passou cerca de duzentos anos em um vácuo espiritual coberto por uma ou outra forma de materialismo. Como resultado, sua alma negligenciada tem buscado obter nossa atenção na forma de catástrofes – os pesadelos do século 20, como escreve o alemão Heinrich Zimmer, estudioso dos hindus:

> *"Todos os deuses e poderes estão dentro de nós, o corpo expande-se para um cosmo, e ai daquele que desprezá-lo. Esse ser divino em nós jamais pode... dormir ou sair em viagem; se parece adormecido ou distante é um sinal de que está irado, porque perdemos nosso contato com ele e não fomos capazes de preser-*

---

15 Lessing (1974), pp. 287-88

vá-lo. Nesse caso, não mais recebemos de sua graça; ele já se encontra no processo de metamorfose, transformando-se em um perigoso demônio, o qual, semelhante à estupidez e ao desespero, irá comportar-se de modo maléfico para conosco."[16]

De Copérnico a Newton e à teoria de Kant e Laplace sobre a origem do sistema solar, ao uniformismo de Hutton, à *Origem das Espécies* de Darwin, à relatividade e à mecânica quântica, a ciência tem erodido gradualmente o antes magnífico edifício da visão bíblica do cosmo, transformando-o em algo parecido com uma igreja gótica em ruínas, daquelas que assombram as florestas nos quadros de Caspar David Friedrich. A natureza, parece, triunfou sobre o espírito, pois a visão do cosmo pintada pela ciência mostra leis duras e imutáveis que fazem surgir, necessariamente, estrelas, planetas e galáxias de movimento espiral que se movem no espaço até chocarem-se entre si. Estrelas desgarradas vagueiam como navios piratas para dentro de sistemas solares estáveis, onde perturbam o equilíbrio cuidadoso das atrações gravitacionais, levando todo o sistema ao caos, ao mesmo tempo em que buracos negros silenciosamente sugam a vida de estrelas jovens e florescentes, tal como aranhas banqueteando-se da presa cativa. Parece haver pouco espaço em tudo isso para as tênues e singelas produções humanas, cujos sistemas de idéias antes considerados poderosos são relegados ao nada por essas magnitudes incompreensíveis. O homem tornou-se aparentemente pequeno nesse novo cosmo, e é pouco mais que um inseto trabalhador.

Certamente, foi assim que ele se comportou ao longo do século 20, pois que outro significado daremos aos ataques com gás mostarda realizados na Primeira Guerra Mundial, ou ao massacre de nove milhões de camponeses perpetrado por Stálin, ou às câmaras de gás de Hitler com suas tenebrosas mercadorias, como sabão e abajures feitos de restos humanos? Ou à bomba lançada sobre Hiroshima? Ou aos recentes ataques com gás paralisante no metrô de Tóquio, lançados pelo culto apocalíptico Aum Shinrikyo? De fato, somos tentados a suspeitar que existe conexão entre a desintegração de nossas cosmologias religiosas durante os últimos duzentos ou trezentos anos e o correspondente crescimento da selvageria humana ocorrido desde então. Parece que a ausência de visão espiritual do cosmo, que insere um lugar para o ho-

---

16 Veja-se o ensaio de Heinrich Zimmer, "Do Significado da Ioga Tântrica Hindu", em Campbell, ed. (1960), p. 39.

mem em algum lugar, conduz diretamente ao tipo de desespero existencialista expresso em frases do tipo: "nada é verdadeiro, tudo é permitido". O homem do século 20 deu-se, a si próprio, permissão para fazer tudo o que lhe agradar.

No entanto, a tese deste livro é de que a visão materialista do mundo está em transição para um modo mais espiritual de ver o cosmo. Creio que esse é o significado da desintegração do arquétipo da terra na imaginação da cultura do século 20, embora eu não me refira a isso no sentido de um "progresso" do tipo tecnológico ou econômico. Oswald Spengler, por exemplo, em sua obra *A Decadência do Ocidente*, previu que no final do século 20 entraríamos em um período de "segunda religiosidade", cujo conceito, para ele, também nada tinha a ver com "progresso". A "segunda religiosidade" é a continuação inevitável de um estilo de vida materialista levado às últimas conseqüências; para Spengler, ele trazia em si o mesmo tipo de necessidade evolutiva que o comunismo trazia para Marx, quando este insistia em que o comunismo era o desfecho inevitável do capitalismo. Ao referir-se à *segunda* religiosidade, Spengler queria dizer algo como a imagem da serpente mordendo a própria cauda, porque ele via a cultura como uma espécie de organismo com um ciclo de vida envolvendo crescimento e declínio, diretamente análogo às estações do ano ou aos estágios da vida humana. A *primeira* religiosidade é a infância de uma cultura, a qual, para os europeus do Norte, começou com a Idade Média Cristã. O ciclo intelectual através do qual uma cultura cresce tem esta seqüência: ciclo religioso, ciclo filosófico, ciclo prosaico (ou materialista), e então a volta ao ciclo religioso. Uma vez atingido este último estágio, a cultura em questão terá atingido equilíbrio termodinâmico e poderá permanecer por séculos em um estado de decrepitude suspensa – tal como a Índia ou o mundo muçulmano nos dias atuais.

Apesar de eu pensar que estamos completamente imersos nessa "segunda religiosidade", não vejo os temas que compõem os capítulos a seguir como um catálogo de senilidade cultural. Ao contrário, a mudança de rumo em nossa cultura prevista por Spengler – do materialismo à religiosidade – é diretamente análoga ao tipo de transição da prática da ciência mecanicista para a espiritual, incorporada pelos pensadores deste livro. O surgimento de uma nova espécie de cientista que leva o mito a sério não significa o fim da civilização ocidental, mas o fim de uma *época* em que o cânone cultural que guiou a imaginação do Ocidente durante cinco séculos, estava desintegrando-se. Erich Neumann escreve o seguinte acerca de períodos de transição:

"Esse caos e a atmosfera apocalíptica que o acompanha não se diminuem com a aproximação de outros arquétipos, os quais podem, na verdade, ter surgido com o colapso do velho cânone cultural. Da mesma forma que na Antigüidade e na Idade Média, as pessoas, hoje em dia, amedrontam-se quando estrelas caem, quando os cometas movem-se pelo céu, e quando mudanças aterrorizantes no firmamento e outros sinais anunciam o fim de uma época, o que, para a geração que vive esse momento, parece ser o fim de todo o mundo."

"Pois assim como, arquetipicamente, cada Ano Novo... é um tempo perigoso de julgamento e condenação, assim também cada início de uma nova época cultural está atrelado às características do final de uma era. Só raramente, quando as nuvens se abrem no céu escuro do cânone que se desintegra, alguns poucos indivíduos identificam uma constelação nova, que já pertence ao novo cânone de valores transpessoais e antecipa a sua configuração."[17]

O surgimento de tais constelações novas é precisamente o tema deste livro, pois ao contrário do universo mecanicista, seus capítulos estão cheios de visões de um cosmo vivo e sensível, capaz de lembrar o passado e de interagir com nossa vida no nível mais profundo. Fantasmas, telepatia, anjos, reencarnação e a existência da alma são debatidos por cientistas que levam esses assuntos a sério, em vez de descartá-los simplesmente. Portanto, existe uma diferença radical entre o modo como esses cientistas praticam a ciência e o modo como ela foi praticada no passado.

Essa transmutação do materialismo para a espiritualidade tem, além disso, ocupado espaço em escala microscópica na vida de mentes destacadas do século 20 e, de fato, pode-se medir o clima de uma noosfera cultural em qualquer ponto de sua história examinando o desenvolvimento intelectual de suas mentes mais imaginativas. A própria Doris Lessing submeteu-se a tal transformação, partindo do seu envolvimento com o Partido Comunista e dos seus primeiros romances do realismo social para as obras-primas da fase final de sua carreira, inspiradas misticamente, tais como a série *Canopus in Argos*. Arthur Koestler, uma geração antes, já se havia desiludido com o comunismo e se tornara autor de livros famosos da ciência da contracultura, como *O Fantasma na Máquina* e

---

[17] Neumann (1974), p. 110.

O Ato de Criação. O engenheiro Arthur Young, inventor do helicóptero "Bell", também passou por tal transformação, conforme nos revelam as crônicas em seus diários *As Anotações "Bell": Uma Jornada da Física à Metafísica*. A obra-prima de Young, *O Universo Reflexivo*, é uma grandiosa síntese da ciência e da espiritualidade e eu a considero – juntamente com a autobiografia de Jung, *Memórias, Sonhos, Reflexões* e a *Paragem Imaginária: Criar Mundos a partir do Mito e da Ciência*, de William Irwin Thompson – um dos evangelhos sagrados que são chave para a época que desenvolvo neste livro.[18]

VI

Em Relação a um *Doppelgänger*[19] deste Livro, com o Elenco Alternativo: Mary Catherine Bateson, Joanna Macy, Camille Paglia, James Lovelock, Ilya Prigogine, Francisco Varela, James Hillman e Ken Wilber

Minha visão inicial deste livro diferia em certos aspectos do resultado final. Minha intenção era entrevistar um grupo muito maior de pessoas, por exemplo. À medida que eu avançava, compreendi que quantidade não representaria melhor qualidade, uma vez que um elenco pequeno me permitia devotar mais tempo a cada pessoa em particular.

---

18 De fato, estruturei este livro de acordo com a teoria de processo delineada por Young em *O Universo Reflexivo*. Dividi-o em duas sessões: "A Descida à Terra" e "O Retorno à Fonte" numa deliberada evocação do esboço de sete estágios em forma de V, debatido por Young em seu livro. Nesse modelo, a criação do universo no topo do lado esquerdo do V, o ambiente de matéria pura governada pela lei mecanicista no nadir, e um crescente senso de liberdade que a consciência desenvolve por si mesma à medida que evolui rumo ao alto a partir do mundo mineral para o vegetal, o animal e o dos seres humanos, recuperando o potencial de chegar ao mesmo tipo de liberdade ilimitada demonstrada pelas partículas de luz no *Big Bang;* tudo isso encontra paralelo em meu livro no debate sobre o *Big Bang* com Brian Swimme, no início, e depois com a elucidação das origens de Gaia feita por Lynn Margulis, e a ampla liberdade espiritual de Thompson no final. O mito, conforme delineia Young, consiste da queda, recuperação e liberação, exatamente como visualizado pelos vários cultos gnósticos e de mistério da era helenística, bem como nas tradições herméticas e neoplatônicas que deles sugiram. Este livro busca ecoar esse mito em sua estrutura essencial. Também obtive inspiração nesse assunto da discussão sobre o mito, através de William Irwin Thompson, em seu livro *The Time Falling Bodies Take to Light*.

19 Expressão alemã, também usada em inglês, que significa um fantasma de si próprio, que normalmente assombra o seu "outro eu". (N. ed. bras.)

As entrevistas que resultaram são, portanto, mais longas e mais pormenorizadas do que se costuma ver nesse tipo de "coletânea".

Comecei o projeto com a intenção de criar um certo número de pontes entre os mundos da cultura. Pretendia não somente avaliar as dimensões do abismo entre as ciências naturais e as humanas, mas também gerar uma balança com dois pratos equilibrados entre a abordagem científica da costa oeste sobre o mito e a espiritualidade, e a abordagem científica da costa leste dos Estados Unidos. Contingências de tempo e lugar fizeram a balança pesar mais para a costa oeste, o que, neste elenco, contém Deepak Chopra, Stanislav Grof, Brian Swimme, Terence McKenna, Ralph Abraham e Rupert Sheldrake (o qual, apesar de ser inglês e de ainda morar na Inglaterra, também passa grande parte de seu tempo nos círculos da costa oeste). Meus representantes do lado Atlântico foram Lynn Margulis e William Irwin Thompson (e aqui, novamente, apesar de Thompson ter nascido e sido criado em Los Angeles, o mundo cultural com o qual ele mais se identifica é o da costa leste; em nossa entrevista, seu contraste entre os simpósios que dirigiu na Catedral de São João Divino na cidade de Nova Iorque e as aulas que ministrou por breve período de tempo no Instituto de Estudos Integrais da Califórnia deixam esse ponto bem claro). Com relação a isso, lamento profundamente ter retardado o contato com Mary Catherine Bateson, que não estava disponível para uma entrevista, em virtude de compromissos assumidos anteriormente. Também lamento não ter tido o prazer de entrevistar o físico Arthur Zajonc.[20]

Por outro lado isso está perfeitamente correto, já que o fim da divindade mecânica ocorre não somente na ciência norte-americana, mas na ciência global. Autores europeus como Ilya Prigogine e Michel Serres são também parte integrante da noosfera cultural deste livro, da mesma forma que quaisquer dos autores norte-americanos. Assim, ter idealizado o livro em termos da tensão cultural entre as duas costas dos Estados Unidos teria sido talvez questionável desde o início. Permitam-me, porém, mencionar de passagem que a abordagem da costa leste com respeito à ciência difere drasticamente da abordagem da costa oeste, já que a primeira é mais conservadora, ortodoxa, crítica, formal, acadêmica e, de maneira geral, menos tolerante para com experiências com drogas psicodélicas ou de qualquer outro tipo, ao passo que a abordagem da Califórnia é mais informal, popular e experimental. As diferenças

---

[20] Arthur Zajonc é o autor de *A Captura da Luz: a História Imbricada da Luz e da Mente*. Recentemente, publicou um livro sobre a ciência de Goethe e assumiu a presidência da Associação Lindisfarne.

podem-se resumir no contraste da abordagem do *workshop* da Califórnia comparada com a abordagem do *New England Journal of Science*.

Ao escolher entrevistar as oito personalidades cuja obra compreende os capítulos deste livro, deliberadamente lancei uma rede para que o escopo por mim desejado incluísse os campos da psicologia e história da cultura, além das áreas mais tradicionalmente científicas, como a biologia e a física. Todavia, esses protagonistas são apenas uma pequena amostra da transubstanciação geral da ciência. Não devem eles ser considerados o núcleo central, pois simplesmente os escolhi por serem meus favoritos. Outra pessoa escrevendo um livro com a mesma tese poderia escolher um elenco diferente, porque o grupo principal é muito grande, conforme mostra a lista no final deste capítulo.

Com vistas a remodelar, de certo modo, minha visão inicial, esboçarei brevemente a existência de um *doppelgänger* imaginário deste livro, com relação a um elenco alternativo que, num mundo perfeito, eu gostaria de haver incluído neste livro. A seguir, um grupo de oito outros cientistas e filósofos que eu, pessoalmente, considero intrigantes, e cujo trabalho tem igual importância aos apresentados em *O Fim da Divindade Mecânica*.

– ANTROPOLOGIA: *Mary Catherine Bateson* – Como já mencionei, lamento não ter conseguido contato com a sra. Bateson antes, para a entrevista; a inclusão dela teria enriquecido este livro incomensuravelmente. Não apenas teria auxiliado a equilibrar melhor a balança entre a costa oeste e a costa leste, como também, por ser amiga pessoal de Lynn Margulis e William Irwin Thompson, ela teria ajudado a enriquecer a descrição do meio cultural que envolve Lindisfarne, a organização construída por William Irwin Thompson com o propósito de criar uma ecologia da consciência através da união dos mundos da ciência e do espírito. Bateson é filha do biólogo e antropólogo Gregory Bateson e da famosa antropóloga Margaret Mead. Gregory Bateson passou muitos dos anos finais de sua vida em Esalen, a matriz cultural que ajudou a produzir Stan Grof, o astrólogo Richard Tarnas,[21] Fritjof Capra e Terence McKenna. Bateson escreveu sua obra final, *Mente e Natureza*,

---

[21] Na verdade, entrevistei Richard Tarnas, autor de *The Passion of the Western Mind*, para compor este livro, mas como a essência da entrevista dizia respeito ao assunto de um livro no qual ele vem trabalhando há muitos anos – *Cosmos and Psyche: Intimations of a New World View* – ele desistiu da presente coletânea por achar que muitas de suas declarações com relação à astrologia poderiam não ter sustentação tendo em vista o contexto deste livro.

enquanto residia em Lindisfarne. As memórias dos pais de Mary Catherine Bateson estão contidas em seu livro *With a Daughter's Eye*.

Bateson escreveu uma série de livros únicos e fascinantes que buscam eliminar o que Lynn Margulis denomina "*apartheid* acadêmico". Ela é professora de inglês e antropologia na Universidade George Mason, e escreveu acerca de quase tudo, dos poemas árabes de amor à mudança de papéis das mulheres na sociedade. Seu livro *A Composição da Vida* examina as "expectativas complexas que são parte da bagagem de muitas mulheres".[22] Outras obras, como *Nossa Metáfora Própria, Visões Periféricas*, e *Medo do Anjo*, têm sido muito influentes.

– ECOLOGIA: *Joanna Macy* – Membro do mundo da cultura do Instituto de Estudos Integrais da Califórnia, Joanna escreveu uma série de livros importantes como *O Mundo como Amante*, e *O Mundo como Identidade*, os quais debatem a interface entre o Budismo, a Teoria dos Sistemas Gerais e a Ecologia Profunda. Mais uma vez, essa abordagem multidisciplinar (ela também traduziu a poesia de Rilke) é o objeto do livro. Somente nos padrões mais amplos que conectam as várias disciplinas entre si, e cada um de nós à teia da terra, ganharemos a perspectiva necessária para ver nossos problemas atuais como funções de um modo de vida errado.

– HISTÓRIA DA CULTURA: *Camille Paglia* – De modo semelhante a William Irwin Thompson, a sra. Paglia é uma historiadora da cultura com ênfase, porém, na história da arte. Seu livro *Sexual Personae* é uma narrativa da cultura ocidental a partir do paleolítico até os dias atuais (o segundo volume ainda não foi publicado). Sua abordagem é questionadora, multidisciplinar e ampla. Sua tese de que a cultura ocidental é edificada a partir de uma série de personalidades únicas e bizarras, e que é a peculiaridade delas que empresta à nossa cultura o dinamismo e a energia que possui, encontra eco na tradição de Oswald Spengler e Joseph Campbell; ainda assim, sob um prisma diferente desses dois autores, ela entroniza a decadência e a perversão como fonte vital de criatividade. No seu entender, Maplethorpe e Madonna têm tanto a oferecer quanto o feminismo, o cinema, a astrologia e os grandes clássicos.

– GEOCIÊNCIAS: *James Lovelock* – Contraponto de Lynn Margulis e criador da hipótese de Gaia – debatida mais adiante com Margulis – Lovelock não é fascinante apenas por causa de Gaia, mas por sua insistência em que a "Ciência Grande" é absolutamente desne-

---

22 Frase de Nancy Todd.

cessária para se ver o mundo sob outro ângulo. Para tal, ele trabalha, não em uma universidade, mas em um laboratório que construiu em sua própria casa perto de Gales. Lá ele inventa máquinas como o detector de captura de elétrons, que ajudou a fornecer os dados para Rachel Carson escrever seu livro *Origem Silenciosa*, o primeiro dos apocalipses ecológicos (1962).

– TERMODINÂMICA: *Ilya Prigogine* – Estudioso da termodinâmica que se tornou famoso com o conceito das estruturas que se dissipam, Prigogine é um dos principais arquitetos de uma nova visão de mundo a partir da ciência, o que Eric Jantsch descreve em seu livro *O Universo que se Auto-organiza*. A idéia de auto-organização é inerentemente mítica. Os relatos da criação cosmogônica como aparecem no *Brihadharanyaka Upanishad*, ou em algumas das cosmologias pré-socráticas, são eminentemente descritivas e falam de um universo imanente que se auto-organiza, em contradição com aquele feito por um arquiteto como *Yaweh (Jeová)*, que é externo a ele. O conceito das estruturas que se dissipam – estruturas que se auto-organizam e que são frágeis, temporárias, unidas por membranas, ejetando suas entropias no seu ambiente – é uma das imagens mais importantes nas novas cosmologias que surgem para reunir os contos de carochinha.

– CIÊNCIA COGNITIVA: *Francisco Varela*: Como ocorre com Prigogine, a obra de Varela é essencial para a compreensão dos novos quadros emergentes do cosmo. Juntamente com Humberto Maturana, ele criou o conceito de *autopoiese*, estruturas que se "autoconstroem" a fim de descrever a base cognitiva dos mundos, que os organismos produzem por si próprios. As pontes criadas por Varela entre a ciência cognitiva, a epistemologia, a imunologia e o Budismo são impressionantes e também alternativas importantes ao rígido reducionismo de boa parte da ciência dita principal.

– PSICOLOGIA: *James Hillman* – O contraste entre a costa oeste e a costa leste não poderia ser maior nesse tópico. Tanto Hillman quanto Stan Grof são herdeiros do trono de Jung. Apesar disso, a forma como cada um elaborou suas teses a partir da obra de Jung levou à criação de duas psicologias totalmente diferentes. Para Hillman, LSD é abominável – assim como qualquer droga – como forma de acessar as dimensões visionárias da psique, e é equivalente a um seqüestro mecânico da alma pelo espírito. Essa abordagem é típica do conservadorismo da costa leste. A distinção que Hillman faz entre a alma e o espírito está enraizada na tradição neoplatônica. De maneira diferente de Plotino, entretanto, ele escolheu o lado da alma e todas as suas patologias, contra o espírito e seu desdém pelo mundo terreno, invertendo, assim, os valores do neoplatonismo, que sempre se volta para o alto. Hillman olha para baixo, para dentro da alma individual e estuda suas doenças, depressões e tendências suicidas, na busca dos arquétipos míticos que dentro dela operam.

– FILOSOFIA: *Ken Wilber* – Se Hillman defende os pontos de vista da alma, então podemos dizer que Wilber representa aqueles pontos de vista que Hillman define como sendo do espírito. Ao ler Hillman, temos freqüentemente a impressão de uma falta de estrutura, mas em Wilber não há quase nada além de estrutura. Wilber, conseqüentemente, tem sido acusado de "sem alma", mas há algo que deve ser dito em defesa do seu enfoque hiper-analítico neste campo. Freqüentemente, na literatura da Nova Era, não existe suficiente crítica e diferenciação, mas Wilber é como um cirurgião dando uma lição de anatomia do espírito e há muito que aprender com o estudo da sua obra. Teria sido divertido incluí-lo no presente livro, já que ele é discutido em várias passagens. (Minha carta a ele pedindo uma entrevista não teve resposta.)

E como uma nota final aqui, eu gostaria de incluir uma lista de nomes de cientistas e filósofos – pessoas que chamaram minha atenção – cujo trabalho está contribuindo para a morte da visão mecânica do mundo, e que estão encarando mito, religião e espiritualidade de um modo sério. Esta lista inclui tanto ciência popular como os setores mais restritos de publicações científicas, e portanto não pretende estabelecer distinções entre o que é ou não é "a verdadeira ciência". O propósito da lista é delinear, com contornos da maior amplidão possível, o tamanho do cenário em que essa transformação está ocorrendo, nos meios culturais elevados tanto quanto nos não elevados. Todas essas pessoas estão habitando com vários graus de ênfase o mesmo espaço de transição que abrange mito, ciência e cultura:

Henri Atlan, Fritjof Capra, David Darling, Paul Davies, Larry Dossey, Brenda Dunne, Michel Gauquelin, Richard Gerber, Marija Gimbutas, Steve Hagen, Willis Harman, Michael Harner, James Hillman, Wes Jackson, Robert Jahn, Eric Jantsch, Stuart Kauffman, Stanley Krippner, Ervin Laszlo, Lawrence LeShan, James Lovelock, Joanna Macy, Humberto Maturana, Raymond Moody, Michael Murphy, Brian O'Leary, Susan Oyama, F. David Peat, Wilder Penfield, Karl Pribram, Ilya Prigogine, Howard Puthoff, Kenneth Ring, Peter Russell, Michel Serres, Percy Seymour, Saul-Paul Sirag, Charlene Spretnak, Ian

Stevenson, Michel Talbot, Russell Targ, Charles Tart, Evan Thompson, John e Nancy Todd, Francisco Varela, Frances Vaughan, Andrew Weil, Brian L. Weiss, John Anthony West, Ken Wilber, Fred Alan Wolf, e Arthur Zajonc.

Vários espíritos flutuam sobre estas ações, homens que representam os profetas dessa era de certo modo. Eu teria gostado muito de conversar com qualquer um deles: Gregory Bateson, Henri Bergson, David Bohm, Joseph Campbell, Teilhard de Chardin, Karlfried Graf Durckheim, Jean Gebser, Carl Jung, Marshall McLuhan, Oswald Spengler, Arnold Toynbee, Immanuel Velikovsky, Alfred North Whitehead, Arthur Young, e outros.

Portanto, esse livro é uma espécie de apocalipse, anunciando o final da visão mecânica do mundo. O mundo mecânico está muito claramente chegando ao final, e o novo mundo que está surgindo das suas ruínas irá dar forma à imaginação do século 21. Tenho tido o privilégio de viver em um momento da história da nossa cultura em que o surgimento de uma nova espécie de cientistas está começando a proliferar. No entanto, os mecanicistas ainda são numerosos. Como esse livro revela, o magnífico navio deles não só atingiu o seu *iceberg,* mas também está afundando. Lentamente.

"Isto me lembra ...
uma idéia expressada
nos velhos mitos, em Platão,
em quase todas as religiões:
a idéia de uma queda, de uma
descida até a matéria, freqüentemente,
embora não sempre, seguida de uma
subida de volta para as esferas
celestes e para um estado superior
de existência."

Arthur Young

Parte Um:

A Descida à Terra

Nós começamos com origens. Em uma discussão com o matemático e cosmólogo Brian Swimme, nós exploraremos a criação e a evolução do universo, que, nas palavras do abade Georges Lemaitre, "podem ser comparadas a uma exibição de fogos de artifício que acaba de ser concluída. Uns poucos fragmentos de fogo, cinzas e fumaça. Instalados em um pedaço de carvão suficientemente resfriado, nós estudamos a lenta decadência dos sóis, e tentamos recapturar o brilho passado que deu lugar à origem dos mundos".

E então, em um movimento que faz lembrar a transição na imaginação de Plotino do Uno Incognoscível para o desenvolvimento do *Nous*, a mente do cosmo, o biólogo Rupert Sheldrake faz para nós um esboço da Memória Cósmica que guia e dá forma a esse processo. Com Sheldrake, ficaremos durante algum tempo entre as almas desencarnadas e fantasmas que habitam o plano astral, e exploraremos as capacidades paranormais dos seres humanos.

Depois da nossa contemplação de Deus e dos seus enxames de anjos, nós vamos pairar sobre o Caos com Ralph Abraham, para quem os vórtices que giram provocando a criação das formas possuem uma ordem inerente. As paisagens fractais de Abraham nos fazem lembrar da visão que Leonardo da Vinci teve da terra como um ser vivo, cujas rochas são como ossos, e cujos rios, lagos e correntes turbulentas, sempre em circulação, são como as veias e artérias de um grande gigante sonhador.

Finalmente, a nossa descida à terra se completa com as descrições de Lynn Margulis sobre a origem e a evolução de Gaia. Margulis emerge do centro do drama como a deusa Edda no ciclo do *Anel*, de Wagner, que periodicamente surge da terra para lembrar a Wotan, em suas batalhas com o destino, de que todo o universo está incluído no Destino dela, Edda, e que nem mesmo os deuses podem escapar das suas fatalidades. Margulis nos faz lembrar que seja o que for que nós, humanos, fazemos, nós estamos firmemente incluídos em Gaia, e que ela nos destruirá se ela considerar isso adequado, independentemente do que nós fizermos em relação a ela.

1 – Cosmologia

Deus e o Vácuo Quântico: Uma Conversa com Brian Swimme

Foi o sacerdote católico Georges Lemaitre que, em 1927, esboçou a primeira hipótese do *Big Bang* ao afirmar que o universo deve terse originado de uma espécie de "ovo cósmico" de matéria e energia. Conscientemente ou não, Lemaître invocara antigos mitos, pois a imagem do ovo cósmico como origem do universo remonta ao culto órfico grego e, ainda mais remotamente, aos egípcios. Quando a mente humana confronta limites que transcendem as fronteiras da experiência, a imaginação mítica sai a campo, enchendo os recônditos de nossos mapas com dragões e quimeras. As narrativas da ciência, portanto, quase sempre encerram padrões míticos, se você as examinar com suficiente atenção.[1]

Outro sacerdote católico, Teilhard de Chardin, empreendeu uma síntese mais deliberada da ciência e da religião, mas a tênue aparência científica acoplada à sua teologia era mais como um mural de Diego

[1] "Pense em Descartes retirando-se do mundo, colocando tudo em dúvida, tendo a visão iniciática da matemática atrás das aparências, e depois saindo novamente para estudar o mundo com o novo método científico. Repare no entanto como é mística a estrutura do *Discurso Sobre o Método,* de Descartes; o texto tem o que Joseph Campbell chamaria de padrão monomítico de separação, iniciação e retorno". Veja William Irwim Thopmson (1991A) pp. 20-21.

Rivera, imenso e entrecortado, relatando a evolução, e sob o qual a velha tela da Cristandade e suas estruturas míticas ainda se conservam visíveis. Os dois principais princípios cósmicos de Chardin são, de fato, Deus e o Diabo em disfarce; a força benéfica da Evolução conduz o drama cósmico ao seu ponto Ômega, apesar da resistência sustentada pela força escura da Entropia. Trata-se precisamente do mesmo drama existente no Zoroastrismo, no qual o deus da luz, Ahura Mazda, combate no cosmo com o senhor das trevas, Angra Mainyu, e, tal qual na narrativa de Chardin, a vitória do primeiro ao final dos tempos já está assegurada.

Ciência e religião podem ter muito mais em comum do que a maioria de nós imagina e, com base nesses padrões de arquétipos compartilhados, é possível fazer uma espécie de reconciliação. Que elas compartilhem arquétipos idênticos, entretanto, não significa que realizem as mesmas funções. À religiosidade compete despertar um senso de deslumbramento diante do mistério do cosmo, através de uma transformação do estado de consciência. À ciência, por outro lado, cabe não a alteração do estado de consciência humano, mas sim expor um conhecimento exato do cosmo através da explicação de seus processos. A ciência volta-se para o intelecto, enquanto a religião vai além, buscando a galvanização das energias. Os debates da Escolástica entre a racionalidade Aristotélica e a fé Agostiniana, conduzidos na Idade Média, reavivaram-se para nós, hoje em dia, no conflito entre ciência e religião.

Para o matemático e cosmólogo Brian Swimme a solução dessa contradição tem sido uma tarefa de toda sua vida. Ele estudou na escola de Santa Clara, uma universidade católica, onde descobriu as obras de Teilhard de Chardin, o primeiro autor a apresentar-lhe a interface entre ciência e teologia. Ao freqüentar o curso superior na Universidade do Oregon, compreendeu que esta interface ali não interessava à maioria dos cientistas, e que, de fato, era um obstáculo, uma vez que "como cientistas, somos treinados a não fazer tais perguntas profundas". Apesar de haver obtido um doutorado na área de dinâmica gravitacional, a natureza do cosmo como revelação sobrenatural continuou sendo seu principal interesse. Lecionou no Instituto de Espiritualidade da Cultura e da Criação, na faculdade Sagrados Nomes, em Oakland, Califórnia, de 1983 a 1990. Seu primeiro livro, o *Manifesto por uma Civilização Global* (co-autoria de Mathew Fox) é uma breve discussão das falhas da teologia Agostiniana e do paradigma mecanicista, com ênfase na necessidade de uma síntese da ciência, religião e ecologia.

Em 1984, publicou *O Universo é um Dragão Verde*, delicioso diálogo socrático no qual esboça os lineamentos de tal síntese. Dedicou o livro a Thomas Berry, seu principal mentor[2]. Este dedicou sua vida à investigação das religiões do Extremo Oriente e aos assuntos ecológicos atuais, fato que em muito interessou Swimme quando leu, em 1980, um trabalho de Berry intitulado "A Nova História". De acordo com Swimme, o texto refletia seu próprio pensamento sobre a possibilidade de uma nova cosmologia que transcendesse o antagonismo entre ciência e religião. Em aproximadamente uma década, ele e Berry finalizaram os contornos dessa síntese e publicaram *A História do Universo* em 1992.

Swimme também produziu uma série de cursos em vídeo: *Cântico do Cosmo* (1990), *Alma do Universo* (1991), *O Coração Oculto do Cosmo* e *A Imaginação da Terra*. Seu livro mais recente é *Caminhada Através dos Tempos: do Pó das Estrelas até Nós*. Atualmente, é professor no Programa de Filosofia, Cosmologia e Consciência do Instituto de Estudos Integrados da Califórnia.

> *JE: Em seu primeiro livro,* Manifesto por uma Civilização Global, *você escreve: "apesar de a máquina ter sido o símbolo primordial do mundo na era anterior, na era que começa agora a música é o símbolo primordial do mundo". Como explica isso?*

BS: Bem, a primeira idéia aí é o senso de presença. Onde algo se encontra? Onde existe? E, pelo menos do ponto de vista da ciência moderna, o jeito simples de se falar sobre isso é dizer que algo existe quando seus átomos estão presentes. Nossas descobertas, entretanto, aprofundaram nosso entendimento desse fato e, portanto, não mais pensamos o átomo como algo que se encontra em algum lugar definido. Pensamos nele como tendo presença que é co-extensiva ao universo. Passamos a considerar uma realidade que é interpenetrante, que de um jeito ou de outro, mesmo em relação aos átomos, não nos permite pensá-los como algo localizado em um ponto definido. Assim, temos uma realidade cujas partes se entretecem no todo e que estão, de certo modo, presentes através de todo universo. Quando pensei em algo que pudesse capturar a imagem do todo interpenetrante, pensei na música. A analogia simples é que, em vez de átomos, temos notas, que se entretecem para formar algo novo, os acordes.

---

[2] Para uma introdução sobre Thomas Berry, veja o artigo *Thomas Berry and a New Criation Story*, de Marjorie Hope e James Young, (1989), pp. 750-753.

Indo além, se você estiver no meio de uma canção e estiver realmente presente na música, o início estará ali também. À medida que a música prossegue, o todo está sempre presente, de modo que ouvir bem as notas finais corresponde a sentir as primeiras notas. Portanto, se você observar um lagarto movendo-se em meio ao pó, para estar realmente presente, você precisa sentir a ancestralidade do lagarto. Como você sabe, a espinha dorsal veio do peixe e o lagarto está tornando toda esta história presente. E isso, para mim, é como ouvir uma peça musical.

JE: Você também declara que para a ciência prosperar em meio à civilização global emergente, sua essência mística deva ser celebrada. Isso significa que a ciência deve transformar-se em algo que se aproxime mais da função religiosa?

BS: Não penso que você esteja dizendo isso, mas quero deixar claro que não considero que a ciência deve tornar-se religião. Acredito que a ciência é uma atividade diferente. Religião e filosofia são realizações intelectuais diferentes mas, na verdade, não se separam, e fingir que são separadas não é mais viável. Durante o século 19, os cientistas ficavam satisfeitos com a busca do conhecimento; questões que iam além disso eram vistas como algo não-científico, ao passo que hoje existe uma compreensão de que toda atividade humana tem múltiplas implicações. Quando eu falo sobre a essência mística entendo que a ânsia dos cientistas é, em última análise, mística também. Tem a ver com um profundo desejo de saborear e tocar a realidade. Assim, não se trata de a ciência tornar-se religião, mas de ciência e religião trabalharem em conjunto rumo a algo mais.

O paleontólogo Niles Eldredge faz palestras sobre a sexta grande extinção, na qual nos encontramos. Ele tem falado sobre como precisamos começar a pensar sobre a redução da população humana[3]. Mesmo há poucos anos teria sido inconcebível ouvir um paleontólogo falando sobre população humana. Ele, porém, vai admiravelmente além da separação rígida. Assim, essa abordagem aproxima-se do que eu falava antes. Seu amor pela vida, como cientista, leva-o, hoje em dia, a falar sobre esses temas monumentais a que nós às vezes nos referimos como algo que deve ser tratado exclusivamente pela religião.

---

[3] Para uma explicação sobre isso, veja *The Sixth Extinction, Patterns of Life and the Future of Humankind*", de Richard Leakey e Roger Lewin (1995).

JE: Você também sugere em seu primeiro livro que os vários dualismos Agostinianos – espiritualidade versus *sensualidade, Deus* versus *cosmo, e assim por diante – deveriam ser abolidos em prol de uma cosmologia que transcendesse a separação entre o mundo divino e o mundo físico. Você poderia descrever que tipo de cosmologia seria essa?*

BS: Por exemplo, o teísmo do século 17, em que havia um Deus separado do universo e esse universo era totalmente separado da origem divina; tal idéia especificamente não me atrai, porque senão seria fácil imaginar o universo como algo meramente neutro. Assim, os autores religiosos que me impressionaram mais foram os panteístas. São eles que falam de uma realidade divina que permeia toda a realidade física. E essa parece ser uma teologia muito mais atraente[4].

JE: Quão certos estamos de nosso modelo do Big Bang? *Qual é a evidência que existe?*

BS: A evidência apóia-se em três áreas: a primeira é a expansão. Se você observar outras galáxias no universo, verá que se afastam da Via Láctea. E se observar galáxias duas vezes mais distantes, verá que se afastam duas vezes mais rapidamente. Se parar para pensar sobre isso durante um minuto, concluirá que o universo expande-se muito rapidamente a partir de um ponto inicial. Essa é, por si só, uma evidência importantíssima.

A segunda – Lemaître foi o primeiro a especular sobre o assunto – é que se tudo começou com uma grande explosão, deve haver evidência de tal explosão por aí. George Gamow e seus colaboradores calcularam, de fato, que os remanescentes de tal explosão seriam uma forma de radiação a dez graus acima do zero absoluto. No ano de 1965, Penzias e Wilson conseguiram localizar essa radia-

---

[4] Por exemplo, o monismo do filósofo do século 17 Benedito Spinoza (1632-1677), que tentou vencer o cartesianismo dualista de matéria e mente ao postular que ambos eram apenas duas modalidades diferentes da substância universal da Natureza, o que, na verdade, era o próprio Deus. Sua obra mais famosa, publicada postumamente, é *Ethics Demonstrated According to the Geometrical Order* (1677). Plotino, Giordano Bruno, Fredrich Schelling, Arthur Schopenhauer e os românticos em geral compartilharam essa visão essencialmente neoplatônica da *anima mundi* ou alma do mundo, que também é a base ontológica do paradigma compartilhado pelos vários pensadores presentes neste livro.

ção a 2.75 graus. Era menor do que Gamow calculara mas, ainda assim, uma descoberta notável.

A terceira prova é a presença de hidrogênio, lítio e hélio no cenário do *Big Bang*. Nos primórdios do universo houve um momento em que os elementos leves puderam ser criados, mas apenas em pequena quantidade. Há predições exatas no modelo acerca de quanto hidrogênio, hélio e lítio haveria no universo e elas são coerentes com os achados empíricos. Assim sendo, a radiação de fundo eliminou muito claramente os outros modelos[5], mas já se descobriu mais desde aquela época. A descoberta mais recente vem através do satélite COBE, que encontrou movimento ondulatório de cerca de trezentos mil anos após o nascimento que ora julgamos haver dado início às galáxias.

JE: Stephen Hawking está entusiasmado por causa dessas flutuações quânticas. Você pode explicar por que elas são significativas?

BS: Se voltarmos no tempo 15 bilhões de anos, temos este universo em expansão. Se ele fosse perfeitamente simétrico e homogêneo – e imaginamos que ele tenha começado assim – ele se expandiria para sempre, sem jamais formar quaisquer estruturas. Ora, para que as estruturas surgissem, seria necessária uma quebra na simetria, algum tipo de flutuação. Uma forma de imaginar isso é pensar que no nível quântico temos esta espuma de material, espaço, tempo e energia. Nossa teoria atual é que a formação inicial de espuma inflou muito rapidamente e que tais flutuações no nível quântico tornaram-se, repentinamente, macro-flutuações – como as capturadas por Mather e Smoot no satélite COBE. Elas, portanto, deram início ao universo.

Veja bem, se o universo fosse perfeitamente simétrico, logo de início deveria haver, para cada partícula de matéria, outra partícula de antimatéria. Tudo se aniquilaria e nada permaneceria, exceto a luz. Todavia, existe uma pequena, mínima assimetria. Assim, para cada bilhão de antiprótons existe um bilhão mais um próton, fazendo com que, portanto, essa pequeníssima assimetria dê origem a tudo. O mesmo se pode dizer da estrutura do universo em termos de galáxias: essas flutuações

---

[5] Por exemplo, a teoria do universo estacionário, proposta por Hermann Bondi, Thomas Gold e Fred Hoyle, de acordo com a qual a matéria é criada continuamente e portanto dirige a expansão do universo.

em nível de micro-escala são o que capacita a Via Láctea, Andrômeda e outras coisas a existirem. É assombroso[6].

JE: Onde se encaixa a idéia de Deus em nossas narrativas cosmológicas atuais?

BS: Eu diria que a maior parte dos cientistas simplesmente ignora essa questão. Mas muitos cientistas realmente bons já pensaram sobre ela, também, e nós temos várias opiniões. Minha própria maneira de relacionar algum tipo de pensamento teológico clássico com essa história científica moderna é pensar em termos de uma origem do universo surgindo do vazio. Diríamos que o vácuo quântico, de fato, é a origem do universo. Esse vácuo quântico é de âmbito misterioso. Nada há nele; ele nada possui, mas é um âmbito generativo. Isso se assemelha em muito às especulações de teólogos como Meister Eckhart, que discutia sobre a Treva Divina super-essencial. Mas, obviamente, quando os cientistas investigam o vácuo quântico não ficam dizendo entre si: "Estou investigando a Divindade!" Estou afirmando apenas que existe uma correspondência notável entre essas duas formas de investigar a realidade última. Se você apenas as identificar e disser que o vácuo quântico *é* a maneira científica de explorar a Divindade, começará a ver contornos de uma nova espécie de teologia, baseada tanto nas fontes tradicionais quanto na ciência contemporânea.

JE: Você faz um contraste entre a visão atual do tempo, presente em nossas narrativas científicas como essencialmente linear e irreversível, e a antiga visão mítica do tempo cíclico. Poderia descrever quais implicações nossa cosmologia atual tem para a visão cíclica de tempo e de história?

---

6 Essas pequenas assimetrias no nascimento do universo, que provocam na escala macrocósmica a formação de galáxias e estrelas, colocam a cosmologia em notável harmonia com a teoria do caos, que tem entre suas principais noções a de que existe uma sofisticada sensibilidade às condições iniciais nos ciclos vitais dos sistemas em desenvolvimento. Isso é conhecido como não-linearidade, e por isso pequenas causas podem explodir em efeitos enormes que são desproporcionais às suas causas. Versões populares da teoria do caos, tais como a que foi produzida por NOVA para PBS nos Estados Unidos, transmitem essa idéia com o velho chavão da palha que quebra as costas do Camelo – A idéia é mais conhecida, talvez, como o Efeito Borboleta – o chavão central da teoria do caos – de acordo com o qual uma borboleta que agita suas asas em um lado do mundo pode provocar um deslocamento de ar que provoca tempestades no outro lado do mundo. Veja a propósito a entrevista com Ralph Abraham, mais adiante.

BS: Existem padrões cíclicos nos quais estamos envolvidos e dos quais temos plena consciência. Há o inverno, bebês nascem, pessoas morrem, e esse ciclo se repete constantemente. Penso que isso é um profundo entendimento das cosmologias que envolvem o mundo. A cosmologia científica, porém, acrescenta a descoberta do tempo irreversível. Por exemplo, não temos meios de validar a declaração de que, se a vida extinguir-se na terra, ela irá recriar-se. Em vez disso, a teoria principal é que a emergência da vida no planeta Terra é um evento único porque a emergência real de vida altera as condições que lhe permitem surgir. Logo, esse aspecto irreversível da criação, creio eu, impõe um grau dramático às demais cosmologias, o qual, de outra sorte, elas não teriam. Há algo dramático, e mesmo trágico, em relação à perda de uma forma de vida. Por exemplo, estamos à beira da extinção dos primatas mais nobres, como os gorilas. Ora, em uma cosmologia cíclica, é possível não nos apercebermos da gravidade de tal evento porque haveria um sentimento de recuperação da terra, engendrado pela própria terra, e os gorilas retornariam. Em nosso entendimento, entretanto, os gorilas não voltarão, jamais.

JE: James Lovelock e Lynn Margulis apresentaram seu modelo da hipótese de Gaia, no qual a terra parece comportar-se como um organismo vivo. Do mesmo modo, você sugeriu que o universo deve ser considerado como algo análogo a um organismo. Poderia descrever como o universo pode ser visto como um ser que se auto-organiza?

BS: Lovelock e Margulis, por exemplo, indicam que o percentual de oxigênio na atmosfera não é um número aleatório. É a concentração mais alta que a atmosfera pode, de fato, suportar e que gera vida. Se fosse muito alta, haveria combustão espontânea. Haveria, então, uma enorme destruição da vida. Se fosse muito baixa, os organismos mais complexos não poderiam existir. Assim, um dos pontos que eles defendem é que não é por acaso que a terra se organiza de tal forma que o oxigênio esteja em torno de 21 por cento.

De modo análogo, se você observar o universo como um todo e retornar à expansão das galáxias, verá que se afastam entre si a uma certa velocidade, que pode ser medida, e que não é aleatória também. De novo, como no caso da porcentagem de oxigênio, se a taxa de expansão fosse um pouco mais elevada, ao olharmos para trás quinze bilhões de anos, teríamos uma situação em que o universo teria se expandido muito rapidamente e jamais teria formado uma estrutura. A formação de uma estrutura é um evento extremamente delicado. Por isso, uma ligeira alteração na taxa de expansão teria impossibilitado a existência de galáxias. Por outro lado, se você reduzir a expansão, ainda que minimamente, talvez um trilionésimo de um trilionésimo de um trilionésimo de um por cento, o universo teria se expandido para então desmoronar em um imenso buraco negro após, quem sabe, um milhão de anos.

É possível, então, pensar-se a respeito da expansão do universo como algo que o próprio universo faz de modo a possibilitar a existência de vida. Essa declaração que acabo de fazer é uma presunção cosmológica. Alguns a chamam de Princípio Antrópico forte. Gostaria apenas de acrescentar que, em certo sentido, é uma nova concepção do universo. A idéia de que o universo poderia estar ligado ao seu próprio desenvolvimento seria inconcebível, do ponto de vista científico, há cem anos. No momento, ainda não se desenvolveu como teoria – é simplesmente o que está na mente de alguns cientistas, é um novo modo de se pensar o universo como um todo.

JE: Em sua série de palestras "Cântico do Cosmo" você faz uma analogia entre a clorofila e os seres humanos ao dizer que a razão pela qual o universo criou a clorofila foi para captar a profundeza das coisas. O que você quer dizer com isso?

BS: Quero dizer que parece haver uma possibilidade de se desenvolver as sensibilidades humanas de modo que nos envolvamos mais profundamente e sejamos conduzidos pela magnificência da existência. Podemos muito bem evitar esse tipo de desenvolvimento e lançar-nos à busca mais simplista de dinheiro ou qualquer outra coisa, o que, ainda assim, seria vida humana. Mas quero dizer que há possibilidade de se evocar sensitividades e sensibilidades que reajam profundamente à majestade do universo. Parece-me, então, que toda a tradição da poesia, música, arte e expressão religiosa advém dos humanos que desenvolveram essa capacidade de se mover pelo assombro.

Por exemplo, uma pessoa pode sair ao ar livre, olhar para o alto e ver a galáxia de Andrômeda. Você pode vê-la a olho nu, sem telescópio ou outro aparelho – ela está lá. Ela é um pouco diferente de outras estrelas e se você tiver boa acuidade visual ou um binóculo poderá notar que se trata de uma galáxia. Você enxerga a estrutura em espiral. E o fato é notável porque, no momento em que você a olha, a luz que penetra seus olhos levou dois milhões e meio de anos para chegar a eles. Ela deixou Andrômeda quando os primeiros humanos aprendiam a usar ferramentas de pedra. O olho que uso para enxergar Andrômeda foi formado por dois milhões e meio de anos de desenvolvimento humano, começando com aquelas primeiras ferramentas de pedra. Você entende, houve o envolvimento da matemática, linguagem, etc.; finalmente chegamos ao ponto em que podemos ver Andrômeda e saber o que estamos vendo. A luz que vemos viajou todo esse tempo até nós, durante dois milhões e meio de anos. Ter uma experiência com Andrômeda é ter uma experiência não somente com a profundeza das galáxias; é também ter uma experiência com a profundeza do que é humano. Quero dizer que esse tipo de experiência é algo como o que uma molécula de clorofila faz quando captura a luz do sol. Capturamos, em vez disso, o assombro, a maravilha que poderia perder-se tão facilmente.

JE: No livro O Coração Oculto do Cosmo *você sugere que o abuso de drogas está, de fato, embutido na estrutura de uma sociedade materialista. Qual é a relação entre nossa visão atual do cosmo como coletânea de objetos mortos e o elevado índice de utilização das drogas?*

BS: A cultura consumista parece ser algo oposto ao que me refiro no sentido de que focaliza a experiência efêmera e, diria eu, rasa das coisas. A idéia como um todo não é apegar-se, porque se alguém se apega a coisas será muito mais difícil abandoná-las e comprar coisas novas. Logo, o ímpeto consumista parece fazer com que sejamos atraídos pelas coisas. Portanto, queremos e obtemos coisas. Simultaneamente, uma vez obtidas, cansamos delas, queremos descartá-las e conseguir outras novas. Isso se baseia na convicção de que é realmente importante obter as coisas em si, e depois é realmente importante descartá-las. Isso não é tudo no que tange ao abuso de drogas, mas se aplicamos tanta energia a uma cultura que nos convence de que as coisas são efêmeras e devem ser postas de lado facilmente, isso torna mais provável que as pessoas recorram às drogas para romper tal superficialidade e ao menos provar algo profundo e real a qualquer custo.

Assim, julgo que há uma relação. Mais importante ainda seria apontar para uma tradição cosmológica – e isso é algo que todos os povos nativos que examinei conheciam muito bem – que emprega enorme quantidade de energia para ensinar gratidão e apreço de modo que, em vez de uma atitude de "jogar fora", existe profunda reverência por tudo o que existe. Acredito que essa reverência é o meio de se sentir o sabor da profundeza das coisas.

JE: Em seu livro O Universo é um Dragão Verde *você desenvolve a filosofia da atração cósmica. Poderia explicar isso?*

BS: É apenas a idéia de que, na física, estamos sempre buscando o que faz as coisas acontecerem, e que já chegamos a quatro interações fundamentais: a gravitacional, a elétrica, e as forças nucleares fortes e fracas. De maneira básica, tudo o que examinamos no universo envolve a combinação dessas forças. Não há nada que tenha sido descoberto que não as envolva. Refletindo sobre isso concluí que se examinarmos quinze bilhões de anos de evolução cósmica, veremos que tudo o que aconteceu é o tecido dessas interações fundamentais. Não importa qual o nível examinado: asteróides, estrelas, galáxias, planetas, as primeiras células ou a pluricelularidade – essas quatro interações estarão presentes em qualquer nível.

Então pensei: e se examinássemos o mundo humano desse ponto de vista? Se você olhar uma galáxia, a razão por que as estrelas gravitam em torno do centro é a atração gravitacional comum. Entendi, ao pensar sobre minha própria vida, que muito do que faço agrupa-se ao redor de atrações fundamentais de vários tipos para coisas nas quais estava interessado ou pelas quais me sentia encantado. Dizemos: "Bem, estou interessado em estudar cosmologia porque a considero fascinante e muitas coisas mais". Ora, *por que* você a considera fascinante? Veja, afinal, tudo se resume nesse poder que chamamos fascinação; é o mesmo que tentar entender por que uma estrela orbita uma galáxia. Ela é atraída pela gravidade. E por quê? O que é gravidade? Logo, é um modo de simplesmente apontar para o fato de que coisas acontecem no universo por causa desses poderes fundamentais e que um deles é o poder de atração. No plano das estrelas, usamos a palavra "gravidade", a qual estamos, de fato, empregando para indicar um poder de atração fundamental. Em nível humano, dizemos "fascinação" ou "interesse". De novo, trata-se de apontar para o mesmo poder de atração, apenas de uma forma diferente.

Muito de meu trabalho é uma tentativa constante de entender a realidade humana em termos do cosmo porque durante os últimos trezentos anos o que fizemos foi isolar o humano do cósmico. Pensamos em nós mesmos como apêndices ou adendos, o que está muito errado agora que entendemos a história toda. Assim, eu tentava refletir sobre as formas pelas quais nosso entendimento poderia ser aprofundado se o embutíssemos na história mais ampla da galáxia ou da terra. É simplesmente uma forma de reconhecer que o que nos fascina, o que nos atrai como indivíduos, é, em última análise, misterioso. Não há razão alguma para isso, é algo que descobrimos e experimentamos, e que se aloja no âmago de nossa vida. E que deve ser explorado com um real assombro.

JE: Você é co-autor de um livro intitulado A História do Universo, *juntamente com Thomas Berry. Nessa obra, ambos afirmam que nos movemos rumo a uma Era Ecozóica. Pode nos explicar o que isso significa?*

BS: A Era Ecozóica é uma visão, e nossa esperança é que a espécie humana rume nessa direção. É uma guinada fundamental. Se examinarmos nossa situação atual no planeta, veremos que há muita destruição ocorrendo à nossa volta. Em nosso próprio pensamento, muito dessa destruição advém da separação entre o mundo humano e o mundo natural. Assim, se falamos em direitos humanos, o mundo natural não tem direitos. Ou, se falamos em PIB, falamos a respeito de economia *humana*. Não pensamos na economia dos pássaros. No tocante às nossas religiões, falamos da relação entre o homem e Deus, e não imaginamos que o mundo natural é o lugar de Deus. Há, portanto, uma separação entre o mundo humano e o natural, que permeia a sociedade. A Era Ecozóica seria simplesmente uma era em que nos veríamos embutidos na comunidade do planeta. Começaríamos com o respeito fundamental por toda forma de vida – na verdade, por todos os componentes da terra. Essa seria a orientação básica do período Ecozóico. O verdadeiro desafio para se iniciar essa era seria inventar um modo de vida humano que crie estímulos positivos mútuos em todo o mundo natural. Em vez de apenas concentrar-nos nos benefícios para os humanos, buscaríamos uma forma de aumentar tais benefícios, ao mesmo tempo em que faríamos aumentar os benefícios para o mundo natural.

2 - Biologia

Do Envelhecimento Celular à Física dos Anjos: Uma Conversa com Rupert Sheldrake

Pode haver uma ciência para a metafísica? A pergunta foi colocada por Immanuel Kant em 1781 em seu livro monumental e que parece uma catedral, *A Crítica da Razão Pura*. Profundamente embutida entre os altíssimos obeliscos e arcos abobadados de sua estrutura – com seu ornato trançado de axiomas e folheados arabescos de conceitos cujos conjuntos se repetem infinitamente – podia ser encontrada, pelo leitor paciente, a resposta de Kant: jamais poderá haver uma ciência metafísica porque a ciência, por sua própria natureza, está interessada numa análise profunda das coisas tangíveis dentro do mundo de espaço e tempo. A metafísica, pelo contrário, está preocupada com coisas intangíveis como Deus, a alma, liberdade, e imortalidade. A teologia jamais foi o território da ciência, cujo principal objetivo é um *conjunção* das categorias da mente *com* as impressões dos sentidos. A metafísica clássica, confinada pelo rígido nexo da lógica, sempre olhou de soslaio para o plano terreno, buscando confirmação da validade de suas "verdades".

A questão ainda é relevante hoje, pois alguns dos nossos cientistas mais criativos começaram a invadir o território da metafísica, o qual, Kant insistia, deveria permanecer separado da ciência para evitar que o domínio da liberdade e da religiosidade humanas fossem absorvidas pela máquina do Cosmo newtoniano. Kant sabia muito bem o que aconteceria à sociedade se seus cidadãos viessem a acreditar que o livre-arbítrio fosse um anacronismo e que os eventos da vida de uma pessoa tivessem de ser considerados estritamente como funções das leis impessoais de um meio ambiente secularizado. E, de fato, com a publicação das obras de Darwin, Marx, Freud e Skinner ao longo de todo o século 19 e início do século 20, precisamente o que Kant temia veio a acontecer com o desabrochar destes vários materialismos. Os poemas de T.S. Elliot *The Waste Land* e *The Hollow Men* tornaram-se simbólicos do clima espiritual do século vinte, particularmente desde que cada um dos domínios clássicos das ciências humanas foi colonizado pelo império da ciência mecanicista em expansão. Mas agora parece que a ciência está precisando muito de uma lufada de vento do espírito pneumático para que suas águas estagnadas sejam novamente colocadas em movimento.

Rupert Sheldrake é um dos poucos cientistas que não têm qualquer tipo de reserva em relação a abordar esses temas metafísicos em que se envolviam os famosos banqueteadores à mesa de Platão, tal como a existência da alma, a reencarnação, ou a *anima mundi*. Ele é o biólogo que se tornou famoso com o conceito dos campos morfogenéticos, que ele articulou em seu primeiro livro, *A New Science of Life* (1981), como uma resposta criativa ao desafio colocado pelos debates do século 19 entre mecanicistas e vitalistas, sobre o desenvolvimento dos organismos. Na década de 1920, os "organicistas" propuseram pela primeira vez a idéia dos campos morfogenéticos como um meio entre os extremos do mecanicismo e do vitalismo. Os modelos propostos por esses pensadores, porém, tendiam para o Platonismo. Eles viam os campos morfogenéticos como "leis" transcendentes de organização. Mas a inovação de Sheldrake era ver estes campos como se auto-desenvolvendo ao mesmo tempo que as formas que eles produzem.

Na verdade, para Sheldrake as "leis" do universo podem não ser realmente leis, mas sim hábitos de ação profundamente arraigados, que foram construídos através dos muitos *eons* que o universo já atravessou. Como os antigos leitos de rios na superfície de Marte deixados pela pressão da água corrente através de bilhões de anos, assim também as "leis" do universo podem ser imaginadas como riachos escavados na textura do espaço-tempo pelo fluxo interminável da atividade repetitiva. Quanto mais tempo persistirem os padrões particulares, tanto maiores serão suas tendências em resistir à mudança. Sheldrake chama esta tendência habitual da natureza "ressonância mórfica", em que as formas presentes são moldadas pelas formas do passado. A ressonância mórfica é transmitida por meio de "campos morfogenéticos", que são semelhantes a campos eletromagnéticos pelo fato de transmitirem informação, mas diferem por fazerem isso sem usar energia, e mesmo assim não são diminuídos pela transmissão através do tempo ou espaço.[1]

---

[1] Para uma ilustração da ressonância mórfica veja Sheldrake (1995a), p.97 e p.103.

Sheldrake ilustra sua idéia com a analogia de um aparelho de televisão. Embora possamos alterar as imagens em nossa tela ajustando os componentes ou distorcendo-os – exatamente como podemos ajustar ou distorcer as características fenotípicas de organismos através da engenharia genética – não segue daí, absolutamente, que as imagens estejam vindo do *interior* do televisor. Elas estão de fato codificadas como informação vinda do *exterior* sob a forma de freqüências eletromagnéticas, que o sábio arranjo dos transistores e circuitos dentro do televisor nos permite captar e tornar visíveis. Da mesma maneira, não nos é em absoluto necessário supor que as características físicas dos organismos estejam contidas no *interior* dos genes, o que pode ser deveras análogo a transistores sintonizados nas freqüências apropriadas para converter informação invisível em informação visível. Assim, os campos morfogenéticos estão localizados invisivelmente no interior e ao redor dos organismos, e podem ser responsáveis por fenômenos até agora inexplicáveis como a regeneração de membros seccionados em vermes e salamandras, membros fantasmas, as propriedades holográficas da memória, a telepatia, e a crescente facilidade com que novas habilidades são aprendidas, à medida que maior número de pessoas de uma população as adquire.

Quando o primeiro livro de Sheldrake foi publicado, é desnecessário dizer, houve grande controvérsia nos jornais acadêmicos em relação ao valor de suas hipóteses. O editor da revista *Nature* descreveu o livro "como o melhor candidato à queima de livros que já houve em anos." Vale lembrar aqui as ansiedades de Saturno que o impeliram a devorar seus filhos quando soube que Zeus estava vindo para colocar um fim à sua Idade de Ouro.

O primeiro livro de Sheldrake foi seguido por sua obra máxima, *The Presence of the Past* (1988) (A Presença do Passado), uma ampliação filosófica e cultural das idéias apresentadas academicamente em seu primeiro volume. A este seguiu-se o *O Renascimento da Natureza* (1991), no qual ele traça o nascimento, crescimento e inevitável envelhecimento da visão materialista do mundo, que no momento atual está se esfacelando sob o assalto de mundos de pensamentos atuais, como a teoria do caos, a hipótese Gaia, a simbiose celular, e a ressonância mórfica. O livro seguinte de Sheldrake, *Trialogues at the Edge of the West* (1992) *(Triálogos nos Limites do Ocidente),* foi uma série de discussões com os amigos Terence McKeena e Ralph Abraham sobre o presente estado da cosmologia.

Em 1995, a pequena jóia de Sheldrake, *Seven Experiments That Could Change the World (Sete Experiências que Poderiam Mudar o Mundo),* surgiu como um guia do tipo faça-você-mesmo para atividade científica, a partir da idéia de que algumas das grandes idéias científicas vieram de amadores e diletantes situados fora do mundo acadêmico formal (Leeuwenhock, por exemplo, era zelador; Faraday um aprendiz de impressor e autodidata; e claro, Mendel era monge). Sheldrake apresenta uma série de experiências nas quais convida o leitor a participar das investigações de fenômenos inexplicados, como de animais de estimação que sabem quando o seu dono está para chegar em casa, os estranhos poderes dos pombos correios, ou o fenômeno dos membros fantasmas.

Mais recentemente ele colaborou com o teólogo Matthew Fox em dois conjuntos de diálogos, *Natural Grace (Graça Natural)* e *Physics of Angels (A Física dos Anjos)* (1996), nos quais a conversação corrente entre ciência e espiritualidade discorre facilmente. Outro conjunto de conversas com Abraham e McKeena, intitulado *The Evolutionary Mind: Trialogues at the Edge of the Unthinkable (A Mente Evolucionária: Triálogos nos Limites do Impensável),* foi publicado em 1998.

Na entrevista que se segue, Sheldrake e eu discutimos suas idéias sobre envelhecimento, a existência da alma, a reencarnação, fantasmas, telepatia e anjos. Pois apesar da insistência de Kant em manter as duas esferas separadas, é importante saber o que as perspectivas de mudança da ciência têm a dizer sobre crenças espirituais tradicionais. As idéias elementares da imaginação humana – deuses, espíritos, a categoria do sagrado – têm sido onipresentes através de todo o desenvolvimento da evolução cultural humana. Não há razão para pensar que a morte da cristandade ortodoxa nas mãos de uma ciência mecanicista cada vez mais arrogante signifique que estas idéias sejam meramente vestígios do passado "supersticioso" do homem. Pelo contrário, como Carl Jung freqüentemente destacava, a falta de contato do homem moderno com estas idéias o tem deixado vulnerável a todo tipo de histerias políticas, sociais e econômicas, que têm sido uma praga no curso do século 20 com uma grande catástrofe após outra.[2] É importante, portanto, juntar as duas perspectivas para desfazer o abismo entre as ciên-

---

[2] Veja, por exemplo, Jung (1969a), p.181 "... uma educação predominantemente científica e tecnológica ... pode também produzir uma regressão espiritual e um aumento considerável de dissociação psíquica ... Perda de raízes e falta de tradição neurotizam as massas e as preparam para a histeria coletiva ..."

cias exatas e as ciências humanas, um abismo que gerou a famosa incapacidade de comunicar-se, como observado por C. P. Snow.

JE: Um dos primeiros trabalhos que você escreveu foi sobre o envelhecimento, o crescimento e a morte das células. Você pode dizer algumas poucas palavras sobre a teoria do envelhecimento que você propôs naquele trabalho?

RS: Acredito que o envelhecimento é inerente a todas as formas de vida porque acidentes acontecem, as coisas dão errado, exatamente como acontece numa casa; sempre há alguma coisa que dá errado e que precisa ser reparada. Mas as células vivas têm capacidade limitada de reparo. Assim, quando há equívocos que não podem ser reparados, estes tendem a se acumular. Esse, creio eu, é o princípio do envelhecimento. A minha proposta quanto ao que acontece no envelhecimento é que as células só podem ser regeneradas crescendo tão rapidamente que diluam estes produtos de decomposição, estas sementes de morte que se acumulam como resultado do envelhecimento.

Ou, que as células se dividam assimetricamente – isso é, dividam-se de forma desigual, de modo que uma das células filhas contraia as sementes da morte de um modo injusto, enquanto a outra é regenerada. A divisão celular assimétrica é muito comum tanto em animais como em plantas, em tecidos que continuam crescendo indefinidamente, como a pele, as células do sangue, ou as extremidades dos brotos das plantas. Também é encontrado no modo como as células-ovo são formadas, tanto em animais como em plantas, onde, para cada célula-ovo que é criada, há três células extremamente mortais que são deixadas de lado à medida que a nova célula-ovo regenerada é formada. Essa foi a base da teoria celular do envelhecimento que propus no meu trabalho em *Nature*.[3]

JE: Joseph Campbell sugeriu certa vez que a idéia dos campos morfogenéticos lhe fazia lembrar do conceito hindu de Maya *– o campo do espaço-tempo que dá origem às formas do mundo.*[4] *Você escreveu seu primeiro livro,* A New Science of Life (Uma Nova Ciência da Vida), *enquanto vivia num* ashram *na Índia. Você acha que o conteúdo do seu livro foi de algum modo*

---

3 Sheldrake (1974).

4 Campbell (1988), p.102.

influenciado por alguma ressonância com as tradições do pensamento indiano?

RS: Acho que provavelmente foi, mas a idéia básica da ressonância mórfica e dos campos mórficos veio a mim enquanto estava em Cambridge, antes de ir morar na Índia. O meu pensamento sobre os campos morfogenéticos foi influenciado pela tradição holística da biologia do desenvolvimento, onde estes campos são muito bem aceitos. A idéia de uma influência através do tempo – a idéia da ressonância mórfica – na realidade, foi inspirada por Henri Bergson em seu livro *Master and Memory*,[5] onde ele argumenta que a memória não é armazenada sob forma material no cérebro. Eu imaginei que as idéias de Bergson sobre memória, que eram para mim completamente novas e incrivelmente excitantes, poderiam ser generalizadas, e foi realmente refletindo sobre o pensamento de Bergson que cheguei a essa idéia.

Porém quando fui trabalhar na Índia num instituto de agricultura, continuei pensando sobre essas idéias, e elas tinham de fato muita coisa em comum com o pensamento indiano. Eu descobri, logo que comecei a pensar nestas coisas em Cambridge, que muitas pessoas lá simplesmente não podiam compreender aquilo a que eu me referia – principalmente os cientistas – e achavam a idéia por demais ridícula para ser levada a sério. Quando cheguei à Índia e discuti a idéia com amigos e colegas hindus, eles reagiram de maneira contrária; diziam, "Não há nada de novo nisso, tudo isso já era conhecido há milênios pelos antigos *rishis*." Assim, eles acharam as idéias perfeitamente aceitáveis; a única limitação era que eles não estavam particularmente interessados em transformá-las numa hipótese científica.

Trabalhei durante cinco anos num instituto de agricultura antes de ir morar no *ashram* e escrever o meu livro. O clima do pensamento hindu foi muito fértil para mim, e me permitiu continuar pensando nestas idéias num meio muito mais favorável que o de Cambridge. Mas os embriões destas idéias, as raízes do meu próprio pensamento, estão na

---

5 Como escreve Ralph Abraham, "... enquanto permaneci no *ashram* de Neem Karoli Baba em Kainichi, aos pés dos Himalaias no Norte da Índia, eu abstraí ... um modelo matemático para a morfogênese. ... Durante este mesmo período, Rupert Sheldrake estava escrevendo seu primeiro livro sobre morfogênese no *ashram* de Dom Bede Griffiths, em Tamil Nadu, Sul da Índia. Sem dúvida que nós dois estávamos influenciados pelas teorias hindus do *akasha*, isto é, um infinito campo de vibração de inteligência." Veja Abraham (1996).

filosofia e ciência ocidentais mais do que na filosofia oriental. Por isso, é uma espécie de convergência.

JE: Você vê a história evolucionária como uma tensão entre duas forças, a força do hábito – ou ressonância mórfica – e a criatividade, que envolve o aparecimento de novos campos mórficos. Mas no caso de extinções em massa, você uma vez sugeriu que "os fantasmas das espécies desaparecidas ainda estariam assombrando o mundo, os campos dos dinossauros ainda estariam potencialmente presentes se se pudesse sintonizá-los." [6] *Você se incomodaria de comentar como seria possível para as espécies extintas reaparecerem?*

RS: Bem, eu não tenho em mente alguma espécie de cenário tipo *Jurassic Park*. O que eu estava pensando é que os campos permaneceriam presentes, mas as condições para serem sintonizados não mais existem se a espécie é extinta; assim não são expressadas. Porém, é um fato bem conhecido nos estudos evolucionários que algumas das características de espécies extintas podem reaparecer mais e mais vezes. Algumas vezes isso acontece em mutações ocasionais, em outras aparece em dados fósseis. E quando estas características de espécies extintas reaparecem, são geralmente chamadas de "atavismo", o que implica um tipo de reversão a uma forma ancestral. Os atavismos eram bem conhecidos de Darwin, e ele tinha muito interesse neles pela mesma razão que eu – eles parecem implicar uma espécie de memória do que se passou antes.

JE: Você acredita que os campos mórficos sejam de algum modo responsáveis pela existência de fantasmas?

RS: Bem, os campos representam um tipo de memória. Se os locais têm memória, então suponho seja possível o acontecimento de fenômenos do tipo fantasma nestes campos. Esta é uma área de especulação muito nebulosa e não é uma área sobre a qual eu tenha pensado rigorosamente. Não tive incentivo para deter-me nisso com rigor porque é bem difícil pensar em experimentos possíveis de repetir com fantasmas. Mas os fantasmas parecem ser um tipo de memória, e os campos mórficos têm a ver com a memória; desse modo bem pode haver uma conexão.

---

[6] Brown e McClenn (1993), p.9.

JE: Karl Pribram sugere que as memórias são disseminadas pelo cérebro como ondas, ou hologramas, e você vai mais além ao sugerir que as memórias não podem ser armazenadas no cérebro de modo algum, e sim que o cérebro age como um dispositivo de sintonia e capta memórias análogas do mesmo modo que um televisor sintoniza certas freqüências. Ademais, você sugeriu que se as memórias não são de modo algum armazenadas no cérebro. Isso deixa a porta aberta para a possibilidade da existência da alma. Você pode explicar como suas idéias sobre a existência da alma se encaixam neste paradigma?

RS: Bem, devemos esclarecer os termos aqui. A visão tradicional na Europa era de que todas as plantas e animais tinham almas – não apenas as pessoas – e eram estas almas que organizavam os seus corpos e seus instintos. De certa maneira, portanto, a idéia tradicional de alma é muito similar àquilo que eu quero dizer ao falar de campos mórficos. A visão tradicional da alma em Aristóteles e em São Tomás de Aquino não era a idéia de algum princípio espiritual imortal. Era de que a alma é uma parte da natureza, uma parte da física, no sentido geral. É o que organiza os corpos vivos. Nesse sentido, todos os campos mórficos de plantas e animais são como almas.

Porém, no caso dos seres humanos, surge a questão tradicional sobre se é possível à alma persistir após a morte do corpo. Normalmente, as almas são associadas com os corpos. E a teoria que estou apresentando tende a ver a alma associada com o corpo e as memórias ocorrendo por ressonância mórfica. Se for possível para a alma sobreviver à morte do corpo, então se poderá ter a persistência da memória e da consciência. Do ponto de vista da teoria que estou propondo, não há nada nela que diga que a alma tem que sobreviver à morte do corpo, e não há nada que diga que não possa. Assim, isso é simplesmente uma questão aberta. Mas não uma questão que possa ser decidida por princípios e *a priori*.

JE: Em seu livro The Presence of the Past (A Presença do Passado), *você tem uma interessante teoria sobre reencarnação.*[7] *Você sugere que pessoas que têm memória de vidas passadas podem de fato estar a sintonizar-se com as memórias de outras pessoas no campo morfogenético, e que podem realmente não representar pessoa reencarnada alguma. Poderia comentar sobre isso?*

---

7 Sheldrake (1998), pp.220-222.

RS: Sim. Estou sugerindo que através da ressonância mórfica todos nós podemos sintonizar um tipo de memória coletiva, memórias de muitas pessoas do passado. É teoricamente possível que pudéssemos sintonizar as memórias de pessoas específicas. O que poderia ser explicado subjetivamente como memória de uma vida passada. Mas esse modo de pensar no assunto não significa necessariamente que isso tenha que ser reencarnação. O fato de que você possa sintonizar as memórias de uma outra pessoa não prova que você *seja* aquela pessoa. Novamente, deixo a questão em aberto. Mas isso provê um caminho mediano de pensar sobre a evidência de memórias de vidas passadas; por exemplo, aquele relacionado por Ian Stevenson [8] e outros. O debate é geralmente polarizado entre pessoas que dizem ser tudo isso bobagem, por ser a reencarnação impossível – a visão científica padronizada, cética (eu diria, a visão cética padronizada; ela não é muito científica.) – e as outras pessoas que dizem que esta evidência prova o que elas sempre acreditaram, ou seja, a realidade da reencarnação. Estou sugerindo que é possível aceitar a evidência e aceitar o fenômeno, mas sem saltar à conclusão de que isso tenha de ser reencarnação.

JE: Desse modo a sua teoria de que a informação pode ser transmitida por estes campos mórficos não-materiais torna possível um paradigma no qual fenômenos como a telepatia ou experiências extra-sensoriais possam ser compreendidos. Pode explicar como o seu paradigma faz sentido fora destes tipos de fenômenos?

RS: Bem, se pessoas podem sintonizar o que outras pessoas fizeram no passado, então a telepatia é um tipo de extensão lógica daquilo. Se você pensar em alguém sintonizando os pensamentos que alguém teve há uma fração de segundo atrás, então se torna quase instantâneo e aproxima-se de um caso de telepatia. Assim a telepatia não parece, em princípio, ser particularmente difícil de explicar, se há um mundo no qual ocorre a ressonância mórfica.

Os campos mórficos também se estendem além do corpo físico. Eu acredito que quando uma pessoa olha para alguma coisa ou alguma pessoa, a imagem que ela está vendo não está localizada em seu cérebro, mas no lugar onde o que é visto parece estar. Por exemplo, se eu olhasse para você, então a minha imagem de você não estaria dentro de

---

[8] Stevenson (1974).

minha cabeça, mas onde você realmente está. Desse modo eu acredito que na percepção nós projetamos nossos campos de percepção, que são um tipo de campo mórfico, que liga a pessoa que está olhando com aquilo que está sendo olhado. Isso, creio eu, significa que as pessoas podem ter um impacto sobre outras pessoas ou coisas, simplesmente olhando para elas através destes campos. É isso que fundamenta meu interesse atual na sensação de ser olhado, a sensação que muitas pessoas têm de que estão sendo olhadas por trás.[9] Eu discuto isso no meu livro *"Seven Experiments That Could Change the World" (Sete Experiências Que Poderiam Mudar o Mundo),* e desde que ele foi publicado fizemos muitas outras experiências que me convenceram de que este é de fato um fenômeno real. Assim, essa não é uma das coisas sobre as quais os parapsicólogos geralmente discutem, mas é algo que resulta muito naturalmente da idéia dos campos mórficos.

Eu acredito que alguns dos outros fenômenos da parapsicologia são difíceis de explicar do ponto de vista dos campos mórficos e da ressonância mórfica. Por exemplo, qualquer coisa que tenha a ver com precognição e premonição não se ajusta dentro de uma idéia de influências vindas justamente do passado. Assim, não acredito que isso irá proporcionar uma explicação geral de todos os fenômenos parapsicológicos, mas acredito que vai fazer com que alguns deles, pelo menos, pareçam mais normais do que paranormais.

> *JE: No seu livro* Sete Experimentos Que Poderiam Mudar o Mundo, *você destaca que as expectativas dos experimentadores têm muito a ver com o resultado de suas experiências. E você sugere até mesmo que eles poderiam influenciar suas experiências através da psicocinese ou telepatia. Você poderia discutir como seria possível ocorrer isso?*

RS: Sim, é bem sabido que em psicologia e em medicina as expectativas do experimentador podem influenciar e influenciam o resultado das experiências, razão pela qual as pessoas aplicam técnicas experimentais às cegas para tentar minimizar isto. O segundo ponto é novo e eu acabo de descobri-lo fazendo um exame da literatura e práticas cientificas de laboratórios de diferentes ramos da ciência. O exame revela

---

[9] Veja a seção *"Psychic Protoplasm"* no livro de Arthur Young *The Reflexive Universe* (1976), pp. 136-146, e esp. p.145 para examinar um exemplo do fenômeno a que Sheldrake está se referindo.

que nas ciências físicas e na maior parte da biologia as pessoas jamais fazem experiências às cegas. Não há qualquer proteção contra possíveis efeitos criados pelo experimentador. Parece-me bastante possível que os experimentadores podem estar sendo tendenciosos no modo como registram seus dados. Eu ficaria muito surpreso se isso não acontecesse na ciência convencional.[10]

Mas acredito que algo mais surpreendente e alarmante poderia estar acontecendo, como você sugere: isto é, uma possível influência psicocinética no próprio sistema experimental. Os cientistas estariam completamente despreparados para isso, se isso estivesse ocorrendo; eles não tomam qualquer precaução contra tal possibilidade. A cultura da ciência institucional a descartaria como impossível. Desse modo, haveria uma grande vulnerabilidade nesse particular, se assim continuar, e isso poderia estar acontecendo de maneira muito comum na ciência.

Sabemos dos estudos psicocinéticos de Robert Jahn, de Princeton, que as pessoas podem influenciar geradores de números aleatórios de modo surpreendente, mesmo à distância[11]. E desde que eventos quânticos e geradores de números aleatórios não são diferentes dos eventos quânticos que ocorrem nos sistemas físicos, químicos e biológicos, já há um precedente nos dados experimentais para este tipo de efeito da mente sobre a matéria. Nas experiências de Jahn, as pessoas estão apenas fazendo um tipo de jogo inofensivo. Nas experiências científicas, onde o experimentador tem muita coisa investida no resultado da experiência, muitas esperanças, tensões e propostas de verbas dependendo do que aconteça, a intensidade da expectativa pode ser muito maior, e as conseqüências muito mais amplas do que qualquer coisa detectada por Jahn. Mas esta é uma área inexplicada. Naquele livro eu sugiro várias experiências que poderiam ser feitas para testar-se a presença desse efeito na ciência convencional.

JE: Os seus livros Natural Grace (Graça Natural), *e* The Physics of Angels (A Física dos Anjos), *co-escritos com Matthew Fox, são abordagens da interface entre ciência e espiritualidade. Houve outros importantes cientistas – tais como David Bohm e Fritjof Capra – que também mostraram interesse na combinação da ciência com a espiritualidade. De que modo você vê estas du-*

---

10 Sheldrake (1997).

11 Jahn e Dunne (1987).

as áreas de discurso cruzando-se e que tipos de híbridos culturais você vê como resultado desta fusão?

RS: Há muitas áreas de potencial interseção. Uma é a cosmológica, pois quando a ciência fala sobre criação, está entrando numa seara que há muito vinha sendo exclusiva da religião. Não estou agora simplesmente pensando na questão "de onde veio o *Big Bang?*" Se focalizamos excessivamente nos momentos iniciais da criação, sobre os quais sabemos praticamente nada, entramos numa situação como aqueles dos teístas do século dezoito, que pensavam em um Deus que criava a máquina do mundo, a colocava em funcionamento e depois recuava para deixá-la seguir sozinha.

Eu estou mais interessado na criatividade ininterrupta, que é expressada no processo evolucionário – e o processo evolucionário deve ter uma criatividade inerente –; e nós sabemos que nosso universo é criativo em todos os níveis, físico, biológico, ou mental, cultural, etc. Então, qual é a fonte desta criatividade? Bem, essa é realmente uma questão metafísica e a ciência materialista não tem outra sugestão a não ser o acaso; o que na realidade significa que é ininteligível, que não podemos pensar a respeito. No entanto, tem muito em comum com as áreas tradicionais de investigação teológica e espiritual. Portanto, esta é uma área de discussão.

Outra área é a natureza da alma, a psique, a consciência, sobre a qual a ciência até muito recentemente nada tinha a dizer, mas que é, obviamente, de crucial importância para a compreensão de nós mesmos e da natureza. E como mostro no livro que escrevi com Matthew Fox, há ainda áreas ulteriores, tais como a questão da oração e seu funcionamento. Se as pessoas rezando para que coisas aconteçam do outro lado do mundo provocam um efeito estatisticamente mensurável sobre o que realmente acontece, você tem um tipo de ação à distância que está na esfera de investigação da ciência. É isso precisamente o que as pessoas que rezam dizem poder acontecer. Assim, eu acredito que há um número grande de áreas férteis para a análise e a investigação. Penso que à medida que a ciência se libertar deste mecanismo estreito que tem sido sua camisa-de-força por tanto tempo, aproximando-se de uma visão mais holística da natureza, haverá muito mais possibilidades de interação fértil entre a ciência e a espiritualidade.

JE: Você menciona que o seu novo livro, The Physics of Angels (A Física dos Anjos) *foi inspirado pela similaridade das descrições de anjos feitas por São Tomás de Aquino como sendo seres sem massa ou corpo, e a moderna visão da ciência de que as partículas de luz – fótons – também não têm nem massa nem corpo. Pode elaborar o significado disso?*

RS: Quando Mathew Fox e eu estivemos pela primeira vez conversando sobre anjos, este foi um dos pontos questionados por nós. Ambos o achamos deveras fascinante. Eu acredito que São Tomás de Aquino estava tentando pensar tão lógica e racionalmente quanto podia sobre o que significaria ser uma entidade sem qualquer massa e que no entanto podia se mover e agir. Se você pensar nesses termos, eu acredito que você também chegará às mesmas conclusões que pessoas como Einstein e outros pioneiros do século 20, quando pensavam sobre a teoria da relatividade e a teoria quântica. Os fótons de luz de Einstein apresentam notáveis paralelos com as discussões dos movimentos dos anjos de São Tomás de Aquino. Acredito ser devido ao fato de que eles partiam de premissas similares e pensavam de um modo logicamente semelhante sobre as conseqüências.

3 – Matemática

Ralph Abraham e os Fundamentos do Caos

Os vários níveis de mitos da cosmogonia ocidental foram construídos a partir de camada sobre camada sedimentar de pessoas, raças e línguas, que as marés e o fluxo do tempo fossilizaram nos torsos partidos e colossos caídos que povoam nossas paisagens históricas. Uma amostra tomada ao acaso deste depósito – como um corte transversal de uma placa de argila do período cambriano – revela-nos pelo menos dois tipos bastante diferentes de narrativas das origens. O épico babilônio *Enuma Elish* é um exemplar do primeiro tipo. O âmago de sua narrativa descreve como o deus solar Marduk confronta Tamat – a deusa do abismo aquático – e, como um caçador paleolítico aproximando-se de sua presa, a captura com uma rede e atira uma flecha em sua barriga. Então a corta ao meio para poder criar uma espécie de moradia cósmica a partir do corpo dela, pois do mesmo modo como os caçadores de mamutes construíam casas com os ossos entrelaçados de suas presas, para significar que o animal *era* o cosmo dentro do qual eles viviam, assim, também o antigo e gigantesco esqueleto de Tiamat torna-se a estrutura cósmica da habitação dentro da qual vivem os deuses. Encontramos narrativa semelhante em *Gênesis I,* onde Tiamat reaparece transformada em *tehom,* o abismo de águas de onde Yahweh separa o firmamento de cima do firmamento de baixo. E no *Timaeus* de Platão, o Demiurgo confere ordem ao reino desordenado dos quatro elementos, trazendo o mundo à existência a partir de sua substância.

O melhor exemplo das outras espécies de mito foi preservada na *Teogonia* de Hesíodo. Pois é lá que o Caos, o vazio bocejante, gera espontaneamente um cosmo organizado de deidades, cuja primogênita é a deusa Gaia, a sementeira de onde seu marido, o deus celeste Urano, cresce como uma planta. Exemplos desta autogeração do cosmo sobrevive até mesmo nas filosofias pré-socráticas sobre a origem do mundo. Em Anaximandro, por exemplo, o Infinito produz o mundo por um movimento eterno que tem o efeito de separar dois pares de opostos, quente e frio, molhado e seco. E em Anaxágoras esta substância indiferenciada que contém as sementes de todas as coisas é trazida à existência por uma mente imanente que a põe em movimento. Mesmo na filosofia atomista de Demócrito há um eco deste mito quando o movimento primordial dos átomos o faz chocar-se uns contra os outros até que um vórtice é formado e começa o processo de criação.

Os mitos da autogeração são, certamente, mais antigos do que os mitos do primeiro tipo, baseados no paradigma orgânico de uma planta crescendo com movimento espiral a partir do solo-mãe; estes mitos têm suas raízes primárias no Período Neolítico, com sua adoração da deusa terra como uma matriz autogeradora de criatividade. Os do primeiro tipo, porém, são baseados na idéia de um arquiteto cósmico que cria o universo através de um ato de renovação pela destruição das antigas fundações e pela construção de novas. São conseqüentemente de natureza masculina, com raízes no paradigma indo-ariano do guerreiro e seu ferreiro mágico. Estes mitos têm constituído a base da maior parte das cosmogonias ocidentais nos últimos quatro mil anos.

Porém, a ênfase particular do trabalho do teórico do caos, Ralph Abraham, tem sido demonstrar que as primitivas mitologias, nas quais o caos é o vórtice autogerador que dá origem ao universo, estão retornando sob o disfarce de um ramo da matemática conhecido como teoria de sistemas dinâmicos, que é baseado na criação de modelos matemáticos dos processos dinâmicos na natureza. Na teoria dos sistemas dinâmicos, o caos não é mais considerado como "ruído" a ser purgado da matemática para poder maximizar a pureza platônica. Os contornos fractais e as beiradas ásperas da natureza são a própria mãe terra que, sob o disfarce de tormentas, rios que correm, corações que batem, contornos de praias irregulares, começou a entrar nos domínios tradicionalmente masculinos da matemática.

A teoria do caos lida com processos do mundo da natureza, não em qualquer sentido ideal, mas de uma maneira muito concreta. Com a ajuda da computação gráfica, descobriu-se que quando os sistemas entram em estado de turbulência – água fervente, ataques epilépticos, revoltas populares – estão em verdade entrando em estados de organização tão infinitamente complexos que só parecem desordem ao observador despreparado. Na realidade, são estados de atividade semi-aleatória governados por uma geometria matemática conhecida como atrator caótico, que configura o caos aparente em estado de ordem complexa. Nas palavras de William Blake, "eu estava andando entre os fogos do inferno, deliciado com as satisfações do gênio, que para os anjos parecem tormento e insanidade."

A fascinação de Ralph Abraham por estas propriedades auto-organizadoras do caos lhe tem dado o vetor central que guia sua carreira como matemático e filósofo. Ao final dos anos 1960, enquanto Abraham ensinava matemática em Princeton, o sábio eclético em história Immanuel Velikovsky por acaso dava palestras informais para grupos de estudantes sobre a estabilidade do sistema solar. Velikovsky publicara um livro sensacional em 1950, intitulado *Worlds in Collision (Mundos em Colisão),* no qual ele articulava a visão impopular de que um cometa quase colidira com a terra em 1500 a.C, e que a sua passagem não apenas causara furacões, enchentes e terremotos, mas que inclinara a terra para fora do seu eixo, revertera a sua rotação, e provocara o fim das civilizações de Creta do Mino, da Índia Dravídica, e do Reino Médio Egípcio. Além disso, Velikovsky teve a coragem de assegurar que o cometa de fato havia-se separado de Júpiter e, depois, tornou-se o planeta Vênus, que quase colidiu com Marte no século oito e depois novamente no século sete, antes de se estabilizar em sua órbita atual.

As imagens apocalípticas de Velikovsky, é desnecessário dizer, lhe valeram uma crucificação científica, embora outro residente de Princeton, Albert Einstein, tenha achado seu trabalho fascinante. Foi enquanto Abraham ensinava em Princeton que um grupo de estudantes aproximou-se dele com referências às idéias de Velikovsky, e Abraham encontrava-se bastante pensativo a respeito do problema de escrever seu primeiro livro, *The Foundations of Mechanics (Os Fundamentos da Mecânica).* Mais tarde, em 1972, Abraham migrou para Paris, onde estudou com o matemático Rene Thom, cujo livro *Structural Stability and Morphogenesis (Estabilidade Estrutural e Morfogênese),* lançava as bases de uma disciplina da matemática chamada teoria da catástrofe. Apesar do nome, a teoria da catástrofe, na realidade, centra-se na estabilidade dos processos dinâmicos, ao passo que a teoria do caos, ao mesmo tempo sendo desenvolvida na América, enfatiza estados de turbulência.

Enquanto isso, Abraham estivera fazendo experiências com LSD desde sua primeira ingestão da droga em 1967. As experiências catalisaram uma série de visões de radiantes topologias matemáticas que ele depois chamou "*dinamatons*." Um encontro ao acaso com Ram Dass num restaurante em Amsterdam o levou até um guru na Índia, onde Abraham passou um período de várias semanas ingerindo LSD, estudando filosofia hindu e praticando Yoga. Foi durante esta viagem à "Montanha Mágica" que os vários interesses de Abraham começaram a ressoar como um único campo de idéias baseadas em pesquisa sobre "vibração." Proficiente em matemática desde a infância, ele deduziu que os *dinamatons* luminosos cuja visão era induzida pela droga eram semelhantes aos objetos matemáticos que estivera estudando na teoria dos sistemas dinâmicos, e reconheceu que a visão hindu do mundo como uma série gigantesca de ondas se entrecruzando poderia prover um paradigma cosmológico mais amplo, com o qual era possível estruturar seus estudos. Quando retornou à Califórnia em 1974, ele destilou essas idéias num trabalho que publicou no ano seguinte, intitulado *Vibrations and the Realization of Form (As Vibrações e a Realização da Forma).* Nessa época, ele também estava ensinando sua teoria da pesquisa da vibração na Universidade da Califórnia em Santa Cruz.

Em 1980, ele começou uma obra em quatro volumes sobre a teoria dos sistemas dinâmicos em co-autoria com Chistopher Shaw, chamada *Dynamics: the Geometry of Behavior (Dinâmica: a Geometria do Comportamento),* um projeto de oito anos. O livro assinala uma época na história da matemática, pois não contém uma única equação. É, talvez, parte de uma mudança maior em nossa cultura, que Marshall McLuhan foi o primeiro a identificar como uma transição das estruturas lingüísticas do cérebro esquerdo para a orientação icônica do cérebro direito, sustentada pelo crescimento pós-guerra da tecnologia eletrônica. No mesmo ano, suas conversas com os amigos Terence McKenna e Rupert Sheldrake foram publicadas com *Trialogues at the Edge of the West (Triálogos nos Limites do Ocidente).* A seqüência a este volume intitulada *The Evolutionary Mind: Trialogues at the Edge of the Unthinkable (A Mente Evolucionária: Triálogos nos Limites do Impensável),* foi publicada em 1998.

Em 1994 foi publicado o livro de Abraham intitulado *Chaos, Gaia, Eros: A Chaos Pioneer Uncovers the Three Great Streams of History (Caos, Gaia, Eros: Um Pioneiro do Caos Desvenda as Três Grandes Correntes da História).* O livro explora as transformações históricas do mito e da ciência, particularmente quanto ao tratamento dado à deusa do caos ao longo da história. Seu conteúdo forma o eixo da discussão que vem a seguir. Em 1995, Abraham foi co-autor em *The*

Web Empowerment Book, com Frank Jas e Willard Russell. Ele está atualmente trabalhando numa série de volumes a que chama *The Euclid Project (O Projeto Euclides),* que traça as raízes da geometria euclidiana e a interface do trabalho de Euclides com a teoria do caos. Ele está também escrevendo um livro em co-autoria com William Irwin Thompson, ao qual pensa dar o nome *Bolts Out of the Blue: Art, Mathematics and the Evolution of Consciousness (Raios Inesperados: a Arte, a Matemática e a Evolução da Consciência).*

> *JE: Você menciona, no seu livro* Chaos, Gaia, Eros *que quando você estava ensinando sobre a estabilidade do sistema solar em Princeton, em 1966, um grupo de estudantes que estavam interessados nas teorias dos cometas de Immanuel Velikovsky foi até você e perguntou se era possível que a terra pudesse ser desviada de seu curso pelo impacto de um cometa. E disse que isto foi o que deu o rumo do seu primeiro livro* The Foundation of Mechanics. *Fale um pouco sobre a relação entre Newton e William Whiston no que diz respeito à estabilidade do sistema solar.*[1]

RA: Bem, Whiston foi atraído pela matemática de Newton e Newton foi atraído a Whiston por seu livro sobre a origem da terra e do sistema solar. Obviamente, o tema principal de Whiston foi esta teoria do cometa, um fio interessante que leva de volta a Giordano Bruno, que também tinha uma teoria do cometa. Descartes tinha uma teoria do vórtex. Todas estas teorias eram como tipos semelhantes de heresia em seu tempo, mas agora, claro, fazem muito mais sentido – por exemplo, em relação à instigante experiência de Couette-Taylor, na qual é mostrado que os vórtices criam formas. Eles são o mecanismo principal para o surgimento da forma a partir do fluido.

Assim, de qualquer modo, a teoria do cometa, no tempo de Whiston e Newton, era considerada como uma tese exegética sobre o *Velho Testamento.* Whiston e Newton eram cristãos muito sérios, acreditavam no *Velho* e *Novo Testamentos*, e interpretavam o *Gênesis*, linha por linha. Tinha que haver uma concordância entre a ciência clássica, tal como ela surgia no tempo deles, e o Velho Testamento – e esse foi o grande momento criativo para a ciência clássica. Assim, no livro de Whiston, a teoria do cometa aparecia como um mito da criação inter-

---

[1] Sobre Newton e William Whiston, veja Abraham (1994), pp. 180-86.

polado entre os dois primeiros versos do *Gênesis*: poderia ter havido um *Big Bang* e depois um universo fluido revolucionante no qual os vórtices se desenvolviam e fundiam-se em cometas e galáxias. Daí, a terra.[2] Por outro lado, eu creio que Whiston e Newton concordavam em que o sistema solar era instável e requeria periódicas intervenções de Deus para manter-se no curso. Assim, eles não acreditavam que as equações do movimento de acordo com Newton tinham soluções que correspondessem exatamente ao movimento do sistema solar.

JE: E certamente, Immanuel Velikovsky pegou esta antiga heresia dos cometas para o seu livro Worlds in Collision (Mundos em Colisão) *de 1950.*

RA: Sim, aquele livro também é sobre a teoria do cometa. Nele vários enunciados paradoxais das histórias tradicionais como o *Velho Testamento* e os mitos de vários países são interpretados por Velikovsky como sendo histórias verdadeiras das catástrofes celestiais. Esta era a sua idéia.

JE: As teorias dos cometas de Velikovsky tinham alguma coisa a ver com as que foram apresentadas para justificar a extinção dos dinossauros?

RA: Eu não tenho certeza se Velikovsky tocou nesse ponto. Acredito que teria tido um impacto negativo, se é que tivesse algum, pois se esta teoria tivesse sido associada com o nome de Velikovsky, então os cientistas ortodoxos teriam sido mais relutantes em propô-la quando o fizeram, embora fosse controversa. Todas estas coisas têm sido controversas no momento de sua apresentação. Por exemplo, a teoria do deslocamento continental foi uma teoria muito difícil de aceitar para os cientistas, e essa controvérsia tem sido estudada em grande detalhe num livro histórico.

Velikovsky estava bem longe de ser um cientista herético, pelo fato de que ele atacava enfaticamente o *dogma da estabilidade*. Se a ciência dissesse que o sistema solar era estável e Velikovsky dissesse que não era, então Velikovsky seria herético. Mas a ciência não dizia

---

2 Compare com a teoria da origem do sistema solar de Kant-Laplace, na qual se dizia que o sol e os planetas tinham surgido da condensação de uma vasta nuvem nebulosa de poeira e gás, cujo aumento da velocidade de rotação eventualmente deu origem aos planetas.

que o sistema solar era estável. Os cientistas *pensavam* que a ciência dizia isso. Eles realmente não haviam pensado sobre a questão. Eles não tinham conhecimento, era apenas uma crença. E Velikovsky ataca as crenças deles como coisas opostas à própria ciência. Até onde diz respeito à ciência, como as pessoas a compreendem hoje em dia, Velikovsky não era herético. Ele concordava com a real compreensão de Newton, de Laplace e dos astrônomos modernos de que o sistema solar é de fato não estável e caótico. Assim, é uma heresia no contexto do dogma e não uma heresia no contexto da teoria.

Foi exatamente isso que me chamou a atenção em 1966 quando aqueles estudantes dirigiram-se a mim vindos da sala de Velikovsky: no que eu ouvi não havia qualquer conteúdo herético. Por volta de 1966 Velikovsky tinha sido defendido por Kolmogorov, Arnold e Moser, os grandes matemáticos da dinâmica do sistema solar, mas o astrônomos não sabiam disso. Nada foi dito a respeito até 1970 ou por aí, na comunidade astronômica. Assim, pude ver que isso era apenas dogma em ação. E eles o haviam atacado muito maldosamente. *Worlds in Collision (Mundos em Colisão)* tinha sido atacado mesmo antes de ser publicado. Houve uma tentativa sem sucesso dos astrônomos ortodoxos da Universidade de Harvard e outros para suprimi-lo, entrando em contato com o editor e insistindo em que não deveria ser publicado.

Houve uma situação semelhante no caso de Giordano Bruno, a quem, quando levado para a fogueira no Domingo de Ramos no ano de 1600, foi oferecida uma última oportunidade de voltar atrás em sua posição de que o universo era infinito. Se era infinito então não havia lugar onde Deus pudesse residir. Assim o quadro do universo como sustentado pelo Papa em 1600 era de que as estrelas ocupavam um universo bi-dimensional: a esfera celestial, dentro da qual os planetas se moviam e fora da qual havia um espaço vazio que era o domínio de Deus. Não poderia haver qualquer evidência àquele tempo de que o universo era bi-dimensional ou tri-dimensional. Simplesmente não se podia afirmar. Os telescópios não tinham sido usados para observar a paralaxe e estabelecer que as estrelas estavam em uma continuidade ilimitada de três dimensões. Assim, era apenas dogma. Bruno teve esta chance, uma chance para retratar seus pontos de vista, enquanto 100.000 pessoas se reuniam para assistir a sua imolação, e ele disse "Não creio que deveria dizer isso, portanto não o direi," e eles o queimaram.

JE: E Bruno tinha tentado reviver a tradição hermética tentando levá-la à corrente científica?

RA: Bem, ele estava dando palestras públicas a grupos de pessoas interessadas, e com as quais ele participava no restabelecimento hermético da Renascença. Um dos temas principais da Renascença foi a descoberta desta literatura da antigüidade, os *The Caldean Oracles (Oráculos Caldeus)* e o *Corpus Hermeticum (O Corpo Hermético)*. Estes eram considerados tão importantes que quando Cosimo de Medici fundou a Academia Platônica de Florença, nos idos de 1440, ele ordenou ao novo diretor Marsilio Ficino traduzir o *Corpus Hermeticum* antes de começar com a obra platônica.

JE: E estes escritos tinham vindo de Alexandria?

RA: Sim, no segundo século d.C. Isso é o que hoje se crê. Mas no tempo de Cosimo de Medici e Marcilio Ficino acreditava-se que fossem muito mais antigos e que vinham da tradição chamada *prisci teologiai,* os velhos mestres, incluindo tanto Moisés como Hermes. Pensava-se que o próprio Hermes escrevera o *Corpus Hermeticum* por volta de 2000 a.C, ou por aí. E por isso precederia Platão.[3]

---

[3] A recuperação da Tradição Hermética pelo Ocidente ocorreu em duas fases. A segunda, à qual se refere Abraham, transpirou em 1453 quando Constantinopla caiu sob domínio turco, causando a fuga de sábios e monges bizantinos que falavam grego, alguns dos quais foram recebidos pela família Medici de Florença. Estes sábios trouxeram com eles muitos escritos esotéricos do mundo helênico greco-romano que estiveram perdidos para o Ocidente após a queda de Roma no quinto século e o fechamento da Academia de Platão sob o imperador bizantino Justiniano no sexto século. Subseqüentemente, o aprendizado da língua grega perdeu-se para o Ocidente com a única exceção dos mosteiros dos monges celtas irlandeses que especializaram-se na língua e sintetizaram sua própria versão do Neoplatonismo e do Cristianismo, culminando na obra de arte do filósofo irlandês John Scotus Erigena *De Divisone Naturae* (c.865-87 ad.). O mundo cristão celta-irlandês terminou devido a séculos de invasões vikings, começando pelo saque do mosteiro de Lindisfarne no século oito e continuando até o século dez. A recuperação de textos tais como *The Corpus Hermeticum* e os diálogos de Platão durante o século quinze inspirou Cosimo de Medice a abrir uma Academia de aprendizagem baseada na de Platão, e assim começou a restauração do aprendizado do grego por eruditos tais como Marsilio Ficino e Pico della Mirandola. A primeira fase desta restauração, porém, já havia ocorrido no século doze durante as Cruzadas quando eruditos espanhóis recuperaram dos árabes toda a coleção de escritos de Aristóteles juntamente com a literatura da alquimia, que constitui um fio da Tradição Hermética. O impacto subseqüente da alquimia sobre o Ocidente foi considerável: os seus primeiros estudantes foram homens tais como Albertus Magnus, Roger Bacon e Tomás de Aquino. A extensão de seu alcance continuou até Newton, Goche e Carl Jung.

JE: O que esta tradição tem a ver especificamente com o que você chama no seu livro de tradição Órfica?

RA: Bem, o *Corpus Hermeticum*, embora escrito em 200 d.C em Alexandria, representa verdadeiramente uma tradição antiga, e eu estou sugerindo que esta tradição hermética, como é chamada – especialmente desde seu restabelecimento na Renascença – é um remanescente da sociedade de participação da Deusa, que precedeu a autoridade patriarcal em 4000 a.C. A autoridade patriarcal deu início a um processo de supressão daquela literatura, que se tornou cada vez mais completa com o passar dos anos, e após a chegada do Cristianismo, foi no final quase que totalmente enterrada, e juntamente com ela as obras platônicas. Assim, a redescoberta na Renascença das obras platônicas e do *Corpus Hermeticum* essencialmente reviveu a literatura oral desta sociedade pré-patriarcal.

Agora, para entender que esta teoria faz sentido tem-se que ler o *Corpus Hermeticum.* Sobre o que é ele? A idéia principal, eu diria, é o que chamaríamos um tipo de astrologia esotérica, ou magia estelar, para a qual havia influências sobre a terra que emanavam das estrelas, e não apenas irradiadas de suas posições através do campo gravitacional, mas de fato uma emanação espiritual. Assim, esta é uma daquelas teorias da emanação que têm existido em todos os tempos, lugares e culturas. A teoria da emanação provocou o surgimento, mais adiante, da ótica e por isso também da física experimental na Idade Média, abrindo espaço para a ciência tal como hoje a conhecemos. A alquimia e a astrologia são remanescentes da tradição Hermética e remontam aos tempos pré-patriarcais, e portanto são parte do que eu chamo livremente de tradição Órfica. A literatura e a mitologia dessa sociedade pacífica estendeu-se por todo o globo durante longo tempo, e por isso era uma tradição profundamente enraizada.

JE: E você vê Newton como um dos últimos mensageiros dessa tradição dentro da corrente científica?

RA: Bem, teríamos de considerar o próprio Newton como um tipo de ponto crítico. Ele estava na crista da onda. Algumas pessoas o descrevem como o último dos filósofos herméticos porque até a sua morte ele praticou a alquimia diariamente com sua própria fornalha.[4]

---

4 Veja Dobbs (1975).

Por isso ele era verdadeiramente um estudioso da tradição hermética. Mas a teoria que ele deixou para o mundo, que é às vezes considerada como a maior contribuição intelectual já feita por uma única pessoa, foi muito rapidamente colocada a serviço da mentalidade da lei e da ordem da moderna ciência e da assim chamada Iluminação.

JE: Assim, se pudermos mudar, então, para Poincaré, a quem geralmente se credita ser o pai da teoria do caos, qual foi o papel dele em tudo isso?

RA: Bem, ele é o pai do caos devido às descobertas que fez enquanto trabalhava para ganhar o prêmio Oscar II da Suécia, que era oferecido a qualquer um que pudesse provar que o sistema solar era estável. Pensava-se ser isso possível porque Dirichlet, em seu leito de morte, disse que podia provar a estabilidade do sistema solar usando as equações de Newton, mas assim como o Último Teorema de Fermat, nada foi anotado, e ele morreu.

Assim os esforços dos matemáticos trabalhando para suprir esta prova perdida e sendo incapazes de fazê-lo criaram um tipo de Monte Everest na matemática pura daquela época, que era abastecida pelo interesse popular na estabilidade do sistema solar. Isso remonta às primeiras origens da espiritualidade, quando a tradição original dizia que a estabilidade do mundo era provida pelas emanações das estrelas associadas aos deuses e às deusas. Na crença pagã, a estabilidade das aparências era mantida pela *anima mundi*, o espírito do mundo, particularmente através de suas várias manifestações como deuses e deusas, semideuses e semideusas, incluindo as estrelas e as constelações de estrelas associadas com os nomes de personagens mitológicos que participavam nos dramas celestiais como em novelas no céu.

Poincaré, então, tentou provar a estabilidade do sistema solar, mas terminou de fato estabelecendo a impossibilidade de consegui-lo através do método analítico de Laplace. Ele ganhou o Oscar, de qualquer modo, e partiu para invenção de novos sistemas matemáticos que resultaram na descoberta da teoria do caos no sistema solar.

JE: Não era verdade que a teoria da gravitação universal de Newton encontrou inicialmente uma certa resistência porque fazia lembrar às pessoas estas emanações das estrelas e estas forças não materiais que tudo conectam?

RA: Sim, e ainda encontra resistência. Acredito que o problema da compreensão do campo gravitacional ainda não está resolvido. Einstein nos possibilitou nisso um grande progresso quando disse que o campo gravitacional é simplesmente a geometria do espaço-tempo contínuo subjacente ao universo. Mas isso ainda de algum modo foge do assunto porque, quando se coloca um grande objeto como um quasar lá, e então a geometria do espaço em todo o universo subitamente é mudada pela aparição daquela massa, como pode ser isso? Aqui temos um modelo matemático; ali as equações de Einstein; e as soluções numéricas fornecidas por computador que mostram exatamente o que tudo isso deveria parecer. Mas não há qualquer modelo intuitivo. É ainda ação à distância. Nós poderíamos, em outras palavras, considerar a teoria newtoniana da gravitação universal e o modelo do cosmo de Einstein simplesmente como modernas representações da velha teoria da emanação.

JE: No seu livro Chaos, Gaia, Eros, *você diz que a teoria do caos recupera esta corrente da tradição Órfico-Hermética. Como ela faz isso?*

RA: Bem, este é um dos principais temas do meu livro, em relação à importância do conceito do caos em toda extensão da história cultural. Estou identificando a tradição Órfica com um processo de crescimento desde suas raízes na sociedade pagã, especialmente antes da autoridade patriarcal. Aquela sociedade era caracterizada por um papel de destaque para o caos como uma deusa de criatividade, de modo que através de todo aquele tempo você tem a imagem da deusa em associação com cobras, vórtices, água e caos.[5] Após a chegada do patriarcado, porém, o conceito do caos – personificado por exemplo como Tiamat no *Enuma Elish* – é substituído pelo deus da ordem, que representa a chave para o entendimento do patriarcado – esta obsessão com a ordem.

Então a revolução do caos acontece e, como eu digo, coloca Tiamat de volta ao trono, restabelece a importância, a validade, o benefício do caos na vida como na ciência, no sistema solar, na biosfera e assim por diante. Portanto, dá nova vida à tradição perdida da deusa

---

5 Para examinar ilustrações das estatuetas de barro do Paleolítico em associação com cobras e remoinhos, veja as ilustrações 127 e 128 na p.72 de Joseph Campbell (1988a).

juntamente com o conceito do caos, com sua teoria da emanação, com sua idéia da manutenção da realidade comum através de algo que é mais ou menos sobrenatural ou paranormal. Tudo isso é subitamente restaurado e revivido pela revolução do caos destes últimos vinte, trinta anos.[6]

JE: Desse modo a teoria do caos de algum modo também resgata a teoria da catástrofe da condição de heresia científica?

RA: Sim, a teoria da catástrofe foi uma espécie de precursora da teoria do caos. É um caso especial da teoria do caos, e foi o produto intelectual de Rene Thom, que foi um dos grandes pioneiros da teoria do caos após Poincaré. É aquele único e pequeno ramo desta grande árvore que acabou ocupando espaço na primeira página de revistas e jornais. É a primeira ruptura que abre caminho para a consciência popular e foi especificamente esta popularidade e a atração do ponto de vista do público, penso, que levou os matemáticos a atacar e eliminar a teoria da catástrofe poucos anos depois.

JE: Você pode dizer alguma coisa sobre atratores, bacias e bifurcações?

RA: Este é o principal paradigma que a matemática oferece para todos os processos dinâmicos nas ciências. Bifurcação é um termo amplo que denota um tipo especial de mudança no mapa do comportamento dinâmico de um sistema complexo. Com a palavra mapa, quero dizer a configuração dos atratores e das bacias. Em cada bacia há um atrator em algum lugar profundo no centro, alguma coisa difusa como uma galáxia de estrelas; isso é o atrator. Entre as bacias há fronteiras que separam uma bacia da outra. E neste mapa, os atrativos são fraturas difusas e complexas, de modo que quando você olha para eles no microscópio, vê uma representação recursiva que parece a mesma coisa que a visão não aumentada.

Mas, quando a regra subjacente do sistema dinâmico é mudada por alguma razão, por exemplo, pelo aumento de uma força externa ou pela temperatura, pela pressão do vento, ou que quer que seja, então o mapa muda. Às vezes muda de modo insignificante, e às vezes ele tem uma espécie de estalo e se coloca como um mapa reconhecivelmente diferente. Isso é uma bifurcação. É quando o sistema dinâmico é muda-

---

6 Para uma exposição destas idéias veja o trabalho *Chaos in Myth and Science*, de Ralph Abraham (1988) pp.193-210.

do por forças externas e algo significativo acontece. As bifurcações geralmente são classificadas em três diferentes tipos, chamadas bifurcações catastróficas, sutis e explosivas. As bifurcações catastróficas são também conhecidas pelo nome popular de "catástrofes."

Todo este quadro – como ele pode ser aplicado às ciências, e porque é importante – constitui um modo de pensar que é agora chamado de alfabetização dinâmica. E o modo de pensar é mais importante que a teoria matemática ou os modelos específicos nos quais ele é aplicado, como por exemplo, a turbulência dinâmica fluida, ou a origem do universo ou qualquer outra coisa. Rene Thom popularizou este modo de pensar no caso especial da teoria do caos chamada teoria da catástrofe. Ele a tornou compreensível. Ele chegou às pessoas da alfabetização dinâmica de todos os ramos das ciências através de seus escritos e aplicações exemplares à biologia, à lingüística, às ciências sociais, etc.

JE: O livro dele é Structural Stability and Morphogenesis?[7]

RA: Isso mesmo.

JE: No seu livro você introduz um conceito chamado historiografia dinâmica. Você cria este modelo de história baseado nestas mudanças de fases com três diferentes atratores. Você pode explicar isso?

RA: Está baseado numa idéia de Thom ou talvez de Christopher Zeeman, o seu principal popularizador. Esta idéia tem a ver com a relação da história da matemática com a história cultural. À medida que uma cultura se desenvolve, pela prática daquilo que já conhecem, as pessoas tornam-se cada vez mais preparadas para conhecer mais. Assim, no final há um momento crítico no qual uma nova idéia pode vir à mente-grupo da cultura porque em sua evolução a cultura chegou ao primeiro momento no qual é capaz de ter aquela idéia. Nos tempos primitivos as pessoas seriam incapazes de conceber tal coisa como o pináculo da catástrofe. Nem haveria lugar na mente porque a capacidade de conexões da rede nervosa era excessivamente limitada e não podia imaginar um objeto matemático tão complexo.

---

7 Para uma apresentação popular da teoria da catástrofe que inclui uma sinopse das visões de Thom, veja Woodcock e Davis (1978).

Expandi esta idéia, passando a chamá-la de historiografia dinâmica, no meu livro *Chaos, Gaia, Eros,* e também em vários artigos publicados anteriormente, na última década ou coisa assim. Apliquei particularmente esta idéia de que certos objetos matemáticos vêm à mente de uma cultura logo que eles podem. Aplico esta idéia básica aos três atratores básicos da teoria do caos: o atrator estático – que é apenas um ponto isolado, obviamente muito mais simples que um círculo – chegou à cultura através da fixação da natureza sob a forma de jardins durante a revolução agricultural; e o atrator circular, no qual uma seqüência de estados é repetida várias vezes, sendo cada ciclo completado exatamente no mesmo período de tempo. Daí o atrator periódico, que apareceu quando a roda foi descoberta há 6000 anos, como uma roda de brinquedo, depois uma roda de cerâmica, e depois uma roda de carroça, e um modelo para o cinturão zodiacal e o sistema solar e os caminhos seguidos pelos planetas. Tudo isso ocorreu de súbito no período de 4000 a 3500 a.C. Esta é uma idéia muito mais complicada que um ponto atrator e ainda assim não parece muito complicado para nós porque temos tido ciclos em nossa cultura durante 6000 anos.

E agora estamos numa mudança similar de fase, ou mudança de paradigma, como diria Thomas Kuhn, com o atrator caótico tendo acabado de aparecer. Durante a minha vida, vi todo o processo através do qual o atrator caótico passou através de um período de transição desde a idéia herética para a ciência ortodoxa. Isso ocorreu durante o período de minha carreira profissional. Eu mesmo a vivenciei no contexto de meus relacionamentos com muitos amigos diferentes. Pude sentir a essência da coisa e pude imaginar portanto de modo muito vívido como esta mudança de paradigma havia ocorrido. Assim, esta é a minha idéia da historiografia dinâmica. Estas transformações ocorreram em dois lados, em um deles como modelo matemático, e no outro como uma manifestação cultural que sacudiu o eixo da história.

> *JE: Você menciona freqüentemente em seus escritos a obra de William Irwin Thompson que também vê uma série destas mudanças de fases através da história. Você diria que suas teorias são, na maior parte dos casos, isomórficas com as de Thompson?*

RA: Sim. Em um de seus primeiros trabalhos, *Pacific Shift,* ele já apresentara um modelo de história cultural em quatro fases que ele traçara até a antiga Mesopotâmia.[8] Assim apenas no nível dos grandes conceitos havia, como você diz, um isomorfismo entre o meu modelo e o de Bill Thompson. Aliás, o meu livro estava quase completo quando enviei uma cópia do manuscrito para Bill Thompson e ele imediatamente disparou uma carta de volta dizendo, "olhe aqui, olhe ali, olhe nesta outra página" do seu livro, e assim por diante. Eu já o conhecia e tinha dois ou três de seus livros na minha estante, e realmente não tinha notado essas coisas. Mas quando ele me alertou eu procurei observar e, sim, de fato, ele tinha antecipado a minha visão da história em quase exatamente as mesmas bifurcações e mudanças de paradigmas em nível mais abrangente. Porém, quando ele viu o meu livro compreendeu pela primeira vez, penso eu, que a sua visão da história deveria ser matemática. Com base nisso formou-se uma amizade que continua até hoje.

Ele e eu estamos agora envolvidos num exercício interessante que é um exercício posterior a partir desta visão matemática da história cultural. Trata-se de um novo currículo para as escolas primárias, do jardim à sétima série. [9]As maiores bifurcações na história cultural estão mapeadas nas principais bifurcações do desenvolvimento psicológico, no sentido de Piaget, de modo que no jardim de infância você está na cultura primitiva do paleolítico; e no primeiro ano você está no epipaleolítico; no segundo ano, você experiencia a revolução agricultural; no terceiro ano vem a roda, as primeiras cidades: Suméria, Egito, Babilônia, Canaan, etc; na sexta série você está na Grécia antiga; e no sétimo

---

[8] Neste ensaio, *The Four Cultural Ecologies of the West,* Thompson articula sua teoria da civilização ocidental como uma seqüência de quatro fases distintas, cada uma com seu tipo próprio de matemática, tecnologia e visão de mundo. Estas são, respectivamente, a Ribeirinha (ou Mesopotâmica), mediterrânea (greco-romana), atlântica (Europa setentrional) e Pacífica (ou civilização global). As formas correspondentes da matemática são: aritmética, geometria euclidiana, cálculo e teoria dos sistemas dinâmicos. Veja o livro de Thompson *Pacific Shift* (1985) pp. 65-151. Abraham e Thompson estão trabalhando juntos num livro. Abraham o descreve da seguinte maneira: "O livro lida com interações entre a matemática e a história da arte. O primeiro capítulo seria uma reedição do capítulo do seu livro *Pacific Shift* sobre as quatro ecologias culturais. E depois haveria outros quatro capítulos, um para cada mudança. Para a primeira, sobre o Paleolítico, nós analisamos esta escultura pré-histórica, a *Venus de Lespugues*, devido às suas dimensões e encontramos a escala greco-dórica lá representada quase por inteiro. E agora temos uma análise semelhante de uma pintura de Fra Angélico feita em 1434[*Cortona Annunciation*] que prefigura as descobertas da moderna matemática."

[9] Thompson e Abraham são empregados da *The Ross School,* fundada por Courtney Ross, herdeira da Time-Warner. Veja Shnayerson (1996), p.190 e esp. pp. 194 e 234 sobre Abraham e Thompson.

ano aparecem a antigüidade recente, o Islam medieval e assim por diante.

JE: Você também trabalhou com Rupert Sheldrake.[10] *Você diria que os campos morfogenéticos dele são de algum modo similar aos atratores, bifurcações, etc?*

RA: Bem, a teoria dele é bastante coerente com a teoria do caos. Sheldrake tem uma visão um pouco maior do que qualquer uma das visões que discutimos até agora em nossa conversa, exceto provavelmente o que eu descrevi como a visão pré-patriarcal ou Órfica das emanações das estrelas, a *anima mundi* e assim por diante. A idéia de Rupert Sheldrake poderia ser vista desta maneira: que quando estávamos falando sobre a concordância entre a evolução matemática e a evolução cultural, Rupert Sheldrake teria adicionado aqui uma terceira coisa, que é a alma do mundo ou o campo morfogenético. Ele veria a evolução matemática e a evolução cultural como manifestações de uma evolução que está ocorrendo no campo morfogenético. É um quadro um pouco maior do que aquilo sobre o que conversamos e eu acho que é compatível com Giordano Bruno, Marsilio Ficino e a filosofia hermética da Renascença, mas a idéia dele também rompe com a filosofia perene da *prisci theologi* em um aspecto; ele vê o campo desenvolvendo-se num processo co-evolucionário junto com a cultura, a mente humana, a biosfera, etc. De modo que, mantendo esta conversa , nós estamos dando apoio nutricional ao crescimento do campo morfogenético; e o campo morfogenético está dando certa orientação à forma da nossa conversa e à evolução de nossos pensamentos e relacionamentos. Tudo isso está evoluindo junto. Parece-me que essa é uma contribuição essencialmente nova e original para o nosso modelo do universo de acordo com Sheldrake. [11]

---

[10] Por exemplo, veja o trabalho publicado por Abraham, *Vibrations: Communications Through a Morphic Field.* (1996)"

[11] William Irwin Thompson, por outro lado, tem uma visão decididamente diferente do valor das contribuições de Sheldrake: "... todos os cientistas que eu conheço e respeito, pelo nível de suas realizações na ciência, têm considerado o trabalho de Sheldrake, e me dizem que não é boa ciência ... Eu noto que as pessoas que são as mais entusiastas seguidoras de Sheldrake são geralmente pessoas que não estão praticando ciência mas que são devotas da Nova Era ou das terapias de algum tipo." Veja pp.98-100 de sua *Reimagination of the World* (1991c).

JE: A teoria do caos tem muito a ver com os padrões de reconhecimento no processo da natureza. Grande parte do trabalho de Carl Jung envolveu o reconhecimento de processos de padrões estruturais na psique, e ele deu a esses padrões o nome de "arquétipos do inconsciente coletivo." Você vê alguma relação aqui entre a teoria do caos e o trabalho de Jung?

RA: Ah, absolutamente. Por exemplo, mito e ritual – como remanescentes dos processos arquetípicos nas mentes dos povos antigos – podem ser considerados como os ciclos ou trajetórias mentais mais estáveis e duradouros do passado histórico, e na teoria dinâmica nós traduziríamos estes estados como modelos matemáticos, assim como estes atratores.

Por outro lado, a matemática não é tudo, há muito mais em um arquétipo do que simplesmente o seu modelo matemático, e por isso não quero dar a entender aqui que a compreensão da matemática completaria uma compreensão de tudo e de todas as coisas. Os *insights* de Jung e de pessoas desse tipo em última instância transcendem a matemática.

Porém, a matemática como a entendemos hoje envolve padrões de espaço-tempo. Um padrão de espaço-tempo é um padrão comum que está se movendo, e por isso um modelo para um processo. Há certos tipos especiais de modelos de processos que podem ser reconhecidos no processo que ocorre na natureza e mesmo no inconsciente coletivo. Assim, em termos da teoria de Jung, nós teríamos que dizer que a matemática está sugerindo que olhemos para mitos que estão transformando-se em outros mitos. Em outras palavras, o processo mitogenético em si mesmo poderia ser um objeto arquetípico no inconsciente coletivo; e se compreendemos esses arquétipos corretamente, então o presente e o passado são simplesmente estágios no caminho para o futuro e a coisa toda é um arquétipo no espaço-tempo. Assim poderia ocorrer que um avanço em matemática nos tornaria capazes de ver mais profundamente no inconsciente coletivo.

JE: Desse modo, você vê os mitos como modelos dinâmicos tanto para os processos morfológicos na psique como para os padrões de cultura?

RA: Bem, o mito da transformação é uma manifestação de um processo arquetípico na psique, sim. Mesmo dentro de uma geração podemos ver o mito de Jesus Cristo por exemplo, sendo completamente transformado, e essa transformação é arquetípica, e como objeto matemático teve muitas manifestações no passado... Ou digamos, o nascimento de Cristo ou a chegada de Maomé e a sua visão do anjo Gabriel: estas são diferentes manifestações de um tipo especial de movimento, uma bifurcação no inconsciente coletivo, que como um modelo matemático manifesta-se através da história muitas e muitas vezes. Desse modo, a compreensão do processo de transformação é possivelmente um passo adiante na compreensão do mito.

JE: Você considera possível que todos os campos das ciências algum dia se unam num paradigma simples e internamente coerente?

RA: Sim, é possível. Veja você, todas as ciências são boas em si mesmas. O que está faltando é uma teoria de sistemas gerais, uma síntese das ciências numa compreensão simples. Ao longo dos anos, como todos sabem, a ciência tem sido afligida por uma doença de constante redução que se manifesta como uma real repressão da síntese. Por exemplo, se um cientista ou um professor numa universidade se envolve demais com trabalho interdisciplinar e, digamos, cria uma ponte entre a física astronômica e a botânica, então sua reputação sofrerá e ele será punido e dissuadido de continuar neste caminho. O que é necessário para sintetizar as ciências de um modo significativo, visando desenvolver uma visão científica sintética que realmente seja ensinada com sucesso nas universidades, nas escolas primárias e de segundo grau, é algum tipo de mudança profunda no dogma da ciência que dê mais importância à função sintética e encoraje mais a síntese. Uma maneira pela qual a síntese poderia recuperar o seu prestígio seria pela aceitação da teoria do caos e da teoria da complexidade nas universidades. Isso ainda não aconteceu: as universidades ainda estão atacando os teóricos do caos e os estão excluindo.

JE: Você mencionou que vê a Internet como uma manifestação material de uma síntese de todas as mentes do planeta?

RA: Muitas pessoas estão realmente agitadas em relação à *World Wide Web* (Rede Mundial de Computadores) e muitas outras estão realmente petrificadas por causa de algumas fantasias malucas sobre pornografia infantil e coisas mais. Esta polarização está ocorrendo, e até agora ainda estou otimista, por causa de sua utilidade comercial, que a *Web* persistirá. Dentro da rede há muitas atividades sintéticas acontecendo nas quais a ciência, a filosofia, a religião, a história, etc., estão sendo unificadas por intelectuais amadores que não têm qualquer constrangimento. Não há censura nem pressão para que eles abandonem o que estão fazendo e desse modo há uma fantástica síntese das ciências, da mitologia, etc. Por quanto tempo isso vai continuar eu não sei, mas parece bom. Creio que estamos com um total de quase 30 milhões de *browsers* participando da Rede e alguns dos provedores de acesso, América Online, por exemplo, encorajam as pessoas a terem suas próprias páginas na Rede. Assim, há algo em torno de 10 a 20 milhões de pessoas a ponto de criar suas próprias páginas. Elas colocam lá qualquer idéia que consideram importante e outras pessoas podem consultar com a ajuda das novas e excepcionais máquinas de indexação, Web Crawlers, e de robôs. Ainda penso que a Rede Mundial de Computadores pode de fato ser um espaço para a síntese do conhecimento numa escala mundial, na qual as mentes não são conectadas de modo que se tornam exatamente uma única mente, mas há uma união muito forte entre todas estas mentes.

JE: Você também mencionou que está estudando a história da filosofia indiana.[12] *É nisso que você está engajado agora?*

RA: Isso ainda é para o futuro. Tenho projetos nos quais estou tentando localizar a trajetória da tradição Órfica através da chegada dos Arianos à Índia carregando o *Rig Veda*, etc. Mas o meu último livro é um texto matemático de alto nível sobre a teoria do caos, *Chaos in Discrete Dynamical Systems* (*O Caos em Sistemas Dinâmicos Discretos*).

Estou muito concentrado em um projeto agora chamado *Euclid Project* (Projeto Euclides) que envolve muitos volumes e CD-ROMs. O objetivo do projeto é revolucionar o ensino da matemática nas escolas. Incluiria *The Roots of Euclid* (*As Raízes de Euclides*), sobre a geometria sagrada, e um volume sobre a conexão entre Euclides e a teoria do caos, *Euclid's Voyage Into Chaos.*

---

[12] Abraham (1995).

4 – Geociências

Lynn Margulis e a Evolução de Gaia

Em seu livro *The Universe Story* (*A História do Universo*) Brian Swimme inventa uma teogonia mítica para descrever a gênese e a evolução das formas vivas durante os dois primeiros bilhões de anos de vida.[1] A terra veio à existência juntamente com os outros planetas há cerca de 4,6 bilhões de anos, a partir de um poderoso vórtex ou remoinho de poeira, gás e elementos, e ao longo do tempo esta tensão "de Hades" entre o calor radiativo e as pressões gravitacionais produziram crostas de terra fundidas e incandescentes que começaram a se solidificar e esfriar à medida que enormes raios rasgavam os céus como *flashes* fotográficos sobre mares turbulentos e enfumaçados.

Como no romance *Frankenstein*, de Mary Shelley, a emergência da vida era catalisada por correntes de eletricidade que fluíam, e a anunciação da era Arqueana se fez presente pelo aparecimento de minúsculas células do tamanho de pontinhos, que Swimme chama de "Áries", o mesmo nome da casa zodiacal que marca o equinócio da primavera no hemisfério norte e o equinócio do outono no hemisfério sul. A duração dessa época foi de quase dois bilhões de anos, e durante aquele período foram lançadas as bases para todos os cinco reinos do mundo vivo por estas células protocarióticas melhor conhecidas como "bactérias."

Novamente pedindo algo emprestado da linguagem icônica da mitologia, Swimme distingue mais duas gerações de bactérias que seguiram "Aries" durante a era Arqueana, "Promethio" e "Próspero", os progenitores ancestrais dos reinos vegetal e animal, respectivamente. Foi tarefa inovadora de "Promethio" desenvolver um tipo de rede celular para capturar a luz e a partir daí criar o tipo de metabolismo conhecido como fotossíntese, enquanto que "Próspero" desenvolveu as possi-

---

1 Veja *The Universe Story*, pp.85-95.

bilidades de respirar oxigênio com as quais viemos a associar o reino animal.

Mas como Lynn Margullis assinala, os seres mais primitivos não eram nem plantas nem animais. Para ela, eles eram, isso sim, membros do mais importante reino da vida, o reino das bactérias. Estes micróbios onipresentes são muito diferentes dos tipos conhecidos de vida que compõem os outros dois reinos, vegetal e animal, que são feitos de células eucarióticas ou nucleadas, ao passo que as células bacteriais não têm núcleo. É com a teoria simbiótica das origens das células nucleadas de Margullis que nos preocupamos aqui. No drama que Swimme descreve em sua teogonia mítica, o nascimento da célula nucleada foi o advento inevitável de um sem número de fusões celulares.[2]

Com a invenção da fotossíntese por "Promethio", os níveis de dióxido de carbono nesta primitiva atmosfera pobre em oxigênio – substancialmente diferente da atmosfera rica em oxigênio na qual vivemos hoje – foram reduzidos dramaticamente, visto que o dióxido de carbono é essencial para a fotossíntese e o oxigênio é o seu rejeito. Antes da evolução das bactérias que liberam oxigênio, havia muito pouco oxigênio livre na atmosfera da terra. Mas, por volta de 2,3 bilhões de anos atrás, estes diminutos seres tinham criado um apocalipse para si mesmas. O oxigênio gradualmente envenenou o seu mundo, mudando os céus de um marrom empoeirado para o azul de hoje e causando uma prematura Era Glacial, já que o dióxido de carbono é um gás estufa, cuja redução teria diminuído a temperatura global. A resposta à condenação iminente de toda a vida durante o final da era Arqueana – já que o oxigênio destruía as membranas celulares, arrancava elétrons de moléculas estáveis e criava radicais livres que começaram a alimentar-se de outras moléculas em busca de seus elétrons amputados – foi o nascimento das bactérias aeróbicas, a geração que Swimme chama "Próspero", nome do mago na peça de Shakespeare intitulada *A Tempestade*.

Mas bactérias de um certo tipo, conhecidas como espiroquetas – micróbios com caudas longas, finas, como serpentes, que estão sempre se contorcendo, jamais descansando ou dormindo, e que nadam até morrer ou reproduzir-se por divisão – criaram a primeira simbiose ao prenderem-se a um dos fermentadores ("Áries"), daí conferindo a si mesmas uma mobilidade de passo rápido para buscar mais rapidamente

---

[2] Entre a marginália que Margulis rabiscou enquanto corrigia a minuta deste capítulo, ela escreveu: "Não quero parte alguma da 'Teogonia' de Swimme."

seus nutrientes.[3] A geração de "Próspero", enquanto isso – os aeróbicos que eram capazes de respirar oxigênio – começou campanha de pilhar em massa o interior de células primitivas como os fermentadores, que tinham sido empurrados para regiões anóxias onde evitavam o oxigênio e produziam metano e dióxido de carbono.[4] Como a pesquisadora Lynn Margulis nos esclareceu, ao longo do tempo, estas bactérias aeróbicas do tipo Vikings assumiram suas moradias permanentes dentro de células maiores como os fermentadores, onde, protegidas contra as altas temperaturas e condições ácidas, proviam seus hospedeiros com reservas frescas de energia sob a forma de respiração com oxigênio. Finalmente, este novo tipo de ser engolia mas não digeria uma bactéria fotossintética, e daí nasceu o segundo reino, aquele dos protistas, e juntamente com eles, a célula nucleada.

Assim, na visão que Margulis tem da simbiose, os aeróbicos tornaram-se as mitocôndrias dos ancestrais protistas tanto para vegetais quanto para animais. Os fotossintetizadores tornaram-se os cloroplastos dos protistas, e depois então as organelas das células vegetais, o que lhes confere habilidades fotossintetizadoras. A espiroqueta, com sua cauda em forma de chicote, dc acordo com Margulis, seguiria em frente para transformar-se em outras coisas dentro de nossos corpos, como as caudas de nossos espermatozóides, os cílios que revestem o esôfago, e talvez mesmo partes dos axônios e dendrites nas células nervosas de nossos cérebros.

Muito do que sabemos da história primitiva da terra, tal como descrito acima, é devido ao trabalho de Lynn Margullis, cuja dissertação de doutoramento em 1965 enfocou a autonomia cloroplasta em *Euglena*, um tipo de protista que contém tanto cloroplastos quanto mitocôndrias, e uma cauda em forma de chicote. Devido à habilidade de fotossíntese deste microorganismo, os botânicos o classificavam tradicionalmente como planta, enquanto que os zoólogos diziam tratar-se de um animal; mas de acordo com Margulis não é nem um nem outro, pois o

---

3 Esta fusão ocorre sob condições anóxicas, segundo Margulis.

4 Sobre as amplificações míticas deste material por William Irwin Thompson, veja seu livro *Imaginary Landscape: Making Worlds of Myth and Science*, pp. 55-62. " ... pelas excreções das bactérias fotossintetizadoras acumuladas como veneno para os anaeróbicos e eles tiveram que se afastar daqueles que se alimentavam de luz e oxigênio para afundarem nas trevas do lodo no fundo dos lagos ... aqui estava a guerra do Arcanjo Miguel lutando contra Satã e o empurrando para baixo para acorrentá-lo ao submundo." (ibid. p.59).

problema está na super-simplificação da vida em apenas dois reinos. Expandindo a classificação feita por Whittaker em 1959 dos cinco reinos dos Moneras, Protistas, Fungos, Vegetais e Animais, o problema é resolvido saindo-se da dicotomia botânico-zoológica e vendo-se a vida desde uma perspectiva maior, multivinculada.

Em 1957, com a idade de dezenove anos, Lynn Margullis casou-se com Carl Sagan, e ela já tinha começado a estudar a ciência da genética. Na era pós Watson-Crick da descoberta do DNA em 1953, pensava-se que os genes estivessem centralizados no núcleo da célula, mas Margulis – que "não tinha uma tendência intrínseca de se concentrar de modo monomaníaco no núcleo da célula, do mesmo modo como tampouco se inclinava a ser uma esposa-satélite numa família do tipo tradicional" – ficou fascinada com a possibilidade dos genes citoplasmáticos. Assim, sua carreira, como ela coloca, começou "fora do centro".

O citoplasma é a porção líquida da célula que contém organelas tais como mitocôndrias, cloroplastos e centríolos, e alguns cientistas no início da década de 1920 tinham inferido a partir dos cruzamentos genéticos que tanto mitocôndrias quanto cloroplastos continham seus próprios genes. Mas estes genes eram considerados de importância trivial na determinação das características da descendência. Margulis pensou de modo diferente, e ao longo do tempo, ficou claro para ela que os genes destas organelas extra-nucleares eram, de fato, a chave para a sua linhagem ancestral. Margulis partiu da hipótese que estas organelas tinham diferentes linhagens genéticas a partir dos genes no núcleo da célula porque tanto mitocôndrias quanto cloroplastos descendiam de bactérias que uma vez foram livres como os aeróbios e os fotossintetizadores que, no crepúsculo da vida, tinham esculpido toda a arquitetura do planeta para satisfazer suas próprias finalidades.

Em 1967, Margulis publicou seu trabalho sobre *The Origin of Mitosing Cells (A Origem da Mitose nas Células)*, no *The Journal of Theoretical Biology*, após enfrentar um desafio de quinze rejeições de outros jornais. Mas quando o trabalho foi finalmente publicado, mostrando sua teoria simbiótica da origem das células nucleadas a partir de fusões simbióticas entre bactérias anteriormente independentes, imediatamente tornou-se uma "citação clássica", e foram pedidas oitocentas reimpressões dele. O biólogo J.D. Bernal declarou que Margulis tinha resolvido um dos dez problemas insolúveis da biologia, e Margulis deu continuidade a este longo artigo com o seu primeiro livro *The Origins of the Eukaryotic Cell* (*A Origem da Célula Eucariótica*) em 1970. O livro apareceu revisado e reescrito com um novo editor em 1981 como *Symbiosis in Cell Evolution* (*A Simbiose na Evolução Celular*), seu livro mais importante e talvez um dos clássicos da biologia do século vinte. A este livro seguiram-se obras posteriores trazendo à baila vários aspectos de sua teoria, tais como *Early Life* (*Vida Primitiva*), de 1982; *Origins of Sex* (*A Origem dos Sexos*), de 1986; *The Garden of Microbial Delights* (*O Jardim das Delícias Microbiais*), em 1988; *What is Life?* (*O Que é a Vida?*), de 1995; além dos recentes *Slanted Truths* (*Mentiras Atravessadas*), de 1997, e *Symbiotic Planet* (*Planeta Simbiótico*), de 1998. Vários desses livros foram escritos em colaboração com seu filho Dorion Sagan.[5]

Quase simultaneamente com a publicação do primeiro livro de Margulis, o químico atmosférico James Lovelock tinha proposto sua hipótese Gaia numa obra de 1969. Ele e Margulis estavam fascinados pela percepção que ambos tinham de que a maioria dos gases da atmosfera – hidrogênio, oxigênio, metano, dimetil sulfeto – tinham sido colocados lá por seres vivos. Lovelock queria saber o que se entendia por gases produzidos por organismos vivos e ele fez o esboço de sua idéia de Gaia em conversas com Margulis que se estenderam durante vários dias. Em 1974, eles escreveram em conjunto um texto sobre a idéia de Gaia que foi publicado no jornal de Carl Sagan, *Tellus*.[6]

Como Margulis assinala, "Gaia é a simbiose vista do espaço," e de fato, a própria idéia é um produto da era espacial. A teoria nasceu a partir de pesquisa financiada pela NASA para a investigação da possibilidade de vida em outros planetas – Marte, em particular – e Lovelock foi contratado para pensar sobre o problema da detecção de vida. Ele imaginou que se Marte contivesse vida, então sua atmosfera deveria refletir esse fato, pois seus gases seriam diferentes daqueles de qualquer atmosfera mantida só pela química e pela física. Mas na realidade, a atmosfera de Marte mais parece feita dos gases da descarga de automóveis, pois é composto de 98 por cento de dióxido de carbono contendo apenas traços de oxigênio, nitrogênio e argônio. A atmosfera da terra, porém, existe num estado de constante desequilíbrio termodinâmico, pois suas concentrações de oxigênio e metano, por exemplo, coexistem: enquanto que, termodinamicamente, deveriam reagir quimicamente na

---

[5] As citações acima e muito do material que segue está baseado no Capítulo Dois do livro de Margulis *Symbiotic Planet*. Veja pp. 17-19 para as citações.

[6] Lovelock, J.E., e L. Margulis. *Homeostase Atmosférica pela e para a Biosfera: A Hipótese Gaia. Tellus* 26:2-10.

presença da luz do sol para formar vapor d'água e dióxido de carbono. Ainda assim os traços de metano permanecem na atmosfera porque são colocados lá pelas bactérias metanogênicas, pelo gado, por arrozais e solo úmido de madeira apodrecida.

A teoria de Gaia, em suma, propõe que a terra é um sistema automantenedor análogo às propriedades homeostáticas de um ser vivo; o que equivale dizer, a superfície da terra mantém proporções bastante constantes de oxigênio e outros gases na atmosfera, de salinidade nos mares, e temperatura global média algo entre congelamento e fervura. Estes aspectos da superfície são regulados como conseqüência do crescimento e reprodução de uma diversidade de organismos.

O fato de que esta teoria holística tem um apelo místico não é mera coincidência, nem apenas uma questão de conveniência, como quer fazer crer Lovelock quando conta a história de dar nome à sua teoria durante uma caminhada certo dia com o novelista William Golding. Ele disse a Golding que precisava de uma boa palavra de quatro letras que descrevesse "um sistema cibernético com tendências homeostáticas como detectado pelas anomalias químicas na atmosfera da terra." Golding sugeriu o nome "Gaia," e como diz William Irwin Thompson, "tivessem os cientistas dado à hipótese deles o nome 'Mecanismo Homeostático de Dinâmica Planetária', ninguém teria notado, praticamente. É uma tese deste livro que uma das maneiras nas quais a ciência está se beneficiando de seus diálogos com a mitologia está na criação de um tipo de linguagem icônica, com a qual interpreta suas novas teorias. Como Margulis comenta, "quando você está mudando de paradigma, você não tem uma linguagem. O que quer que você diga, as pessoas tomam as palavras no contexto do paradigma *delas,* o que torna difícil a sua vida científica. Você não quer criar neologismos. Mas você não está dizendo o que as pessoas pensam que você está dizendo." A hipótese Gaia e a teoria do Caos são dois exemplos de visões do mundo densamente texturizadas e muito ricas que só podem ser adequadamente expressadas na linguagem pictórica da mitologia, pois as palavras com as quais estas idéias são apresentadas condensam cosmologias inteiras em seu interior.

Desse modo o influxo de imagens da mitologia está de fato mudando a linguagem da ciência, porque o modo como a ciência imagina o cosmo está se transferindo do ponto de vista reducionista, analítico e perspectivo, para um ponto de vista holístico, sintético e não-perspectivo, que está inteiramente adequado ao modo pelo qual as lentes da mitologia põem o mundo em foco, com formas, padrões e figuras enormes, como ilhas montanhosas projetando-se de um nevoeiro.

Os dois conceitos, de simbiose e de Gaia, tal como articulados por Lynn Margulis, captam perfeitamente o tipo de interface entre o mito e a ciência que estamos explorando neste livro. Esta visão da terra, que tem "o aspecto de uma criatura viva, organizada e autocontida, cheia de informação, maravilhosamente habilidosa em lidar com o sol", como Lewis Thomas coloca, é parte da mesma ecologia de idéias que a dinâmica auto-organizante da teoria do caos. A terra como vista em Gaia é autocriada, e não desenhada nas instalações de um arquiteto cósmico como Yahweh ou como o Demiurgo de Platão. É menos como um edifício, e mais como uma árvore que brotou dos solos obscuros da Mãe-Espaço.[7]

JE: Como você acha que a vida originou-se a partir da sopa prebiótica, como é chamada?

LM: Eu nunca estudei diretamente esse problema. A resposta simples para os propósitos desta discussão é que qualquer que fosse a química na terra primitiva – e não apenas a química, certamente, mas também a geologia, a meteorologia e a ciência ambiental, o que quer que fosse – levou à origem das células na terra. As primeiras células eram provavelmente esferas muito pequenas, minúsculas, de um quarto de mícron ou menores. E eram bolsas envoltas em membranas com individualidade muito nítida. Qualquer outra suposição nos levará a uma discussão tola e longa.

Tudo em que eu trabalho pressupõe as origens de uma célula assim diminuta, e pressupõe que o tamanho e funcionamento da célula já evoluíram de alguma maneira. De modo que quando as pessoas dizem que fiz contribuições à compreensão da origem da vida, nada sabem sobre o meu trabalho. Eu deixo que os garotos da química prebiótica discutam sobre origens.

Por volta de 3.5 bilhões de anos atrás, a vida na terra já se desenvolvera. Não há dúvidas a esse respeito. Logo que vemos rochas sedimentares capazes de preservar fósseis, temos evidência direta de vida, não de química prebiótica. As rochas mais antigas que permitem a pre-

---

[7] É interessante observar que aqui o autor acaba de mencionar temas que são centrais em obras como *A Doutrina Secreta*, de H. P. Blavatsky, Ed. Pensamento-SP, e *Cartas dos Mahatmas para A. P. Sinnett, Ed. Teosófica, Brasília.* (N. ed. bras.)

servação de fósseis microbianos já os abrigam. A evidência da vida está naquelas rochas. Existem rochas ainda mais antigas, mas estão deformadas demais, aquecidas demais, metamorfoseadas demais. Em princípio, os fósseis não podiam permanecer nessas rochas. A terra como objeto sólido tem 4.6 bilhões de anos e ainda assim nem um lugarzinho sequer deixou de passar pelo processo de fusão. Alguns meteoritos coletados na Antártida e rochas lunares têm a mesma idade, mas nenhuma rocha na terra *in situ* tem essa idade, pois nenhuma sobreviveu, desde esta época remotíssima, na superfície da terra.

Quando eu era estudante nos ensinaram que se levava todo aquele tempo para o desenvolvimento de fósseis animais tais como trilobites[8], porque eles eram tão complicados, e todo aquele enorme período de tempo estava envolvido com a baixa probabilidade do aparecimento da vida. O pré-cambriano (o tempo anterior aos animais cambrianos) foi basicamente desprovido de vida e foi o que Darwin pensou, também. Mas agora sabemos que a idéia de que a vida não surgiu até o Cambriano é completamente incorreta.

JE: Você então não dá qualquer crédito à hipótese panspérmica, não é verdade?

LM: Nenhum. Exceto como um incentivo ao estudo. Svante Arrhenius propôs a idéia, que se tornou um belo incentivo para testar tais coisas como a viabilidade dos esporos no espaço. Mas a panespermia diz que *seres vivos,* propagadores vivos, viajaram através do espaço e semearam a terra. A esse tipo de noção de panespermia, não dou absolutamente qualquer crédito.

Vamos fazer uma distinção entre vida e matéria orgânica. A matéria orgânica é abundante em certos tipos de meteoritos. Desde que os japoneses começaram a coletar meteoritos em campos de gelo, a porcentagem de meteoritos organicamente ricos aumentou com relação às rochas minerais. Os meteoritos orgânicos preservam pouco quando caem sobre substâncias que não diferentes de gelo. Dois ou três por cento de matéria orgânica está contida em alguns destes meteoritos. Mas isso não é panespermia. É influxo de matéria orgânica vinda do espaço. Tanto a matéria orgânica quanto a água penetram na superfície

---

[8] O período dos trilobites é o cambriano, atualmente datado em cerca de 540 milhões de anos atrás.

da terra vindas de meteoritos, mas não a vida. Matéria orgânica, e não vida, vem do espaço.

JE: Em que ponto desta história primitiva se deu o despertar de Gaia?

LM: Esta é realmente uma pergunta interessante. A vida deve ter-se originado em algum lugar localizado no início, mas em que ponto na história da vida o sistema Gaia começou? Eu suspeito que Gaia começou não apenas quando uma forma viva se originou, mas quando surgiu um ecossistema. Um ecossistema difere de uma comunidade ou de uma população. Os membros de uma população são da mesma espécie e vivem ao mesmo tempo no mesmo lugar. Em comunidades, os membros de diferentes populações de espécies vivem ao mesmo tempo no mesmo lugar. Exemplos disso incluem uma floresta, uma poça d'água, o topo de uma montanha ou uma comunidade de recifes de corais. Os ecossistemas são maiores que comunidades. Para ser um ecossistema, as comunidades componentes devem reciclar completamente os elementos: carbono, nitrogênio, enxofre, etc. O dióxido de carbono deve ser fixado à matéria orgânica, e a matéria orgânica deve ser finalmente transformada outra vez em dióxido de carbono. Em qualquer ecossistema, os elementos biologicamente importantes devem ser completamente reciclados: o fósforo, o carbono, o hidrogênio, o enxofre, o nitrogênio. Um ecossistema recicla dentro de suas fronteiras. Assim, logo que os ecossistemas funcionais estabeleceram-se, logo que o carbono, o nitrogênio e o resto foram reciclados em comunidades interativas e em grupos de organismos ao mesmo tempo e lugar, então um sistema Gaia rudimentar estava em operação. Provavelmente menor, mais lento e menos eficiente, mas apesar de tudo um sistema Gaia.

Ninguém duvida que o meio ambiente da terra primitiva se parecia muito mais com o interior das células de hoje em dia do que com o meio ambiente da terra, hoje. A terra do presente difere do interior das células tão notoriamente que hoje em dia muito mais tem que ser regulado do que nos primitivos dias de Gaia. Os ecossistemas primitivos tinham menos necessidade de regulagens complexas do que as existentes hoje.

Os compostos orgânicos no interior das células se parecem com os dos ambientes primitivos. As condições aquosas nas águas rasas, iluminadas pela luz solar, organicamente ricas e sem oxigênio livre, parecem-se muito com os ambientes da terra Arqueana. Os topos das montanhas e os desertos de hoje são muito diferentes. Por isso os organismos que vivem nos topos das montanhas e em desertos requerem muito mais regulagens do mesmo ambiente do que aqueles que vivem na lama e águas rasas, em meios ambientes anóxicos, ricos em matéria orgânica.

A regulagem não é um fenômeno simples, monolítico; pelo contrário, a regulagem do meio ambiente ou de Gaia é bastante complicada. Quaisquer que sejam os fatores regulados, eles mudam; eles pairam sobre pontos variáveis. Gaia mudou através do tempo. Eu suspeito que as mudanças de Gaia nos tempos primitivos foram mais amplas e mais simples uma vez que o interior dos organismos era muito semelhante ao meio ambiente externo, nas eras Arqueana e Proterozóica. À medida que o nosso planeta se tornou cada vez mais rico em oxigênio, as exigências para as regulagens se tornaram mais difíceis. Eu suspeito que o sistema Gaia se regulava livremente no início, de modo análogo a como a regulagem da temperatura se dá nos répteis. Ao longo do tempo, a regulagem da acidez, da composição atmosférica, da água e da temperatura tornou-se mais difícil e complexa.

JE: Assim por volta de 2,3 bilhões de anos atrás, quando temos oxigênio sendo liberado no ar por estas cianobactérias, estamos tendo um sistema Gaia?

LM: Não, as cianobactérias já produziam oxigênio muito antes disso. Logo que o dióxido de carbono foi fixado na matéria orgânica (química do corpo), liberado como metano e oxidado de volta como dióxido de carbono, o ciclo do carbono passou a existir e tínhamos um sistema Gaia.

JE: Lovelock menciona em seu livro Healing Gaia *a possibilidade de que Gaia possa estar envelhecendo, pois tem estado oscilando para lá e para cá entre períodos glaciais e o que ele chama "febres de Gaia" pelos últimos dois milhões de anos, enquanto que, antes disso, os períodos glaciais eram menos freqüentes. Você vê sinais de velhice em Gaia?*

LM: Lovelock gosta de dizer que as flutuações se parecem com sistemas de *feedback* logo antes de sucumbirem e saírem de controle. Quando se vê dessa maneira certamente parece assim. A derrubada de nossas florestas muda a cobertura das nuvens sobre elas. Além do mais, as nuvens sobre as florestas refletem luz e tendem a refrescar o mundo. Um outro mecanismo importante para refrescar a superfície da terra é remover o dióxido de carbono, um gás estufa. Assim, quando as florestas são derrubadas, a remoção do dióxido de carbono é drasticamente reduzida e ocorre a evapotranspiração da água que forma as nuvens que afastam a radiação solar do topo das árvores, o problema complica-se. Não acredito que Gaia esteja chegando à sua morte precoce, mas acredito que o tipo de ecologia na qual os seres humanos se desenvolveram está sob severa ameaça. É uma questão de tempo. Provavelmente não vai se desenvolver nos próximos dez anos, mas certamente nos próximos mil anos.

JE: Brian Swimme, em seu livro The Universe Story, *afirma que o primeiro período glacial há 2.3 bilhões de anos pode ter sido causado pelas atividades fotossintéticas das bactérias daquele tempo. O que você acha disso?*

LM: É possível que ele esteja correto. Os períodos glaciais não são causados apenas pela remoção do CO_2; muitos fatores astronômicos também estão em ação, tais como as antecipações dos equinócios ou o efeito Milankovitch.[9] Mas é verdade que as cianobactérias deste período teriam removido o dióxido de carbono, um gás estufa, em enormes quantidades. Certamente, o CO_2 atmosférico tende a aquecer a superfície da terra. Não há dúvida de que Swimme está correto sobre a coevolução que une o planeta e a vida. Ele pode não estar certo acerca de muitas coisas, mas eu acho muito provável que ele esteja certo sobre a importância da remoção do CO_2.[10]

---

9 Os três fatores astronômicos mais importantes são, de acordo com Ralph Abraham, o estiramento, a inclinação e a oscilação da órbita da terra ao redor do sol: a cada 100.00 anos a órbita da terra se estira de quase circular para quase elíptica; a oscilação da terra à medida que gira sobre o seu eixo é conhecida como a precessão dos equinócios e a duração de uma oscilação completa é de 25.920 anos; e a cada 41.000 anos, a inclinação do eixo terrestre muda aproximadamente de 22 a 24 graus. Veja Abraham (1994), pp.204-205.

10 Nota de rodapé de Margulis: "De fato, Paul Hofmann do Departamento de Geociências da Universidade de Harvard apresenta informação sólida e constrangedora em defesa de suas hipóteses da terra de gelo. Durante o período Vendiano (Era neopterozóica, a última parte do pré-cambriano) geleiras formaram-se ao nível do mar nos trópicos e toda a superfície da terra congelou. A remoção do CO_2 atmosférico e de outros gases de efeito estufa biologicamente modulados foram em parte responsáveis. Immanuel Velikovsky já estava, pelos idos de 1955, discutindo a evidência da presença de geleiras nos trópicos. Veja seu livro *Earth in Upheavel*, edição de 1973, pp.47-48, *Idade do Gelo nos Trópicos*. Velikovsky é ainda muito freqüentemente descartado como excêntrico, enquanto que, na realidade, ele foi um tipo de profeta da presente onda catastrófica que está varrendo as ciências astronômica e geológica. O seu trabalho está cheio de idéias novas e originais, muitas das quais estão aparecendo no momento como teorias ou hipóteses "novas", tais como o papel dos cometas na história geológica. Os cientistas detestam lhe dar crédito sob qualquer forma, pois a aura de "herege" ainda brilha ao redor de seu nome, apesar do resgate atual da maior parte de sua obra. Veja a entrevista com Ralph Abraham, acima.

JE: Grande parte da sua obra descreve como estas bactérias viviam durante dois bilhões de anos sem envelhecer, sem sexo, ou morte. Em que ponto apareceram o sexo e a morte e por quê?

LM: O sexo é o fenômeno biológico que produz uma nova célula individual viva ou organismo com genes de mais do que um pai simples. O sexo não é absolutamente necessário exceto no desenvolvimento de animais. Mas desde que somos animais, nós nos enganamos com a idéia de que o sexo é necessário. A maioria dos organismos, se se olhar para a diversidade do mundo, não necessita de sexo para reprodução. Mas todos os animais necessitam porque o sexo é uma parte intrínseca da história da vida dos animais. Os animais se desenvolvem a partir de um espermatozóide que fertiliza um ovo. Isso é em si mesmo um ato sexual. Assim, desde que a nossa linhagem é a animal, somos mamíferocêntricos, especificamente antropocêntricos. E os zoólogos, que via de regra conhecem muito pouco sobre biologia, são especialmente mamíferocêntricos. Eles tendem a conhecer apenas coisas paramédicas.

JE: E sobre envelhecimento, então? É verdade que estas bactérias não envelhecem?

LM: O tipo de envelhecimento que vemos nos mamíferos e nos vegetais (mais nos animais que nos vegetais), está ligado à sua sexualidade. O envelhecimento está profundamente embutido na sexualidade dos mamíferos. E este tipo de sexualidade era e é absolutamente intrínseco à evolução dos animais. Mas o fato é que o mundo não é feito apenas de vegetais e animais.

Uma maneira de pensar sobre isso é que se um espermatozóide fertiliza um óvulo, forma uma célula dupla – dois conjuntos de genes. Os dois conjuntos de genes, constituindo dois conjuntos de cromossomos – um de cada progenitor –, são chamados de "diplóide." Uma liberação programada daquele diplóide deve ocorrer finalmente na história da vida de um animal para evitar a repetição da unidade duplicadora. A duplicação deve ser seguida da singularização. Duplicação, duplicação, duplicação, simplesmente mataria o animal potencial. Para desenvolver o animal com apenas dois conjuntos de cromossomos, e um conjunto apropriado de organelas, deve ocorrer a morte programada do material extra. E uma vez começada aquela morte programada no sistema, ela se faz necessária. Como a eletricidade, por exemplo. A eletricidade era necessária para a sobrevivência dos ancestrais dos nova-iorquinos? Bem, esta pergunta requer uma resposta engraçada. Sim, a eletricidade é necessária por causa da contingência histórica. O que conhecemos como Nova Iorque morreria se toda eletricidade fosse retirada. Por outro lado, a eletricidade não é intrinsecamente necessária à sobrevivência humana. Isso é análogo à morte celular. Depois que a morte celular programada se desenvolveu, tornou-se fixa por causa da duplicidade de acumulação no sexo animal. A morte se torna inextricavelmente ligada ao sexo. A morte de pessoas que nos são conhecidas é uma conseqüência do acúmulo de muitas contingências históricas que estão relacionadas à observação de que os animais – seus músculos, seus nervos, órgãos dos sentidos, etc – não se desenvolvem a não ser que o intricado sistema sexual crie embriões animais.

JE: A sua teoria simbiótica envolve uma visão do corpo humano como um tipo de coleção ambulante de bactérias que abriram mão de suas várias liberdades individuais para efetuar funções especializadas dentro da estrutura maior do corpo em si mesmo. Você sugere, por exemplo, que as caudas dos espermatozóides, os cílios que envolvem o esôfago e mesmo os bastões e cones nos nossos olhos evoluíram a partir de bactérias e espiroquetas que anteriormente tinham vida livre e eram móveis. A sua teoria também vincula uma noção mais controversa de que os axônios e dendrites das células nervosas em nossas medulas e cérebros são remanescentes de espiroquetas que trocaram sua mobilidade física pela mobilidade do pensamento. Você encontrou alguma evidência que dê suporte a isso?

LM: As células do cérebro – exceto em pacientes sifilíticos – não são constituídas de espiroquetas. A idéia é que bactérias móveis remanescentes (talvez espiroquetas) estão presentes em todas as células animais, do mesmo modo como cloroplastos remanescentes estão presentes em todas as células vegetais – mesmo nas células brancas dos vegetais não-fotossintéticos. Uma espiroqueta não é mais uma célula do cérebro ou uma célula nervosa do que um computador é uma cesta de areia de silício com cinco por cento de limalha de ferro. Todas as porcentagens componentes podem estar presentes na proporção correta mas ainda assim você não teria um computador. Se a minha visão for a correta, uma bactéria que nadava, semelhante em tamanho e comportamento às espiroquetas de hoje, foi uma das participantes das fusores microbiais que se tornaram tão completamente fundidos, geneticamente, que é difícil encontrar evidência. As estruturas microtubulares das células não são mais espiroquetas assim como os cloroplastos não são cianobactérias. Há muitos indícios, mas é tão complexo que não posso falar sobre isso sem parecer inconscientemente pedante.

Exatamente ontem recebi um trabalho de uma ex-aluna minha, intitulado "Fissão Cariotípica e a Evolução dos Lêmures", a menos que ela mude o título. A teoria da evolução dos lêmures nos permite ver que os centrômeros (cinetocoros) dos cromossomos são *remanescentes* de bactérias móveis, talvez espiroquetas. Eles têm propriedade de reproduzir bactérias porque, segundo meu ponto de vista, eles já foram bactérias que entraram no processo de fusão que formaram os primeiros ancestrais protistas dos animais. Mas os centrômeros não são de modo algum espiroquetas. Uma vez entendido este conceito simples, poderão ser geradas filogenias ("árvores genealógicas") incrivelmente acuradas, como estas para os lêmures.

Assim, em outras palavras, há muitas evidências que não são diretas mas se tornam claras por inferência. Não se pode observar uma célula nervosa e ver a espiroqueta agitar-se ou algo parecido. Os meus detratores simplificam excessivamente o que eu digo e atacam a sua própria supersimplificação. Eles não conhecem a vida em ambientes anóxicos, simbioses e muitos outros trabalhos relevantes. A razão pela qual não sabem é que este trabalho não tem qualquer importância econômica.

> *JE: Quando você publicou seu trabalho sobre Gaia com James Lovelock no* Coevolution Quartely *de Stewart Brand, lá pelos idos de 1975, os da nova geração pegaram o termo e o transformaram numa palavra mágica. Você acha que a adoção de Gaia por eles impediu o conceito de ser levado a sério pelos cientistas?*

LM: Na realidade não. O assunto de Gaia já foi inteiramente abraçado por muitos na comunidade científica que não usam essa palavra de quatro letras. Gaia ainda é rejeitada pelos biólogos, e os zoólogos desprezam-na especialmente porque ela os força a aprender algo além do sistema muscular dos animais. Não se pode trabalhar as ciências de Gaia sem a química, visto ser Gaia basicamente uma idéia baseada na química inorgânica e na química atmosférica. É necessário que se conheça aspectos do metabolismo microbiológico, o que é novamente uma forma de química. Este tipo de pensamento químico é rejeitado *en masse* pelos zoólogos porque eles tendem a usar a matemática probabilística a qual, na minha opinião, é a linguagem errada para descrever a vida. Para entender Gaia, eles seriam obrigados a aprender sobre áreas que declararam arbitrariamente estar fora de sua esfera de atuação, como a química, o metabolismo microbial ou a geologia. É por isso que eles estão apopléticos. Gaia, como idéia científica, se desenvolveu e foi abraçada pelas pessoas que sabem que este é um conceito útil para elas. Apenas não usam o nome. Dinheiro está voando de todas parte em direção ao outro nome, que é chamado *Earth Systems Science (Ciência dos Sistemas Terrestres).* "ESS" é legítimo mas "Gaia" não o é. Quando alguns colegas quiseram formar uma sociedade científica Gaia e a chamaram 'Geo-fisiologia', eu disse que jamais tomaria parte. Odeio nomes hifenizados para as ciências. A palavra não tem hífen, apenas os orçamentos das pessoas é que o têm.

Uma comunidade de estudiosos está agora bastante agitada a respeito de Gaia porque os geólogos não conseguem explicar os processos da superfície terrestre somente com a física e a química. Aprenderam que a geologia é basicamente física e química aplicadas e que a vida é apenas um passageiro na espaçonave terra. A idéia é que a vida assenta-se sobre o planeta terra porque a terra está numa posição perfeita no sistema solar, provavelmente porque Deus a fez dessa maneira. E a visão Gaia rejeita este mito. A vida modifica constantemente o meio ambiente numa escala planetária. A vida muda o que a terra seria se esta fosse apenas moldada pela simples interpolação entre Marte e Vênus. A vida é muito ativa na modulação planetária. Este tipo de pensamento encontra perfeita consonância com aqueles que estão lá estudando a modulação planetária. Os zoólogos são muito de falar contra o pensamento Gaia. Os zoólogos não vão a Washington D.C. pedir dinheiro ao governo para trabalhar com Gaia. Por isso eles a chamam "Ciência dos Sistemas Terrestres" e não há problema.

JE: É certo dizer que sua caracterização de Gaia difere do modo que Lovelock a descreve, porque ele a vê como um gigantesco organismo vivo, enquanto que você a descreve como um enorme ecossistema?

LM: Sim, eu digo que é um enorme ecossistema composto de ecossistemas interativos. Acredito que Lovelock basicamente concorda comigo, mas ele também acredita que a personificação é útil para as pessoas; ajuda-lhes a entender. Para mim a personificação é nefanda e eu não gosto de modo algum. É muito fácil ver a razão: um organismo simples – e não importa qual seja, animal, vegetal, fungo, protista, bactéria, não importa – qualquer organismo simples não pode reciclar seus próprios resíduos. Não pode comer seus excrementos, nem beber sua própria urina. Todos os indivíduos necessitam ser adequadamente providos de alimento, água e gás. Todos os organismos vivos produzem e removem algum gás. Todos se tornam alimento ou removem alimento ou nutrientes minerais ou outras substâncias materiais dos outros. Qualquer organismo simples é limitado com respeito à reciclagem do carbono, nitrogênio e outros elementos. Gaia como um organismo é uma analogia totalmente inepta porque nenhum elemento simples pode reciclar elementos. A definição de um ecossistema é a unidade mínima que recicla todo o carbono, do dióxido de carbono ao carbono orgânico fixo ao carbono da proteína e de volta ao dióxido de carbono. A regulagem Gaia requer um ecossistema mínimo. O sistema recicla, por isso é óbvio para mim que Gaia é pelo menos um conjunto de ecossistemas inter-relacionados composto de ecossistemas menores. É muito maior que um sistema individual. Para mim Gaia não é um organismo.[11]

JE: Eu sei que você disse ser fundamentalmente atéia, mas você vê algum lugar para a espiritualidade como algo oposto aos sistemas religiosos ortodoxos dentro da ciência?

LM: Talvez fosse melhor me descrever como agnóstica. Certamente não acredito em nenhum dos deuses judeus-cristãos, mas vejo a espiritualidade como uma necessidade fisiológica humana. Se eu não me dirigir à natureza e cheirar os nenúfares, sinto que algo está faltando. Eu amo a natureza como ela é, com sentimentos que provavelmente não estão diretamente relacionados à ciência.

Eu acho que os seres humanos sentem necessidade de afirmar a espiritualidade da mesma maneira como cavalos de corrida precisam correr e as águias têm que voar. Estas necessidades, legados evolucionários, são intrínsecas à nossa biologia e devem ser preenchidas para que nossas vidas sejam saudáveis. As multidões nos jogos de futebol, em concertos de rock e em desfiles são práticas que preenchem, pelo menos em parte, as necessidades espirituais das pessoas jovens nos Estados Unidos. A unidade religiosa requer um número mínimo de pessoas que

---

[11] Veja o comentário de Margulis no livro de John Brockman *The Third Culture* p.140 (Simon Schuster, 1995); veja também Jan Sapp, *Evolution by Association*, pp. 196-97 (Oxford University Press: 1994).

pensem da mesma maneira. Pelo menos um conjunto de famílias nucleares, mais ou menos quinze, vinte pessoas para juntar-se com símbolos de identificação é absolutamente mínimo. Freqüentemente grupos maiores satisfazem mais completamente. O mínimo é o número de pessoas necessário para abater o mamute ou o bisão, o número que economicamente pode apoiar ou manejar a grande caça. É nisso que as pessoas funcionam, grupos com estrutura onde seu lugar individual naquele grupo seja confortável para as pessoas. A espiritualidade é reforçada pelo tocar do tambor ou a música alta, ou com danças e rituais. Prática religiosa é o que está acontecendo nas partidas de futebol. Os detalhes de qualquer religião diferem enormemente, mas os detalhes informam aos membros do grupo sobre a tribo dele ou dela: a tribo judia, a tribo de negros americanos ou o que quer que seja. Todos devem sentir-se parte da tribo ou experimentar um sentido de privação espiritual. Os detalhes diferem mas o fato do reforço dos símbolos que desenvolvem a identidade e coesão da tribo, os grupos humanos fisicamente conectados, é absolutamente essencial. Se se tira das pessoas a conexão física, causa-se a mesma privação física que a escassez de água ou alimento.

Eu não nego a espiritualidade de modo algum. Eu a vejo como um fenômeno que pode ser identificado pelo ritmo do coração e pelo suor e pelo balanço rítmico, os cânticos, etc. Os detalhes de qualquer forma peculiar de espiritualidade podem ser deduzidos pela resposta emocional aos símbolos. Se você mostrar uma Estrela de Davi a um árabe, ou o Cristo com pregos enfiados em suas mãos a um adolescente que sofreu anti-semitismo, seu ritmo cardíaco aumenta, ele começa a suar, sua adrenalina flui – por uma boa razão.

Eu acredito que a privação física do espiritual é crucial para a compreensão da nossa misteriosa sociedade disfuncional. Muitos de nós estamos sem um grupo tribal. Não é irônico que para fazer o que quer que seja em ciência se tenha que manter o resto do mundo constante e se concentrar intensamente em algum minúsculo detalhe? Deve-se controlar as variáveis uma de cada vez. A ciência como prática é muito disciplinada e lenta. Os cientistas tendem simplesmente a ignorar tudo menos o objeto de sua atenção. Fazer ciência é solitário. A prática científica não é religiosa ou espiritual, mas os cientistas exigem prática religiosa tribal reforçada, como todo o mundo.

JE: Eu sei que você está familiarizada com os campos morfogenéticos de Rupert Sheldrake. O que você acha do trabalho dele?

LM: Eu acho que ele está errado. Eu li apenas uma parte de um dos livros dele, *A New Science of Life (Uma Nova Ciência de Vida).* Estou muito solidária com as críticas que ele faz contra a supersimplificação científica. Ele é uma pessoa muito simpática e agradável. Ele tem um bom *background* em biologia anglofônica tradicional que sustenta entender a evolução por um mecanismo de mutação aleatória e seleção natural. Os biólogos lhe deram estas respostas como se fossem verdades absolutas, e não o são. Suas críticas são precisas. Porém, falta-lhe a química, a microbiologia, a ciência meio ambiental, a geologia, e os detalhes dos outros ramos da ciência que poderiam ajudá-lo a entender o que ele quer saber. Em vez disso ele inventa "teorias." É como eu vejo.

Ele é um tipo de problema genérico em ciência. Aprende-se um assunto e a presunção implícita é que as respostas para as suas perguntas podem ser obtidas no mesmo campo da ciência. Por exemplo, um problema realmente sério e profundo em 1950 era, como funcionam a célula e a reprodução do organismo? Como deve ser explicada a hereditariedade? Como um organismo dá origem a dois outros? Este é o problema fundamental que a ciência biológica enfrentou em 1953 quando Watson e Crick descobriram a estrutura complementar do DNA. Mas este problema biológico foi respondido pelo trabalho num subcampo arcano da química e aparentemente não relacionado chamado cristalografia. As pessoas interessadas em resolver o problema da base física da reprodução biológica descobriram que a resposta devia ser obtida pelo estudo de um campo científico totalmente diferente. A maioria dos cientistas acredita que se o problema está num campo, então a resposta também está no campo que lhes é afim. Isso é uma suposição estúpida. E a maioria das pessoas não respondem como fez Watson. Quando disseram, "por que você não cuida da sua vida e vai trabalhar no seu próprio campo?" Watson recusou-se. Ele disse que queria resolver um problema científico. Ele odiava ter que aprender cristalografia, mas ele queria a resposta para seu problema. Assim, logo que ele concluiu que teria que estudar alguma coisa de cristalografia porque aquele era o domínio no qual estava a resposta, ele o fez. Mas Sheldrake não se aventurou a sair de seu campo. Eu o fiz. Eu estava interessada num problema científico, e não em seguir adiante em algum campo acadêmico com fronteiras arbitrárias. Eu queria saber a resposta, por isso iria enfrentar meus professores e colegas e ler o que eu pensava ser interessante e relevante, sem me importar que estivesse na lista dos mais lidos. O problema é de especialização, basicamente.

JE: O que você acha da amplificação do seu trabalho por William Irwin Thompson em seu livro Imaginary Landscape (Paisagem Imaginária), *onde ele fala sobre como os mitos e os contos de fadas escondem um tipo de memória codificada do registro evolucionário da história do universo? Ele traça paralelos entre duendes, gnomos, bactérias fermentativas, elfos, seres de luz, cianobactéria fotossintética e assim por diante.*

LM: Eu acho o trabalho dele maravilhoso. Ele desenha, claro, com pincéis devastadores, não há dúvida sobre isso. Ele pinta com grandes pinceladas. Eu tenho tentado por vinte e tantos anos conseguir-lhe uma bolsa McArthur. Acredito que ele é a pessoa que eu conheço que mais merece. Sempre que a Fundação McArhur me pede para indicar alguém eu o indico. Ele ainda não conseguiu e provavelmente jamais conseguirá. Eles desejam pessoas mais jovens, mas eu o considero um estudioso magnífico e original. Ele certamente está certo em relação ao poder de preconcepções não relatadas que se poderiam chamar de mito. Certamente que os cientistas compartilham de lendas ou qualidades da mente sob as quais trabalhamos. Esses "estilos de pensamento" provavelmente são de importância crítica para o modo como as pessoas realizam atividades científicas, o que é muito limitado, por definição.

Acredito que há poucas possibilidades de comparação entre um cristão sincero como Rupert Sheldrake e um intelectual profundo como William Irwin Thompson. Sim, Bill Thompson às vezes é descuidado. Mas ele é a maior fonte de palavras de todos os que eu já li. A cada cinco palavras suas eu tenho que parar e procurar no dicionário. Quando você o lê, você pensa que ele é uma pessoa muito azeda e crítica. Sua crítica estridente, porém, especialmente em relação à assim chamada "civilização ocidental", é correta. Pessoalmente, ele não é azedo, absolutamente. Ele é um sujeito doce, verborrágico, bem-falante e gentil. Suas qualidades pessoais são muito parecidas com as de Sheldrake. Mas a sua crítica da nossa "cultura" é devastadora. E com respeito à especialização acadêmica, embora ele seja um historiador cultural que escreveu suficientemente para ser qualificado para qualquer departamento de língua inglesa ou departamento de história, ele é *persona non grata* porque ele critica a mão que o alimenta. E assim ele não é alimentado. Uma dos ensaios escritos por ele e de que mais gosto é chamado *Walking Out on the University (Abandonando a Universidade).* Mas ele é um homem de grande integridade, e não se encontra mais gente íntegra. Esgotaram-se.

Alguns colegas nossos dizem que Thompson precisa de um pódium de onde ele possa pregar, e de certo modo, isso é verdade. Há alguns anos ele deu palestras no *Hampshire College* e atraiu uma grande e apreciável audiência; as pessoas simplesmente estavam penduradas nas janelas, sentadas no chão e simplesmente bebendo cada palavra. A maioria dos acadêmicos nem mesmo conhece sua obra, mas aqueles que lêem seus livros amam-no. Ele não consegue um emprego aqui porque não se ajusta a algumas preconcepções acadêmicas de autoridade ou às "regras departamentais."

JE: Você conhece o trabalho de Evelyn Fox Keller?

LM: Sim. Ela escreveu uma composição biográfica sobre mim intitulada *Uma Dama e Sua Teoria*. Talvez tenha aparecido no *New Scientist*. Não me lembro.

JE: O livro dela Reflections on Gender and Science (Reflexões Sobre Gêneros e a Ciência) *levanta a questão de como a retórica masculina da ciência foi feita para reforçar a visão bíblica do mundo da dominação sobre as mulheres e que isso contaminou a assim chamada "objetividade" dos cientistas com um ponto de vista tendencioso que coloca seus paradigmas longe de serem "objetivos". Foi difícil para você praticar ciência sendo mulher?*

LM: De modo algum. Eu tenho prazer na ciência. A proporção, até há bem pouco tempo, era de cerca de nove homens para uma mulher, ou oito para uma, ou dez para duas, em qualquer conferência, encontro ou aula avançada nas quais eu participava. Até mesmo em biologia, o número era muito maior em favor dos homens. E eu sou uma das pessoas que adora isso.

JE: Posso perguntar por quê?

LM: Porque eu amo os homens. Entrei em contato com Evelyn Keller pela primeira vez através de um livro com um capítulo sobre ela, *Women at Work (Mulheres Trabalhando).* Continha entrevistas com mulheres muito ativas em diferentes áreas de estudo ou de desempenho e Evelyn Fox Keller era a cientista neste livro. Fiquei absolutamente horrorizada com o que ela escreveu. Ela fala de sua experiência como estudante graduada do primeiro ano em Harvard e algum colega estudante recostou-se na cadeira fumando cachimbo, jogou fumaça nela e disse: "Não há lugar para mulheres em física", ou algo assim. Obviamente, as experiências dela foram negativas, e ela foi desencorajada em sua ciência. Ela certamente enfrentou muito preconceito. Não nego que exista tal preconceito. Muitas pessoas, especialmente mulheres jovens, têm experiências extremamente desencorajadoras. Depende muito de como parecem, da idade, *background* e quão otimisticamente aceitam passar por vítima.

A primeira vez que tive conhecimento sobre algum tipo de experiência desencorajadora entre mulheres estudantes de ciência foi na Cal Tech, muito tempo após eu me ter tornado membro da faculdade, aonde fui convidada para uma sessão com um grupo de mulheres cientistas. Eu conseguia *acreditar* nas suas horríveis histórias de desencorajamento. Mary Catherine Bateson, quando foi decana na *Amherst College* – e ninguém faz graça com Mary Catherine Bateson – descreve preconceito *ridículo* contra ela e outras mulheres em seu livro, sucesso de vendas, *Composing a Life (Compondo uma Vida).* Não nego que exista preconceito. Mas eu fui afortunada. Não suporto pessoas preconceituosas; considero-os boçais. Dizendo com todas as letras, não importa que sejam homens ou mulheres, simplesmente não os tolero. Assim, não permaneço na presença de pessoas que sinto propensas a serem preconceituosas ou repressivas. Nos primeiros cinco ou dez minutos eu reconheço o tipo e me mantenho afastada. Como resultado, desde que me tornei adulta, não tive qualquer tipo de problema. Meu problema sempre tem sido com pessoas protegidas por suas pequeninas especialidades intelectuais. Na maioria das vezes os meus críticos simplesmente não conhecem os fatos obscuros ou a literatura que produzo, assim os seus argumentos não são válidos e eles tendem a não me criticar pessoalmente. Eles apenas rejeitam sem saber. Eu considero esse fator independente da questão de gênero.

JE: Estou curioso sobre o que você achou da versão para o cinema de Contact.

LM: O meu neto querido, Tonio Sagan, fez o maior comentário. Ele disse, "Ih, é uma pena que vovô tenha morrido no meio das filmagens." Eu acredito que foi isso exatamente o que aconteceu. As cenas com o religioso fanático foram terríveis e o final foi fraco. Eu achei que o filme começou bastante forte, com a intensidade do belo desempenho de Jodie Foster como a "mocinha" e o dado técnico da SETI *(Search for Extraterrestrial Intelligence) (Busca por Inteligência Extraterrestre).*

JE: Sim, eu achei que se perdia bem exatamente no meio com o louco religioso entrando em cena.

LM: Você sabia que foi aí que Sagan morreu?

JE: Eu não sabia. Então ele estava envolvido com o projeto?

LM: Sim. Ele e sua esposa estiveram envolvidos durante anos com o projeto. Durante anos eles tentaram levantar o dinheiro para fazer o filme. E eles o escreveram e reescreveram, mas simplesmente não houve a mão firme de Sagan dirigindo o conteúdo intelectual no final. E Tonio, que é um diretor cinematográfico incipiente, notou isso imediatamente.

JE: Sim, o final foi uma verdadeira decepção. Mas eu nunca li o romance e por isso não estou tão certo de quão diferente foi.

LM: Eu não pude ler o romance. Li um pedaço mas achei as pessoas muito monodimensionais. Não têm sutileza. Sagan foi notoriamente ruim em qualquer nível de interação humana a não ser que estivesse pontificando para todo mundo. Mas tinha grande talento. Fez coisas maravilhosas pelo programa espacial, pela educação científica e popularização da mesma. Mas sempre esteve do lado dos anjos.

"O prêmio concedido pelos
deuses aos seres
inferiores foi concebido pelos
neoplatônicos como um
tipo de emanação
que produzia
um êxtase ou conversão vivificante ...
pelo qual as criaturas
inferiores eram içadas de
volta aos céus e juntavam-se novamente
aos deuses."

– Edgar Wind

Parte Dois

O Retorno À Fonte

"O nosso nascimento," escreveu o poeta William Wordsworth, "é nada mais que um sono e um esquecimento: / A alma que se eleva conosco, a Estrela de nossa vida, / Teve o seu ocaso em algum outro lugar / e vem de longe." Pois quer estejamos considerando as cosmologias do *Livro Tibetano dos Mortos* – em que a alma cai do esplendor opressivo da Clara Luz Primária através de galáxias apinhadas de luminosos *bodhisattvas* e demônios impetuosos, para o calor cármico gerado pelo ato de amor de um casal específico – ou a cosmologia dos antigos gregos – na qual a descida da alma através das esferas celestiais para o reino sublunar da terra grava nela um mapa da estrutura inteira do cosmo – nós podemos dizer que em qualquer caso as cosmologias tradicionais abandonadas pela corrente científica dominante tendem a concordar em que, no momento do nascimento, a alma já é, de fato, muito velha. Na visão platônica, era objetivo da educação reacender aquele conhecimento dos arquétipos universais através dos quais o Demiurgo construíra o universo. A demonstração de Sócrates no *Meno* trata do assunto quando ele questiona o menino não-educado, escravo de Meno, de modo a extrair dele a extensão do lado de um quadrado cuja área é duas vezes a que foi dada.

Mas, como prossegue Wordsworth, "As sombras da prisão começam a cair / Sobre o menino em crescimento", pois a partir do momento em que nascemos a sociedade começa a formar as estruturas nervosas de nossos cérebros de acordo com uma imagem particular do mundo, e um conjunto de sentimentos correspondentes para guiar nosso comportamento de acordo com ele. Muito cedo a mente assume certos compromissos cognitivos com esta imagem-do-mundo, a qual, porém, pode afogar no esquecimento as memórias da viagem cósmica da alma.

E assim, como seu antecessor intelectual Rousseau, Terence McKenna não confia na civilização, pois ele acredita que suas trivialidades são apenas muito "ruído" afogando as visões, os sonhos e as maravilhas intuitivas que nos são enviados pela poderosa inteligência ancestral da Natureza. A sua solução para este problema é uma comunhão com a Mente de Gaia através de plantas alucinógenas e cogumelos. Os sacramentos botânicos de McKenna parecem-se com a feliz residência temporária dos Comedores de Lótus, na *Odisséia,* que se tornam tão arrebatados pelos seus devaneios que se recusam a retornar à civilização.

Com Stanislav Grof, nós voltamos à fonte da criação através de uma involução da consciência que faz um *replay* da seqüência do Bardo do *Livro Tibetano dos Mortos* ao contrário. Começando com uma revivência do trauma do parto, viajamos de volta através do inconsciente coletivo de nosso passado ancestral, encontrando modos de ser postos à parte pela descida evolucionária da mente humana através do tempo e do espaço. O restabelecimento de vidas passadas , a identificação com a consciência vegetal e animal, ou mesmo encontros com seres espirituais formam as placas sinalizadoras e marcos ao longo desta estrada através do plano astral.

Com Deepak Chopra, chegamos à fonte do nosso Ser mais interno, e alcançamos o ponto onde, paradoxalmente, o final do ciclo salta como uma tira de quadrinhos de Moebius de volta ao início. Pois *Brahman* é o ponto de origem de onde todas as coisas se precipitaram e de volta ao qual todas se dissolverão. Quando a mente humana se funde com este plano do Ser, durante os estados de transe da meditação iogue, ela vê através de todas as coisas como se tivesse a Visão de Deus.

Finalmente, a visão de William Irwin Thompson nos oferece um mapa como de um satélite *Landsaat* de toda a paisagem cultural que deixamos para trás. De certo modo, Thompson existe a partir de uma posição estratégica fora do ciclo, como Markandeya, a legendária contraparte hindu de Noé que, nos Puranas, acidentalmente escorrega para fora da boca do deus sonhador Vishnu, e obtém uma visão do universo entre ciclos de destruição e criação. Thompson, como Markandeya, foi privilegiado com a visão do todo, e está fora da evolução e da involução do universo, em um ponto de vista estratégico a partir do qual ele pode ver onde as pontes conectam Valhalla aos céus e à terra.

Terence McKenna e o Jardim das Delícias Psicodélicas

No que vem a ser um tipo de piada psicodélica interna, os autores William Gibson e Bruce Sterling ressuscitam T.H. Huxley, avô do famoso Aldous, para uma cena no romance que escreveram, *The Difference Engine (A Máquina da Diferença).* Um paleontólogo que havia acabado de retornar à América dá a Huxley alguns botões de peiote que recebera de um xamã nativo norte-americano. Huxley, recebendo o presente, diz, "Certas toxinas vegetais têm a propriedade de produzir visões." Depois ele guarda os botões numa gaveta da escrivaninha e diz, "...cuidarei para que sejam devidamente catalogadas depois".[1]

A piada, claro, é que Huxley não fará absolutamente nada com relação aos botões de peiote, até que, com as experiências de seu neto Aldous com mescalina, em meados do século vinte, o valor do peiote seja descoberto. Pois foi em 1955 que Aldoux Huxley ingeriu quatro décimos de grama de mescalina – o princípio psicoativo do peiote – e descobriu que, nas palavras de James Joyce, "qualquer objeto, intensamente considerado, pode tornar-se um portal para o incorruptível *eon* dos deuses." O livro de Aldous Huxley *As Portas da Percepção,* no qual ele relata esta experiência, mais tarde cairia nas mãos do menino de 14 anos Terence McKenna, para quem o livro iria prover o ímpeto de toda uma vida de exploração nas profundezas insondáveis da consciência humana.

A atitude de T.H. Huxley, porém – como Gibson e Sterling imaginaram – tipifica a atitude do estudioso com relação a esses assuntos: conhecimento bom para as páginas amareladas de volumes desgastados

---

[1] Gibson e Sterling (1992), p.117.

nas estantes das bibliotecas, mas que não tem relação com o mundo da experiência *vivida*. É extremamente irônico o fato de que o método científico concebido por homens como Leonardo da Vinci e Francis Bacon enfatiza precisamente a validade da experiência individual. A civilização ocidental, aliás, foi moldada pela mitologia da experiência individual, em oposição à ultrapassada noção oriental da confiança na autoridade de outros, e deve seu êxito atual àqueles grandes pioneiros que tiveram a coragem de visitar terras que se pensava estarem apinhadas de estranhas criaturas boschianas que lhes guardavam os portões. É esta mitologia ocidental da experiência pessoal que, por exemplo, impeliu Vesalius a rejeitar a autoridade de Galeno e a abrir corpos humanos, para verificar de uma vez por todas a estrutura da anatomia humana; ou a coragem prometeica de Galileu em desafiar aquela encarnação renascentista de Zeus – a própria Igreja Católica – e olhar através do telescópio para o que ninguém jamais ousara olhar antes com tanta intensidade; ou as migrações transatlânticas de Colombo (de "columba", pomba) com o intuito de descobrir por si mesmo se as Índias podiam ser alcançadas navegando-se para além do-pôr-do-sol. Até os vôos espaciais da Apollo e nossa atual exploração de Marte, nos dias atuais, o mito permaneceu essencialmente sem mudanças.

Aquele "território transcendental da mente", porém, que Aldous Huxley descreveu – os labirintos obscuros e desconhecidos da consciência humana – ainda permanece, na maior parte, inexplorado pelos ocidentais. A investigação da mente inconsciente só começou com Freud e seus predecessores românticos alemães do século dezenove.

Terence McKenna é um dos tais Magalhães da consciência, e a sua jornada começou com uma viagem à Ásia em 1967 para estudar a iconografia pré-budista dos thangkas tibetanos. Ele descobriu, em vez disso, que as raízes do Budismo tibetano estão no Xamanismo nativo de Bon-Po, no qual alguns praticantes usam haxixe e a figueira-do-inferno, alucinógena, para catalisar suas viagens xamânicas.

Em 1971, Terence e seu irmão Dennis fizeram uma viagem à bacia amazônica em busca de um experiência xamânica autêntica, e no processo encontraram uma espécie de cogumelo que continha *psilocybin (Stropharia cubensis)* que, diz McKenna, só fica atrás do DMT (dimetiltriptamina) em seu poder de induzir a uma viagem alucinógena ao reino dos Ancestrais. E normalmente é este reino que os xamãs contatam para obter conhecimento e informação valiosa capaz de curar as aflições de suas comunidades, ou as desordens de uma pessoa específica. Tais cosmonautas interiores podem, nas palavras de Aldous Huxley, "tornar-se condutores através dos quais alguma influência benéfica possa fluir daquele outro campo para um mundo de eus obscurecidos, cronicamente morrendo por falta dessa influência." As experiências dos irmãos McKenna com a telepatia, a sincronicidade e encontros com OVNIs são descritas com vívidos detalhes no livro de McKenna *True Hallucinations (Alucinações Verdadeiras),* de 1993.

A maior tarefa que tiveram ao retornarem do submundo xamânico da Amazônia foi, nas palavras de Joseph Campbell, saber "como expressar numa linguagem compreensível para o mundo da luz os pronunciamentos do mundo da escuridão que desafiavam a própria capacidade de falar". Desafio a que responderam com um livro intitulado *The Invisible Landscape (A Paisagem Invisível),* de 1975. Nesta obra estranha e poética os autores tentam compreender completamente, através de uma síntese de ciência, filosofia e história, as implicações de suas experiências na Amazônia. Na teoria geral da ressonância da natureza que eles expandiram como alguma hélice exótica do DNA cultural, o microcosmo da viagem xamânica aos interiores das consciências humana e cósmica está mapeado no macrocosmo do tempo e espaço através de uma filosofia da história que McKenna chama "A Onda do Tempo." Nesta teoria, os eventos da história são descritos como uma onda fracionada não-linear na qual as épocas distantes influenciam épocas separadas pelo tempo e pelo espaço através de ressonâncias em sua similaridade estrutural.

Em 1976, os autores deram prosseguimento a esse trabalho com *Psilocybin: the Magic Mushroom Grower´s Guide (Psilocybin: Guia do Plantador do Cogumelo Mágico),* e em 1991, McKenna juntou uma década e meia de ensaios e entrevistas em *The Archaic Revival (O Renascimento Arcaico).*

Em 1992, apareceu o livro de Terence McKenna *Food of the Gods (O Alimento dos Deuses),* no qual ele afirma que a sua história das origens da consciência humana foi precipitada pela ingestão de cogumelos psicoativos. Também o livro faz a crônica do longo declínio do uso do cogumelo e sua história insatisfatória de substitutos como o ópio, açúcar, café, e heroína ao longo da evolução humana.

Naquele mesmo ano, o longo intercâmbio de McKenna com o biólogo Rupert Sheldrake e com o teórico do caos Ralph Abraham culminou com o aparecimento do livro deles *Trialogues at the Edge of the West (Triálogos nos Limites do Ocidente),* ao qual se juntou uma seqüência, *The Evolutionary Mind: Trialogues at the Edge of the Unthinkable (A Mente Evolucionária: Triálogos nos Limites do Impensável),* em 1998.

No momento dessa entrevista, McKenna estava escrevendo um livro em co-autoria com Philippe DeVosjoli, que iria chamar-se *Casting Nets Into the Sea of Mind (Lançando Redes no Mar da Mente).* McKenna promete uma futura explicitação completa de suas teorias da evolução da consciência humana e sua relação com a linguagem e a tecnologia.

> *JE: No seu primeiro livro,* The Invisible Landscape (A Paisagem Invisível), *você e seu irmão Dennis desenvolvem o que parece ser um tipo de teoria geral da ressonância da natureza que inclui a experiência visionária do xamanismo como também as épocas mais elásticas do tempo histórico. Gostaria de discutir como essa teoria surgiu de suas reflexões sobre a natureza do tempo após sua viagem à Amazônia em 1971.*

TM: Bem, penso que provavelmente a percepção central em tudo aquilo foi a idéia de que o tempo é realmente, quando você o analisa, metabolismo, que é a única qualidade que se associa com a vida orgânica, por meio do qual a vida cria um sistema aberto longe do equilíbrio e por aquele meio sustenta-se no tempo e através do tempo. Assim a estrutura da vida orgânica, especificamente a estrutura do DNA, é, penso eu, uma resposta evolucionária única a este impulso termodinâmico em direção ao desequilíbrio que parece caracterizar a biologia. Estudando o metabolismo – o que, em termos práticos, significa olhar para o interior de nossas células – podemos realmente não apenas entender o que é o tempo, mas fazer generalizações sobre o tempo que podemos efetivamente estender a outros domínios do universo.

> *JE: É interessante o modo como você conecta o microcosmo com o macrocosmo em* True Hallucinations (Alucinações Verdadeiras). *Por exemplo, você fala de como construiu toda essa teoria da ressonância em torno do número 64, que você diz ser significativo tanto para o DNA – no qual há 64 seqüências possíveis de codons – quanto para o* I Ching, *no qual há 64 hexagra-*

mas.[2] *Você poderia falar um pouco sobre como chegou a essa conclusão meditando sobre esse número?*

TM: Sessenta e quatro é um número interessante. São dois para seis e surge a partir do quatro, o que, de acordo com Jung e outros, é uma divisão primária do espaço, do tempo e da realidade. Nós vivemos num universo em quatro dimensões. A minha noção sobre o *I Ching* era de que se o levássemos a sério – e certamente o levamos – (e por levar a sério quero dizer se o reconhecemos como tendo uma estranha habilidade para funcionar como anunciado), então parece razoável perguntar, como ele faz isso? Eu creio que o modo como ele deve fazê-lo é sendo, como você mencionou, de algum modo um microcosmo do macrocosmo maior. E a conclusão de que era diretamente análogo à estrutura do DNA, parecia ser a prova. O *I Ching* é uma visão primária na estrutura não apenas do universo em que vivemos, mas da Mente na qual estamos incluídos e que observa o universo.

JE: A sua teoria da ressonância do tempo sugere que eventos distantes na história possam ter um efeito ou uma influência sobre eventos presentes através de um tipo de ressonância de suas similaridades estruturais. Por exemplo, você compara o fim do Império Romano com os eventos de hoje em dia. Você pode discutir como ocorre essa ressonância?

TM: Claro. Antes de mais nada relembremos o que pressupõe a teoria histórica convencional: que o momento mais importante em termos de moldar este momento é aquele que imediatamente o precedeu. Eu assumi um ponto de vista diferente, e senti que um determinado momento histórico no tempo é um tipo de onda permanente de padrões de interferência criado por outros momentos no tempo que podem ou não tê-lo precedido imediatamente. Assim, por exemplo, A Idade de Ouro Grega, embora esteja agora situada a 2500 anos de distância no passado, ainda assim continua a moldar nossas idéias a respeito da lei e da sociedade. E em qualquer situação dada há muitas destas influências agindo, algumas delas trivialmente, para dar-nos banheiras com pernas em formas de garras e coisas assim; e algumas muito profundamente, nos querendo passar a durabilidade da democracia ou coisa semelhante.

---

2 Veja, por exemplo, *The Mayan Factor*, de José Arguelles (1987), p.86.

JE: Você acha que o fato de seu modelo terminar no mesmo ano que o calendário Maia – 2012 d.C – sugere algum tipo de ressonância entre a nossa cultura e a dos Maias?[3]

TM: Não tenho certeza do que isso significa. Eu creio que todas as culturas que olhem profundamente no tempo, se chegarem a conclusões corretas, terão modelos de algum modo congruentes. Mesmo se olharmos para a civilização ocidental e seus calendários, atravessamos o final de um milênio apenas doze anos antes do fim do calendário Maia. Numa escala de mil anos, esta é uma diferença de ponto doze por cento.

Assim, de modo bastante estranho, a vida inconsciente das culturas parece sincronizar-se com estes ritmos cósmicos muito extensos, quer a cultura reconheça estes ritmos ou não. É apenas a canção da paisagem temporal, se você quiser.

JE: No lado microcósmico, no seu livro The Invisible Landscape, *você e seu irmão desenvolvem uma teoria de que as experiências visionárias do xamanismo são ativadas quando o psilocybin se liga quimicamente com o DNA neural. Você gostaria de discutir esta teoria?*

TM: Bem, no metabolismo comum, o psilocybin é um antagonista, significando um competidor, em relação à serotonina, que é um simples transmissor cerebral na sinapse. Porém, uma percentagem muito pequena de psilocybin chega até o núcleo da célula. Há afinidades estruturais muito surpreendentes entre o DNA e muitas dessas mo-

---

[3] De acordo com o *software* de McKenna, *Timewave Zero,* a história é composta de uma série de ondas de novidades, na qual novas invenções surgem ao final de um ciclo. Já que o *I Ching* é composto de 64 haxagramas, as datas na história podem ser divididas por esse número para produzir pontos de Novidades. Por exemplo, 1.3 bilhões de anos atrás marca a invenção da reprodução sexual pelos organismos eucarióticos. Divida esse número por 64 para produzir um ciclo começando há 18 milhões de anos no período Mioceno no apogeu do período dos mamíferos (e talvez não coincidentemente, 15 milhões de anos atrás, uma grande catástrofe teve início pelo impacto de algum planetóide). Divida isso por 64 para produzir um número por volta de 200.000, uma data associada com o advento das populações Neanderthal. Novamente divida por 64 e chegue a um número por volta de 4.300, que é o começo das invasões Kurgan das civilizações da deusa da Europa antiga, o prólogo do nascimento de uma alta civilização após cerca de mil anos ou coisa assim. O último destes ciclos de Novidades começa em 5 de agosto de 1945 – um dia antes do bombardeio de Hiroshima – e termina em 21 de dezembro de 2012 d.C. Veja trabalho publicado, *Temporal Resonance* em McKenna (1991) pp.104-113. Veja também Arguelles, ibid., embora McKenna diga que *ele* apresentou a idéia de 2012 a Arguelles.

léculas psicodélicas que aparecem naturalmente. Como você sabe, o DNA pode ser visualizado como uma estrutura tipo escada, enquanto muitas dessas drogas moleculares são chamadas planares, o que significa apenas achatadas, e são do tamanho e geometria apropriados para permitirem-se encaixar dentro e fora dos espaços entre os nucleotídeos do DNA. Este processo é chamado intercalação. É bem estudado, mas ninguém sabe qual pode ser o propósito ou as conseqüências deste ajuste perfeito entre as estruturas do DNA e estas drogas moleculares.[4]

JE: Karl Pribram fala sobre o paradigma holográfico do armazenamento da memória, mas ele parece estar preocupado com isso do ponto de vista individual, enquanto que você e o seu irmão expandiram a visão sugerindo que algo como a alma do mundo ou o inconsciente coletivo está também de algum modo acessível na experiência psicodélica?

TM: Sim, se aceitarmos o modelo junguiano de um inconsciente coletivo – um conjunto compartilhado de imagens arquetípicas que não são concedidas culturalmente – então nós temos a considerar, como você mencionou, não apenas o problema da memória individual, mas o problema maior dessas memórias raciais ou arquetípicas. Acho que tornamos as coisas difíceis demais para nós nesta área colocando tanta fobia e estresse ao fazermos a pesquisa psicodélica. O nosso medo preconiza que qualquer pessoa que escolha se concentrar nas áreas de farmacologia ou biologia molecular está escolhendo uma vida de pura marginalização. É muito difícil obter financiamento, e há muito pouco apoio institucional.

JE: Eu estou curioso acerca do que você pensa sobre o trabalho de Stanislav Grof com o LSD e a teoria dele de que reativa o trauma do nascimento.

TM: Bem, o Stan é meu amigo pessoal, e ele fez um trabalho muito corajoso com o LSD. Quando o LSD tornou-se ilegal, ele desenvolveu um modelo de técnicas respiratórias para levar as pessoas para a mesma área. Tendo dito isso, a minha própria exploração pessoal da psique não tendeu a apoiar a teoria dele sobre as várias matrizes perinatais. Eu chamaria isso de uma teoria neo-freudiana. Tenho a mente

---

4 Para observar uma ilustração deste processo de intercalação veja fig. 9, p.76 em McKenna, Terence e McKenna, Dennis (1993).

aberta acerca disso, mas não creio que a maioria das pessoas que não ouviram falar da teoria de Grof fariam experiências que realmente pudessem ser mapeadas por aquele sistema.

JE: Você poderia discutir, então, o que são, em sua experiência, as diferenças nos conteúdos visionários do LSD versus *a experiência com psilocybin?*

TM: Bem, sim, de certo modo. Cada uma destas coisas, sendo quimicamente única, é como uma lente feita de vidro com coloração ligeiramente diferente. O LSD vai diretamente à estrutura da personalidade, às estruturas que surgiram através das experiências na vida do indivíduo, de modo que é muito bom para trabalhar através daquilo que eu penso ser assuntos psicoanalíticos normais. É, de modo relutante, um alucinógeno. Em outras palavras, transforma a qualidade dos pensamentos, mas não transforma o *input* no córtex visual tão dramaticamente quanto o fazem algumas destas outras coisas.

Os compostos que são derivados de plantas, por outro lado – psilocybin ou DMT – parecem estar cheios de sua própria informação a qual desejam passar adiante. De modo que muitas vezes não se sai com um profundo *insight* com relação aos próprios relacionamentos ou situação de paternidade, mas em vez disso com um sentido muito mais profundo de conexão com a dinâmica da natureza ou, quase se pode dizer, com o mundo da energia do espírito ou energia mágica. Agora, por que esta diferença deve ser obtida entre o psilocybin e o LSD ... A causa pode ser estrutural ou pode haver algo mais profundo.

Por exemplo, a causa pode envolver algo como a noção dos campos morfogenéticos de Sheldrake. O LSD, afinal de contas, foi inventado no século vinte, ao final dos anos trinta, e está inteiramente caracterizado pelos europeus e americanos do século vinte. Os compostos como o psilocybin, por outro lado, usado por milênios pelos povos tribais das montanhas do México, teriam, certamente, um tipo de campo morfogenético completamente diferente.

JE: Você mencionou que o psilocybin facilita o contato com o que parece ser uma Mente estranha ou inteligência de algum tipo. Você tem uma teoria sobre OVNIs que sugere que eles poderiam de algum modo ser sugestões desta inteligência fora da psique. Você poderia discutir isso?

TM: A psique, ou consciência, é um conceito muito escorregadio. Um pesquisador, Julian Jaynes, sugeriu que a consciência humana mudou sua natureza mesmo nos tempos históricos. Jaynes fala que nos tempos homéricos, o ego como o conhecemos não existia, exceto sob extremo estresse. E então se apresentava quase como uma intrusão exterior na consciência, como a voz de um deus.[5] Eu acho que a maior diferença entre a consciência materialista moderna e a consciência xamânica arcaica é que esta última interpreta muito de suas percepções como vindas de um Outro inteligente e organizado. E eu, após haver passado pela interpretação extraterrestre durante vários anos, cheguei à opinião de que este Outro que contatamos através destas coisas é nada mais nada menos que um tipo de inteligência integrada que permeia o planeta inteiro. Por falta de uma melhor descrição, vamos simplesmente chamá-la de Supermente de Gaia.

Eu acho que durante muito tempo ao longo da história, as pessoas estavam totalmente conscientes, totalmente à vontade com a linguagem e o teatro e os rituais e a magia, mas estavam no berço, digamos assim, ou embutidos num diálogo quase contínuo com o resto da realidade, experienciada como uma consciência contínua a que chamavam o Grande Espírito, ou os Ancestrais, ou simplesmente Deus. A herança cultural e lingüística do Ocidente tem sido em larga escala uma construção de defesas contra este Outro e uma substituição Dele pelo ego de massa da humanidade, politicamente expresso.

Assim, quando entramos na selva, ingerimos plantas psicodélicas e executamos antigos rituais paradigmáticos, se conseguirmos dissolver o condicionamento e as expectativas de modernidade e materialismo, descobrimos que este mistério ainda está lá, ainda vivo, ainda capaz de dialogar conosco. E isso deixa as pessoas absolutamente confusas. Elas reagem a isso com o êxtase ou com o medo, ou com histórias de conversão religiosa ou abdução alienígena. Depende inteiramente de como a coisa reage sobre você. Neste caso, a revelação de um homem é o pesadelo de outro. Mas a coisa que jaz por trás de tudo isto é algum tipo de mente natural, viva e inteligente, que é simplesmente uma extensão da biosfera, de Gaia.

JE: Em seu livro Food of the Gods (Alimento dos Deuses), *você lida com algumas das dimensões históricas do uso dos alucinógenos. Você visualiza a história da cultura como um*

---

5 Jaynes (1976).

constante declínio no uso de alucinógenos derivados de plantas e a substituição gradual destes por substitutos insatisfatórios como o álcool, o ópio, o fumo, a cocaína, etc. É possível que se as pessoas usassem alucinógenos de um modo mais ritualizado e controlado, tal como, digamos, duas vezes ao mês, que isso poderia reduzir significativamente o uso abusivo de algumas destas outras drogas?

TM: Deus meu, duas vezes ao mês! Isso seria uma revolução, não seria? Eu acredito que as pessoas sem essa mãozinha da inteligência de Gaia sobre a qual estávamos falando estão simplesmente num mato sem cachorro. Elas têm o marxismo, e a moderna publicidade, e quaisquer que sejam os valores culturais nos quais nasceram para guiá-los, mas inevitavelmente, como destacou Freud no livro *O Mal-estar na Civilização*, estas coisas levam à neurose.

Penso que a chave para entender a experiência psicodélica, quer você a ame ou a deteste, é que ela dissolve as fronteiras. Dissolve a programação cultural e a substitui por um tipo de programação muito mais básica que está no animal humano. Todas as culturas nos desviam desta fonte original de autenticação pessoal. E nesse sentido, Freud estava certo; toda cultura é neurótica. Assim, no livro que você mencionou, e também num outro livro meu chamado *The Archaic Revival (O Renascimento Arcaico),* eu simplesmente assinalo que quando as civilizações tornam-se massivamente neuróticas, parecem ter um reflexo instintivo de voltar no tempo em busca de um modelo.[6] Por isso a Renascença criou o Classicismo como resposta à falha da igreja medieval. É por isso que no século vinte presenciamos surtos de fenômenos que vão do cubismo e surrealismo ao *rock and roll.* Estes são impulsos em direção a um estado mental arcaico. No centro deste impulso em direção ao estado mental arcaico está a dissolução da fronteira dos valores

---

[6] A propósito dessa questão, o Mahatma Koot Hoomi, um raja iogue dos Himalaias, escreveu em 1880 em uma carta ao jornalista inglês Alfred Sinnett: "Temos a tendência a crer em ciclos que voltam sempre periodicamente e esperamos poder *acelerar* a ressurreição do que já passou e já se foi. Nós não *poderíamos* impedi-lo ainda que quiséssemos. A 'nova civilização' será apenas filha da antiga, e nos basta deixar que a lei eterna siga o seu próprio curso para que os nossos mortos saiam dos seus sepulcros; mas estamos certamente ansiosos por acelerar o desejado acontecimento." Veja *Cartas dos Mahatmas*, Ed. Teosófica, Brasília, volume I, Carta 11, pp. 81-82. No entanto, a filosofia esotérica e a literatura teosófica propõem a expansão da inteligência espiritual sem o uso de quaisquer drogas ou substância intoxicantes, que constituem atos de violência contra o corpo e a consciência do indivíduo. (N. ed. bras.)

culturais que ocorre sob o efeito de psicodélicos. Certamente que se pudéssemos encontrar algum meio de trazer isso às pessoas – e eu acho que duas vezes ao mês soa muito mais freqüente do que o necessário – na razão de uma vez ao ano e de um modo poderoso, seria suficiente para manter as pessoas operando à luz do conhecimento correto de que há valores estruturais maiores que o conhecimento que lhes está sendo passado através da mídia de massa e das convenções culturais.

As pessoas estão ficando absolutamente famintas por autenticidade, e nesse meio tempo lhes é oferecida uma seleção interminável de carros alemães, produtos para os cabelos, novos sabores de sorvetes e divertimentos sem graça, e nada disso satisfaz, porque aquilo que as pessoas realmente necessitam é um sentido autêntico de seu próprio ser e de sua própria importância no esquema natural das coisas. A cultura não pode responder a isso a não ser que abra espaço para a transcendência de si mesma.

JE: Em Food of the Gods *você sugere que a consciência humana pode ter-se desenvolvido da consciência dos seus ancestrais hominídeos como resultado de os hominídeos haverem incorporado cogumelos alucinógenos em sua dieta. Qual é a evidência primária que temos do uso de cogumelos na história humana?*

TM: Eu acho que a mais antiga evidência que eu consideraria como tendo algum peso é um grupo de imagens escavadas na rocha no platô Tassili, ao sul da Argélia. Eles continuam dando idades cada vez mais antigas para essas coisas, mas creio que agora chegaram a cerca de 12.000 anos. Aí vemos xamãs com cogumelos brotando de seus corpos e as mãos cheias de cogumelos.[7] Este tipo de evidência, porém, jamais foi buscado, e nas áreas onde eu acho ser mais provável de se encontrar, nenhuma escavação jamais foi feita – especificamente, no sul da Argélia. Poder-se-ia fazer estudos polinológicos em busca de esporos de cogumelos. Poder-se-ia tentar encontrar rochas ainda mais remotas e representações de arte em rocha ainda mais antigas, destes xamãs, consumidores de cogumelos.

---

7 Veja ilustrações dessas figuras alucinógenas em McKenna (1992), pp. 72-73. Veja também a ilustração em Campbell (1988a), p. 83, fig. 146. Sobre a importância da arte do *plateau* Tassili, Campbell cita o trabalho do erudito Henri Lhote: "Parece", diz Lhote ao discutir essas descobertas, "que estamos diante das primeiras obras de arte negra – de fato, somos tentados a dizer isso, em relação à sua origem".

O grande embaraço da teoria comum da evolução, você sabe, é a explosão muito dramática no tamanho do cérebro humano num período muito curto de tempo evolucionário. Um biólogo evolucionário, Lumholz, o chama de a mais dramática transformação de um órgão importante de um animal superior em todo registro fóssil. Bem, é um grande embaraço para a evolução, porque se pode notar que o cérebro é o órgão que criou a teoria da evolução. Assim, se não podemos dar conta de sua origem subimos por uma escada que não tem degrau para descanso.

Algo extraordinário estava acontecendo com a situação hominídea, digamos entre 125.000 e 25.000 anos atrás. Todas as outras teorias falharam. Eu me concentrei no psilocybin mas realmente quando converso com os meus pares neste campo, o que estou dizendo é que aquilo para o que precisamos olhar é a dieta. A dieta é um dos principais fatores que afetam as taxas de mutação em qualquer espécie. A razão por que a maioria das espécies animais têm dietas muito definidas e especializadas é que a dieta é uma estratégia evolucionária conservadora para limitar a exposição a compostos mutagênicos, e daí à mutação. Quando uma espécie está sob pressão nutricional e começa a experimentar alimento anteriormente considerado marginal ou inaceitável, ora, isso naturalmente quer dizer que o genoma vai ficar exposto a nova tensão química através da cadeia alimentar, e que se vai adquirir mais deformidades no nascimento, cegueira, baixo QI, baixa taxa de natalidade. Mas também se vai adquirir a muito rara e positiva mutação, e a taxa dessas mutações positivas será também concomitantemente elevada um pouco.

Assim, penso que o lugar onde procurar a explicação da ruptura na evolução humana é o período em que deixamos de ser uma criatura que vivia ao relento, sob o céu. A mudança subseqüente na dieta e as comoções pela exposição a vários agentes químicos causaram muitas mudanças nos seres humanos. O psilocybin é simplesmente uma das mais dramáticas. Podemos construir um cenário com o psilocybin que considero muito atrativo para os biólogos evolucionários, porque mostra como o psilocybin, contribuindo crescentemente com pequenas vantagens, poderia ter provocado uma importante influência química na evolução da arquitetura do cérebro e da consciência.

JE: Em Food of the Gods *você traça um arco de difusão histórica de uma sociedade inspirada por uma deusa, originalmente comedora de cogumelos – o povo Tassili no paleolítico no norte da África – e o segue através da Ásia Menor à medida que viaja para o interior do Catal Huyuk anatoliano, de onde migra para a Creta de Mino. Finalmente, os gregos adotam essa cultura da Deusa na forma muito reduzida dos mistérios eleusianos, nos quais a ferrugem alucinógena das gramíneas pode ter sido usada, do mesmo modo que os cretenses usavam o ópio. A minha pergunta, então, é, você tem alguma idéia de exatamente onde foi, ao longo deste caminho, e por que motivo foi que o consumo do cogumelo desapareceu?*

TM: Sim, eu o associo inteiramente a lentas mudanças no clima. Em outras palavras, provavelmente de 100.000 a 125.000 anos atrás ocorreu o período mais propício em termos de tamanho e extensão das chuvas, e a sobreposição mais propícia, também, de ecossistemas de cogumelos e de habitats humanos. Toda a África do Norte era um vasto pasto com animais ungulados evoluindo e muitas correntes de água descendo das terras altas. E aquelas pastagens tinham surgido de uma mudança climática. Antes disso, em um tempo ainda anterior, houvera florestas. Mas à medida que as pastagens deram lugar ao deserto ao longo dos milênios, os cogumelos – o seu alcance, a disponibilidade, e a potência – todos sofreram retração ou diminuição. À medida que o processo continuou, a população humana ou passou sem, ou começou a procurar substitutos. E nenhum substituto tem realmente o mesmo efeito que o original, e assim se tem os cultos da cerveja, a fermentação de sucos de frutas em vinho, experiências com cânhamo e ópio. Mas foi simplesmente uma série de desastres climatológicos, e o que liquidou a coisa toda – que também foi uma resposta a esta mudança climatológica – foi a invenção da agricultura. Eu acredito que Frazer em *The Golden Bough (O Ramo Dourado)* diz alguma coisa sobre o fato de que, quando os deuses se tornaram alimento, as grandes orgias e celebrações ficaram marginalizadas, porque os valores culturais que se tornaram importantes naquele tempo foram a habilidade de levantar-se de manhã bem cedo, pegar a enxada e ir trabalhar.

JE: Alguns estudiosos têm dito que o consumo de alucinógenos é um substituto pobre para a longa e difícil estrada da disciplina espiritual que é necessária, dizem eles, para se tornar verdadeiramente iluminado. Como você responde a este ponto de vista?[8]

---

[8] Por exemplo, William Irwin Thompson escreve: "Infelizmente, o modo de vida do *hippie* californiano ... deve-se tornar o consumidor típico americano e pensa que o caminho para a iluminação é através do consumo de cogumelos e curtição da iluminação sem necessidade de todo o trabalho árduo da *sadhana* iogue. Veja Thompson (1996), p.189. Sobre o comentário de Ken Wilber veja também nota de fim de página número 6, da entrevista de Grof abaixo.

RM: Bem, eu não sei, acredito que eles estejam verdadeiramente iluminados. Esse é um assunto difícil de se tocar. Este é um argumento corrente e interminável em todos os níveis da antropologia. O grande proponente deste ponto de vista de que eu tenho conhecimento é Mircea Eliade, que assumiu a posição de que o que ele chamava "xamanismo narcótico" era de algum modo decadente, e que o verdadeiro xamanismo era passar por provações e perder-se na selva e coisas desse tipo. Eu não acredito que os povos aborígines gostavam mais de desconforto e desprazeres do que nós. Frente a um sem-número de métodos para chegar ao mesmo fim, a maioria de nós escolheria o método mais eficaz e não-destrutivo. Eu realmente acredito que quando o acesso direto ao mistério ou ao espírito se torna problemático por qualquer razão, é então que se tem a codificação do dogma, a nomeação de classes especiais de pessoas para interpretar para o restante de nós as vontades do mundo invisível. E então se tem listas morais do que se deve fazer e não fazer. E tudo se torna religião organizada. A fobia que a maioria destas religiões organizadas mostra em relação à experiência psicodélica é simplesmente que elas sentem aí um competidor muito poderoso para seus clientes.

JE: Você mencionou que viajou por um tempo pela Ásia experimentando estas várias técnicas de Ioga e que não fizeram efeito em você?

TM: Bem, não é que não funcionem; elas não produzem a experiência psicodélica. Produzem experiências muito interessantes e úteis, e certamente ensinam autodisciplina e tudo o mais. Mas eu acho que com a religião organizada há uma tensão interna porque a religião está no momento e procura responder às aspirações do homem além deste mundo, e ainda inevitavelmente a religião volta-se para os seus esquemas de investimento, seu próprio auto-engrandecimento, seu desejo de atrair mais pessoas e mais território para sua área de influência. Assim eu sempre senti que a autêntica viagem religiosa era algo que ia acontecer entre um simples ser humano e os Espíritos. Eu penso que é uma pena que a religião tenha tanto medo da experiência direta que acabe colocando inevitavelmente um tipo de elite entre o homem comum e o mistério.

JE: Você já tomou psilocybin em conjunção com um tanque de isolamento?

TM: Na realidade jamais fiz isso num tanque. Não creio que se tenha de ir tão longe, mas o melhor meio para estas coisas é o que eu chamo de confortável escuridão silenciosa. Algumas pessoas querem ouvir música e isso certamente causa arrebatamento. Mas nada podemos fazer com a notícia de que Bach é Deus; já sabemos disso. Eu acho que quando as pessoas têm que ter música ou livros de arte empilhados à sua volta, elas já estão se deixando influenciar. As riquezas interiores da silenciosa mente humana estão além de qualquer coisa que já tenhamos criado em qualquer situação elegante ou em qualquer sociedade esplendorosa que já tenhamos tido neste planeta. E essa notícia em termos existenciais é realmente bastante fortalecedora. Toda a sociedade de consumo de que fazemos parte é na realidade um sistema para causar maravilhas. Brinquedos, roupas, jogos e divertimentos: tudo isso é para deixá-lo atônito e para arrebatá-lo. Bem, se você estivesse cultivando cogumelos no esterco de vaca no seu quintal, você rapidamente desenvolveria um relacionamento completamente diferente com tais maravilhas. Você certamente chegaria à conclusão de que há uma infinitude de tais maravilhas, e que a maioria delas está dentro de você.

Assim, novamente eu vejo a cultura oferecendo substitutos baratos da experiência autêntica. A cultura quer que você rejeite o passado, antecipe o futuro, e mal perceba a presença sentida da experiência imediata. Do meu ponto de vista, esse é o valor mais tóxico que toleramos; a desvalorização de nossos sentimentos à medida que eles ocorrem no ato de viver no momento, num lugar determinado no espaço e no tempo. Isso é o que nós somos, isso é tudo o que sempre seremos, e um mundo feito de esperança e arrependimento é um substituto muito pálido para aquele sentimento de estar vitalmente conectado e presente no mundo vivo.

JE: As suas idéias sobre a ressonância através do tempo têm muito em comum com a ressonância mórfica de Rupert Sheldrake e com as pesquisas sobre vibrações de Ralph Abraham. Fora os Trialogues (Triálogos), *você acha que vocês três seriam capazes de trabalhar juntos num livro?*

TM: Estamos muito próximos, e aliás fizemos todo um segundo conjunto de *Trialogues*. Tudo o que precisamos é de um editor suficientemente louco para publicá-los, embora eu não ache que o primeiro livro tenha ido bem em inglês, mas foi muito bem recebido na Alemanha. Mas sim, me sinto muito próximo a esses caras. Eu acho que a teoria do campo morfogenético de Rupert e a minha onda do tempo são basicamente dois lados de uma moeda. E depois a dinâmica do caos de Ralph oferece o meio intelectual mais amplo no qual estas idéias têm de ser contextualizadas.

JE: Você está trabalhando num novo livro?

TM: Sim, há um livro no qual estou trabalhando em co-autoria com Phillipe de Vosjoli. Estamos escrevendo um livro chamado *Casting Nets Into the Sea of Mind (Lançando Redes no Mar da Mente).* Grande parte dele é conversa sobre a tecnologia e aonde ela nos está levando, e depois muita tentativa de afirmar toda essa coisa sobre a evolução primitiva e tudo o mais. Desde quando escrevi *Food of the Gods (Alimento dos Deuses)* houve inúmeros fatos interessantes. A coisa principal que eu acho que é incompreendida, e que está bloqueando o progresso na compreensão da condição humana, é que realmente precisamos repensar o nosso relacionamento com a língua e o que ela é. O que eu quero dizer com isso é que a língua é algo muito profundo e geral na natureza. Acredito que toda a natureza procura se comunicar e que a informação é levada daqui para ali em muitos níveis. O que é novo e único sobre os seres humanos é a fala. No inglês convencional, a fala e a linguagem são usadas quase de maneira permutável. Eu gostaria de ver essa mudança.

A linguagem é algo muito antigo e muito geral, e eu acho que a fala é um fenômeno muito mais recente tecnologicamente. É algo que alguém inventou. As pessoas estavam se comunicando em muitos níveis e em grande detalhe muito antes da invenção da fala. Há uma pesquisa fascinante revelada há alguns meses no *Science News*. Pesquisadores descobriram que com um grupo de bebês recém-nascidos eles lhes podiam ensinar a Linguagem Norte-americana de Sinais muito antes de começarem a verbalizar. O argumento para a antigüidade da linguagem é que a aprendemos tão jovens que portanto devemos estar biologicamente programados para ela. Bem, esta nova pesquisa mostra que devemos estar até mesmo mais biologicamente programados para a Linguagem Norte-americana de Sinais. Eu acho que o que isso sugere é que nós estamos programados para a linguagem e que podemos adquiri-la de muitas maneiras, e que a fala não é o método de comunicação primária nem o mais facilmente adquirido. É algo que as pessoas aprendem a fazer. E a leitura é algo que aprendemos muito depois, o que é também um fenômeno espantoso. Ainda assim, é uma inovação tecnológica. Assim, o novo livro versará sobre tecnologia e a história futura da tecnologia à medida que nos movemos em direção a ambientes de comunicação assistidos por drogas quase-telepáticas e por máquinas.

JE: Você acredita que a tecnologia de realidade virtual terá influência preponderante em tudo isso, ou apenas vai se tornar uma novidade?

TM: Acredito que tem um potencial tremendo porque é realmente uma tecnologia que nos permitirá mostrar uns aos outros o interior de nossas cabeças. Isso é algo que jamais fomos capazes de fazer. Você e eu estamos tendo esta conversa e educadamente pressupondo que temos abertos diante de nós dicionários idênticos, e portanto você entende o que eu quero dizer. Mas nada é mais capaz de trazer a conversa para uma situação estridente do que alguém dizer para outrem, "você poderia me explicar o que eu acabei de dizer?" E você sabe, em face a esse desafio, a suposição da comunicação é algo bastante rarefeito.[9]

Se nós realmente pudéssemos mostrar uns aos outros o que queremos dizer construindo meios esculturais da nossa intencionalidade em 3-D, seríamos capazes de eliminar a enlouquecedora ambigüidade que acompanha o ruidoso estilo de conversação bucal de baixa freqüência. É surpreendente para mim que tenhamos uma civilização global baseada em ruidosa comunicação bucal, visto que há 500 línguas e ninguém tem o mesmo dicionário, ninguém teve a mesma educação, e todos têm conjuntos diferentes de experiências. Assim, acredito que fizemos um trabalho incrível com o instrumento grosseiro que nos foi dado, mas o futuro da comunicação é o futuro da evolução da alma humana, e à medida que nos comunicarmos com maior facilidade, as fronteiras e a ilusão da diferença simplesmente irão tornar-se indefinidas e desaparecerão.

---

[9] Contraste com Thompson: "Eu acho que o problema principal com a realidade virtual é que ela é uma tecnologia tóxica, é uma violação dos seus lobos frontais. Eu acho que vai causar efeitos sobre a saúde das pessoas como faz o mal de Alzheimer no seu início. Quando eu era menino, costumava entrar em sapatarias e colocar os pés nas máquinas de raios-X. O que parecia ser progressista e rotineiro estava na realidade causando câncer nas pessoas." Veja Brown e McClen (1995), p.297.

6 – Psicologia

O Nascimento, a Morte e o Além: Stanislav Grof e a Transformação da Consciência

O mais genial de Sigmund Freud não foi a sua descoberta do inconsciente. Como apontou Thomas Mann num discurso feito por ocasião do octogésimo aniversário de Freud, as idéias de Freud foram realmente a culminação de uma longa corrente de discurso cultural sobre "a primazia do instinto em relação à mente e à razão", que nutrira o desabrochar do pensamento do romantismo durante todo o século dezenove, e na Alemanha, em particular. Desde a publicação em 1819 de *The World as Will and Idea (O Mundo como Vontade e Idéia)* – a extasiante síntese de Kant, Platão e dos *Upanixades* feita por Schopenhauer – até as óperas de Wagner, os dramas de Ibsen e a publicação da *Philosophy of the Unconscious (Filosofia do Inconsciente)* em 1869, de Eduard von Hartmann, a existência de uma mente inconsciente já estava claramente esboçada. O que ficou para Freud fazer foi a tradução desta idéia para a linguagem da fraseologia científica.[1]

Certamente, a essência daquela linguagem fora epitomizada por Isaac Newton no século dezessete em termos da mecânica das forças e massas. A biologia, conseqüentemente, não era sequer considerada uma ciência formal até a publicação de *A Origem das Espécies*, de Darwin, em meados do século dezenove. Pois, assim como Newton tinha definido todo movimento como a tensão entre duas forças, a de inércia (que

[1] Veja "Freud e o Futuro" nos Ensaios de Thomas Mann (1957).

toda matéria possuía de maneira inata) e a gravidade (que agia sobre a matéria de fora), assim também Darwin viu que a evolução das espécies podia ser traduzida para a linguagem da mecânica: todas as espécies possuíam uma força de mutação inata enquanto a seleção natural agia sobre estas mutações por meio de pressões do meio ambiente exercidas na luta pela sobrevivência.

Freud, da mesma maneira, viu que a idéia do inconsciente era suscetível a um modelo mecânico: as forças inatas do *id* eram fortemente mantidas em cheque pelas forças exteriores da sociedade, e o *ego* evoluía quase que com a pressão geológica entre eles. Mas do mesmo modo como os limites das leis de Newton foram agudamente circunscritos por Einstein, assim também a validade das teorias de Freud foram restringidas pelo gênio de seu discípulo Carl Jung que passara os seus domingos na escola de medicina absorvendo idéias de Kant, Schopenhauer, Nietzche e von Hartmann – todos eles completamente ignorados por Freud. Com este sistema imunológico-filosófico instalado dentro de si, Jung rapidamente ultrapassou as limitações de Freud. Para Jung, as fundações da psique eram cósmicas e a alma vinha equipada no nascimento com o conhecimento de sua perdida jornada evolucionária através do cosmo. Esta sabedoria estava apenas esquecida, e a psique a cada noite instruía a mente sob a forma de sonhos, e a civilizações inteiras através da linguagem dos mitos. Thomas Mann escreveu: "Muito profundo é o poço do passado. Não deveríamos chamá-lo sem fundo?"

De certo modo, a vida e a carreira de Stanislav Grof são uma recapitulação da história da psicanálise. Nascido na Checoslováquia em 1931, Grof teve a sorte de ler as *Introductory Lectures in Psychoanalysis (Palestras Introdutórias à Psicanálise)* de Freud exatamente quando estava se preparando para começar carreira na indústria cinematográfica. Em vez disso decidiu tornar-se psicanalista, e matriculou-se no Curso de Medicina da Universidade de Praga. Embora sua criação ateísta fosse simpática às teorias mecanicistas de Freud, ele logo vislumbrou as limitações da aproximação exclusivamente verbal de Freud à psicanálise, que podia envolver um paciente em anos de terapia com um mínimo de melhora. Finalmente, ele se viu lastimando-se pelo muito pouco que sua imaginação era exigida como analista.

Vários anos antes, um eco do futuro de Grof já se tinha materializado num laboratório na Suíça. Pois foi em 1938 que o agora famoso químico Albert Hofmann tinha, sem o saber, sintetizado um novo alucinógeno, LSD-25, que ele pensou ser apenas para propósitos obstétri cos ou para o tratamento de dor de cabeça. Em vez disso ele criara "um telescópio para a psique"[2], embora não o fosse até um dia de 1943, quando se dirigia de bicicleta do trabalho para casa, e começou a ter consciência do que tinha acidentalmente ingerido. Ele descreve: "Eu pedalava cada vez mais e achei que estava preso em um ponto. Finalmente cheguei em casa e tudo tinha mudado, tinha se tornado aterrador. A minha vizinha entrou e parecia uma bruxa horrível; as feições do meu assistente ficaram distorcidas."[3] Hofmann tinha descoberto um tipo de vida análogo às pinturas de Salvador Dali.

Quando um pacote de LSD chegou ao centro de pesquisas em Praga vindo da Sandoz Pharmaceuticals, Grof imediatamente se ofereceu como voluntário para testá-lo, já que a Sandoz sugerira que poderia produzir estados parecidos à esquizofrenia, e podia, por isso, ser de grande valor clínico. Mas para Grof, o LSD alargou o modelo da psique de Freud para revelar a vasta e nova paisagem do inconsciente coletivo que Jung tinha descrito. Estudando o efeito da droga sobre centenas de pacientes – inclusive ele mesmo – Grof concluiu que era realmente uma ferramenta útil para contornar os obstáculos da psique e acessar os problemas emocionais mais relevantes, os quais poderiam de outro modo levar anos através da terapia verbal convencional. No final dos anos sessenta Grof transferiu seus estudos para o *Maryland Psychiatric Research Center (Centro de Pesquisa Psiquiátrico de Maryland).*

O seu primeiro livro, *Realms of the Human Unconscious (Aspectos do Inconsciente Humano)* (1975) não apenas cristalizou seus anos de pesquisa sobre os efeitos do LSD, mas também a estrutura de sua própria síntese de Freud, Jung, Otto Rank e Wilhelm Reich. Enquanto o modelo da psique de Grof aceita as teorias tanto de Freud quanto de Jung, ele faz substanciais expansões de ambos, pois juntamente com o inconsciente biográfico de Freud, ele junta o "perinatal", enquanto o inconsciente coletivo de Jung é incluído sob um espectro mais largo de fenômenos que Grof chama "o transpessoal."

O inconsciente perinatal é um registro das experiências traumáticas do nascimento que inicia cada uma de nossas vidas biográficas (a não ser que se nasça de cesariana) e que funciona no inconsciente como um tipo de passagem entre o inconsciente freudiano – que começa na infância – e o inconsciente coletivo de Jung, que contém o registro

---

[2] Frase de Richard Tarnas.

[3] Hofmann (1981).

evolucionário de todo o universo. Pois o que Grof observou em muitos de seus pacientes ao administrar LSD foi que seus comportamentos estranhos de se contorcerem para assumir posturas fetais e a exibição de vários graus de sufocação pareciam indicar que estavam revivendo o processo do nascimento, para os quais Grof atribui quatro fases distintas, ou matrizes.

A primeira das tais matrizes perinatais é o estado de consciência feliz e vegetativa experimentado pelo embrião nos estágios finais de sua vida intra-uterina. A memória de paz e serenidade nesta matriz pode tornar-se o objetivo inconsciente por trás de muitas das atividades frustradas do indivíduo em sua vida posterior; através de drogas ou do álcool, uma tentativa é feita para recapturar e manter esta experiência. A segunda matriz realmente inicia a dinâmica do nascimento em si mesmo, quando as paredes do útero se contraem em volta do nascituro, embora a cérvix não se tenha aberto ainda. O trauma desta condição sufocante, "sem-saída" é o exato inverso do estado precedente, e a impressão desta memória inconsciente pode envenenar a atitude de uma pessoa por toda a vida com uma perspectiva pessimista. Vendo deste modo, a pessoa é e sempre será a "vítima" arquetípica. A terceira matriz refere-se à passagem da criança pelo canal do nascimento, que envolve uma luta de vida ou morte. Este trauma tem o potencial de criar uma disposição muito mais agressiva, irascível, pois a vida é vista aqui como uma luta que só pode ser vencida através do combate, seja qual for a situação. Tais indivíduos são dirigidos por um desejo de poder sobre outras pessoas e podem mesmo atrair situações de violência ou formas bizarras de sexualidade, tais como sadomasoquismo, servidão ou coprofilia. A quarta matriz é a explosão para dentro do mundo de luz e vida, e é sintomática de todos os estados de consciência expandida após a longa jornada da alma através da "noite escura". Este estado é o alvo do nascimento somático, como também, do psicológico.[4]

Além destas quatro matrizes está o reino do inconsciente coletivo de Jung, um vasto repositório de memórias cósmicas e evolucionárias, de sabedoria e instintos. Mas os estudos de Grof indicaram acréscimos a este reino, também. Ele chama estas experiências de "transpessoais", significando que elas transcendem as limitações das experiências

---

[4] Embora isso supersimplifique os pontos de vista de Grof, aqui é necessária alguma familiaridade com estas matrizes para a compreensão de certas questões que seguem. Pede-se ao leitor consultar os livros de Grof, antes de fazer um julgamento baseado apenas em minha sinopse.

individuais. Podem incluir qualquer coisa desde memórias de vidas passadas a encontros visionários com seres alienígenas, a identificações com a consciência de vegetais ou animais, ou mesmo a consciência planetária ou cósmica.[5] As visões de deuses e deidades são comuns, como o são as experiências fora do corpo, as viagens no plano astral, etc. A psique, na obra de Grof, é um microcosmo holográfico do universo inteiro. Não há dimensão que não possa ser experimentada através dos meios adequados. E estes meios não são apenas psicodélicos. Depois que o LSD tornou-se ilegal, Grof e sua esposa Christina desenvolveram o que eles chamam "Método de Respiração Holotrópica" que envolve uma mistura de hiperventilação sustentada, acompanhamento musical e uma forma específica de intervenção corporal. Esta forma de respiração age como um catalisador para muitos dos mesmos reinos facilitados pelo LSD, e é o que Grof usa atualmente enquanto viaja pelo país com seus *workshops*.

Os livros que sucederam *Realms of the Human Unconsciousness* foram em grande parte elaborações sobre temas abordados aqui: *LSD Psychotheraphy (A Psicoterapia do LSD)* (1980) é uma versão mais detalhada de seus estudos de determinados casos: *Beyond the Brain (Além do Cérebro)* (1985), sua obra máxima, é um tratamento completo das implicações teóricas do seu paradigma, incluindo o que as suas descobertas para a ciência mecanicista clássica; *The Adventure of Self Discovery (A Aventura da Autodescoberta)* (1988) articula a teoria e prática do Método de Respiração Holotrópica; e *The Holotropic Mind (A Mente Holotrópica)* (1992) é uma apresentação popular de suas idéias.

O seu livro mais recente *The Cosmic Game (O Jogo Cósmico)* (1998) se ocupa com temas transpessoais como a natureza de Deus, o mal, espaço e tempo, a origem do universo e o destino da alma.

> *JE: Você disse que começou sua carreira como analista freudiano com uma educação basicamente ateísta. Você pode explicar como o seu trabalho anterior com o LSD transformou a sua perspectiva de materialista em uma orientação mais espiritual?*

---

[5] Por exemplo, num *workshop* do qual eu participei com Grof, ele narrou um episódio de identificação animal durante ingestão de LSD, na qual ele viu a si mesmo como um dinossauro herbívoro que era atacado por um dinossauro carnívoro, e sentiu-se morrendo na lama enquanto era dilacerado e comido. Ele também narrou um outro episódio de identificação com uma planta carnívora comedora de insetos, e relembra vivamente a mistura de nojo e satisfação com a lembrança de digerir de uma mosca.

SG: Sim, eu realmente tornei-me médico após ler as *Introductory Lectures in Psychoanalysis (Palestras Introdutórias à Psicanálise)* de Freud. Para mim este foi o incentivo para estudar medicina em primeiro lugar. E depois que li Freud, eu me matriculei na escola de medicina e juntei-me a um grupo de psicanalistas que naquela época estava operando em Praga. Eu também comecei minha própria análise. À medida que me tornava mais profundamente envolvido na coisa, desenvolvi um conflito com respeito à teoria e à prática da psicanálise. Eu estava fascinado pelas conclusões teóricas, em quantas diferentes áreas a psicanálise penetrava e dava interpretações aparentemente brilhantes para coisas como o simbolismo dos sonhos, os sintomas neuróticos, a religião, a cultura, etc.

Mas quando percebi a eficácia clínica da psicanálise, fiquei muito desapontado por causa da enorme quantidade de tempo, energia e dinheiro demandados e dos resultados relativamente magros que produzia, às vezes mesmo após anos de terapia. Assim, eu estava numa posição muito difícil; eu realmente comecei a lastimar ter-me tornado psiquiatra. Originalmente eu queria trabalhar no cinema e estava profundamente interessado em arte. Desde a infância, eu gostava de pintar e desenhar. Antes de ler Freud, eu já tivera uma entrevista e já deveria começar a trabalhar nos estúdios de cinema em Praga.

Na época em que eu estava vivendo este conflito sobre a psicanálise, estávamos fazendo algumas pesquisas para a companhia farmacêutica Sandoz da Suíça. Já que tínhamos um bom relacionamento, eles continuaram a nos enviar amostras de várias substâncias que eles tinham desenvolvido. E assim um dia conseguimos um suprimento de LSD, que foi descoberto mais ou menos por acidente pelo Dr. Hofmann nos laboratórios da Sandoz. Eles perguntaram se nós gostaríamos de fazer experiências com essa substância e lhes passar algum *feedback;* lhes informar se víamos algum emprego para o LSD na psiquiatria.

Eles nos deram duas sugestões preliminares: achavam que as experiências que se podia ter após a administração do LSD são muito semelhantes ao que descobrimos em pacientes psicóticos, e que este estado podia ser usado como um tipo de modelo experimental de psicose. Poder-se-ia estudar vários parâmetros psicológicos, fisiológicos e bioquímicos destes estados e conseguir *insights* valiosos em desordens mentais de ocorrência natural. A segunda sugestão foi de que o LSD podia ser uma ferramenta de treinamento não muito convencional para psicólogos e psiquiatras, enfermeiras, estudantes e assim por diante.

Eles podiam passar algumas horas no mundo de seus pacientes, e como resultado retornar com um conhecimento mais profundo destas condições, serem capazes de se comunicar melhor com pacientes psicóticos e com alguma esperança serem capazes de tratá-los de modo mais eficaz.

Assim, tornei-me um dos primeiros voluntários; esta era uma oportunidade que eu não queria perder. Esta experiência gerou em mim um interesse perpétuo em estados não-ordinários de consciência, que agora já se estende por um período de mais de 40 anos. Eu avancei para essa experimentação com o LSD equipado com a psiquiatria convencional e a psicanálise freudiana. A minha idéia inicial era que o LSD consiste em um catalisador que pode levar a pessoa ao inconsciente mais rápida e profundamente do que a livre associação. E como resultado isso poderia acelerar e intensificar a terapia. Assim eu comecei um estudo onde os pacientes que não respondessem a qualquer tratamento tradicional recebiam uma série de sessões de LSD num contexto psicoterapêutico. O que vimos neste trabalho foi que tipicamente os pacientes não permaneciam no domínio definido pela psicanálise de Freud como a psique, que basicamente seria a biografia pós-natal e o inconsciente individual. Embora algumas das primeiras sessões, particularmente com mais baixas dosagens, contivessem muito material biográfico, tipicamente, quando nós ou aumentávamos a dose ou continuávamos com as sessões, todas as pessoas com quem trabalhávamos mais cedo ou mais tarde transcendiam a estrutura freudiana. E então podíamos ver todos os tipos de experiências que simplesmente não eram levadas em consideração no modelo freudiano.

Enquanto fazia este trabalho com outras pessoas, eu mesmo tinha, ocasionalmente, experiências adicionais. Era um confronto extremamente poderoso com o meu inconsciente, e obscurecia tudo que eu sabia a respeito ou experimentara em psicanálise. Eu estava comparando o que estava acontecendo com outros ao que estava acontecendo comigo e, por um tempo, achei tudo muito confuso. Os fenômenos que estavam emergindo nas sessões de LSD simplesmente não estavam descritos na literatura freudiana e eu não tinha qualquer explicação razoável para eles. Assim eu estava à beira de desistir desta pesquisa porque eu a achava perturbadora e assustadora.

Mas fiquei fascinado por este mundo que se estava abrindo aqui e decidi continuar. Passei cerca de três anos conduzindo sessões com pessoas e tendo as minhas próprias sessões ocasionais, mantendo registros detalhados e mapeando meu território. E após estes três anos, quando eu tinha finalmente esquematizado uma cartografia da psique que levava em conta todas as categorias de experiências que estávamos vendo, tornei-me cada vez mais ciente de que isso não era absolutamente uma nova cartografia. Eu estava fazendo conexões com muitas coisas, desde xamanismo e ritos de passagem até os antigos mistérios da morte e renascimento, e filosofias espirituais orientais como várias escolas de ioga, Budismo, ensinamentos taoístas e Sufismo. Tornei-me consciente do fato de que estávamos redescobrindo um conhecimento muito, muito antigo sobre a psique.

JE: Como você caracterizaria então as diferenças entre o xamanismo e os estados a que estas experiências com o LSD induzem?

SG: Bem, os fenômenos do LSD cobrem um reino muito maior. O domínio xamânico é apenas uma pequena parte, um rumo que as experiências com o LSD podem tomar. Assim podemos ver muitas pessoas em quem as sessões repetidamente acarretariam o simbolismo xamânico. Às vezes podia ser uma sessão, duas sessões, ou mesmo várias que tomavam essa forma. Mas as experiências também podem tomar o rumo de alguns outros sistemas antigos, tais como tantra, cabala, alquimia, ou mesmo religiões africanas, egípcias ou pré-colombianas. Assim, o espectro total é muito amplo. E o fascinante é que isso é completamente independente dos *backgrounds* das pessoas que tiveram estas experiências, sejam eles raciais, culturais, educacionais ou religiosos.

JE: Em que estes estados diferem da esquizofrenia?

SG: Quando você pergunta sobre esquizofrenia, nós temos que discutir primeiramente o problema do diagnóstico. Há uma definição limitada de esquizofrenia com a qual eu fui criado: para ser diagnosticado de acordo com esta definição européia, que fala de esquizofrenia essencial, o paciente tem que mostrar os assim chamados sintomas primários como definidos por Eugen Bleuler. Nos Estados Unidos a definição de esquizofrenia é muito mais ampla e livre. Assim, você encontraria muito pouca similaridade entre a experiência com LSD e algumas das formas clássicas de esquizofrenia como a hebefrenia ou esquizofrenia simples ou mesmo a síndrome paranóide de perseguição com vozes. Mas você veria muitas similaridades com estados que seriam diagnosticados como reações paranóides.

Como resultado destas observações, primeiramente nas seções psicodélicas mas agora também no Sistema de Respiração Holotrópica, onde não são usadas drogas, minha esposa e eu chegamos à conclusão de que há um substancial subgrupo dos estados hoje diagnosticados como psicóticos que pode ser visto como um conjunto de crises de abertura espiritual, ou "emergências espirituais." Nestes estados as pessoas simplesmente começam a vivenciar, por razões desconhecidas, as dinâmicas mais profundas de sua psique. Este processo, se devidamente entendido e apoiado, pode ser curativo, transformador ou mesmo evolucionário.

JE: Você pode descrever o que quer dizer por emergência espiritual?

SG: Bem, é um conceito que está baseado em nossas observações, tanto do trabalho psicodélico quanto particularmente do método de respiração. Nós vemos no trabalho de respiração que as pessoas após meia hora, 45 minutos de respiração mais acelerada mostram muitos dos tipos de experiências que se encontram em pessoas que estão no momento hospitalizadas e sendo tratadas com tranqüilizantes. No método de respiração, os mesmos tipos de experiências, com a orientação correta, podem levar à cura e transformar. Nós então aplicamos os mesmos princípios a pessoas em quem estas experiências acontecem espontaneamente. Assim, em vez de lhes dar tranqüilizantes, nós os encorajamos a passar pelas experiências e lhes damos o apoio que precisam para realizá-lo. Descobrimos que mesmo as experiências de ocorrência espontânea, quando apoiadas deste modo, podem ser muito benéficas a longo prazo, como as sessões de respiração ou as experiências psicodélicas.

JE: O que você diria da crítica daqueles que afirmam que não se pode considerar a espiritualidade como equivalente às propriedades químicas do LSD?[6]

---

6 "É um erro fundamental pensar que entrar em estágios mais elevados de desenvolvimento espiritual é fácil – algo que você pode fazer em um seminário de final de semana, ou lendo um livro, ou tomando LSD. Só através de disciplinas de longo prazo você pode tornar estas experiências estáveis, como estruturas permanentes da consciência". Assim diz Ken Wilber em Toni Schwartz (1995), p. 364.

SG: Desde o início da pesquisa com LSD até hoje tem havido uma discussão acalorada exatamente sobre o que são estes fenômenos e como eles se relacionam aos tipos de experiências que encontramos descritas na literatura mística e espiritual. Basicamente, tem havido três grupos de especialistas com opiniões muito diferentes: o primeiro grupo são cientistas materialistas que dizem: "Bem, o que isso mostra é que as experiências místicas e espirituais não são fenômenos autênticos. São manifestações de distúrbios bioquímicos do cérebro." Se podemos induzi-los quimicamente significa que o que encontramos descrito nos livros sobre misticismo é apenas uma má interpretação da patologia e da bioquímica do cérebro.

Há outro grupo de pessoas que vêem a coisa de modo diferente: "Não, o que isso significa é que há um subgrupo de substâncias químicas que podem induzir experiências místicas e isso as torna muito especiais. Estas não são substâncias químicas comuns, são sacramentos." Eles basicamente adotam a perspectiva dos xamãs de culturas psicodélicas, como os índios Mazatec, a Igreja Nativa Americana, os índios Huichol do México, ou os índios sul-americanos que usam *aiahuasca* como um sacramento.

E depois o terceiro grupo está ciente das profundas similaridades fenomenológicas que não podem ser negadas. Não se pode realmente diferenciar as experiências espirituais daquelas descritas na literatura mística. Mas este grupo assume um tipo de atitude moral. Eles insistem em que estas são experiências pseudomísticas, e de que não há como se possa forçar uma genuína experiência mística. Essa experiência tem que vir como resultado de práticas ascéticas ou orações ou disciplinas espirituais. Ou que tem de vir como uma graça divina.

Mas há uma discordância básica entre os instrutores espirituais com respeito a esse assunto. Por exemplo, eu tive muito contato com tibetanos que tomaram LSD e em geral vêem as drogas psicodélicas como sendo aceleradores da prática espiritual. Mas avisam que estas são ferramentas muito poderosas e que têm de ser usadas com tremenda precaução. Há outras pessoas como Meher Baba ou o Dr. Zahner de Boston, que afirmavam veementemente que estas experiências não deveriam ser consideradas verdadeiras experiências místicas. Em minhas próprias sessões, eu não saberia a diferença. Para mim, toda a viagem com psicodélicos tem sido de autodescoberta, de sério questionamento espiritual. Não encontrei nada de artificial na experiência.

JE: Você pode explicar como as suas sessões com o Método de Respiração Holotrópica diferem daquelas da psicanálise mais tradicional com orientação verbal?

SG: Há muitas diferenças sobre as quais podemos conversar. Uma é que o Método de Respiração Holotrópica é absolutamente não-verbal. Nós conversamos antes e depois das sessões. A conversa durante as sessões é mínima. Outra diferença importante é que as pessoas simplesmente não se lembram de fenômenos passados, elas os revivem na regressão total da sua idade. Assim, quando se está vivenciando algo da infância, para todos os efeitos práticos você se torna a criança. Você tem a imagem corporal da criança, experimenta emoções primitivas e tem uma percepção simplista do mundo. Nas terapias verbais você está tentando relembrar coisas passadas ou reconstruí-las a partir de, digamos, simbolismo do sonho, sintomas neuróticos ou deslizes na fala. Assim, essa é uma diferença importante.

O espectro vivencial da terapia holotrópica também é muito mais amplo. Nós vemos não apenas o material biográfico, mas também os fenômenos perinatais, e todo o espectro das experiências transpessoais. O Método de Respiração Holotrópica envolve a mente, as emoções, o corpo e o espírito. Cobre todo o espectro da psique.

JE: Você sugere no seu trabalho que uma pessoa pode ficar psicologicamente presa numa destas matrizes e que isso pode então determinar o tipo de experiências que a pessoa poderia ter na vida. Como ocorre, que embora o corpo atravesse todas estas matrizes à medida que se move através do canal do parto, a mente pode ficar presa numa delas?

SG: Todos nós que nascemos vaginalmente temos um registro de todos estes estágios com suas emoções problemáticas e sentimentos físicos. Quão próximo à superfície este material perinatal vai estar e quão significativo ele vai ser na vida da pessoa é uma questão que depende não apenas da natureza do processo do parto em si, mas de todo o desenvolvimento pós-natal. Assim, a sua história pós-natal como descrita na psicanálise determina quão próximo à superfície este material estará e que faceta dele será a mais relevante.

Por exemplo, você pode nascer de uma mãe muito amorosa e ter uma infância em que foi bem nutrido. Neste caso, o material perinatal afundará muito no inconsciente, e você poderia não saber que o carrega até que você toma LSD ou se submete a algum outro intenso trabalho experimental. Para uma outra pessoa qualquer a vida pós-natal poderia ser cheia de traumas adicionais, insegurança, ansiedade e insatisfação. E nesse caso, toda a área perinatal permanece aberta e muito próxima à superfície. Assim, por exemplo, você pode criar uma família que é como um sistema fechado, em que você experimenta muitas situações traumáticas nas quais faz o papel de vítima. Isso faria a segunda matriz muito mais relevante em sua vida que as outras matrizes.

JE: Assim, são as suas experiências biográficas que determinam qual das quatro matrizes se torna mais relevante?

SG: Sim, elas parecem ter uma influência significativa em quão relevante será aquele material. Assim, por exemplo, você poderia sofrer muito abuso sexual, o que acentuaria o aspecto sexual da terceira matriz. Ou você pode ter uma pesada educação para uso do banheiro ou experiências naquela área que enfatizaria o que eu chamo "aspecto escatológico" da terceira matriz e assim por diante.

JE: Um dos aspectos mais intrigantes do seu modelo é saber qual o sentido que há no fato de que as pessoas escolham suicidar-se de modos particulares. Você poderia falar sobre como estas matrizes podem determinar se uma pessoa poderia escolher um tipo particular de suicídio ?

SG: Eu descobri que as memórias perinatais representam um reservatório de experiências emocionais e físicas difíceis, um tipo de fundo universal da qual várias formas de psicopatologias podem-se desenvolver em conexão com o material pós-natal. E o que é mais relevante em relação ao suicídio, certamente, é a depressão. Se você incluir as raízes perinatais na compreensão da depressão você adquire uma compreensão muito mais profunda e refinada de sua dinâmica.

As teorias correntes não devem ser levadas em conta pelo fato de que temos duas categorias muito diferentes de depressão. Uma chamamos depressão inibida, a outra depressão agitada. Enquanto explicamos a depressão por algum tipo de simples mudança bioquímica ou como resultado de um trauma no período oral, não temos indício de por que teríamos estes dois tipos diferentes de depressão. No trabalho experimental profundo, descobrimos que a depressão inibida parece estar especificamente ligada ao que eu chamo de segunda matriz, que é o estágio do nascimento onde o útero está se contraindo mas o colo do útero não está aberto. E o que você encontra tipicamente em pessoas com esta forma de depressão é que elas tendem a se precipitar para uma forma não violenta de suicídio, como uma *overdose* de tranqüilizantes, ou de barbitúricos, ou afogamento, ou caminhar na neve até congelar-se. Quando se analisa isso, descobre-se que o que está por trás é uma necessidade inconsciente de anular o desconforto da segunda matriz e criar uma situação que tenha as características do estado pré-natal.

As pessoas que estão em depressão agitada parecem estar sob a influência seletiva da terceira matriz, em que há um senso de tremenda tensão e uma luta por controle. Há medo de que se perca o controle sobre os próprios impulsos ferindo os outros ou a si mesmo. As pessoas neste estado descrevem a si mesmas como bombas-relógios. Elas geralmente contemplam o suicídio violento jogando-se de automóvel dum penhasco, causando um acidente automobilístico ou pulando sob um trem ou de uma janela. Ou estourando os próprios miolos.

Quando analisamos isso, descobrimos que o que está por trás é uma fantasia do nascimento biológico, onde, no momento que a criança emerge do canal vaginal, há um acúmulo de tensão por uma soltura explosiva, e isso acontece no contexto de muito material biológico: sangue, líquido fetal, e mesmo urina e fezes. A idéia principal aqui é que no momento do nosso nascimento biológico nós nascemos anatomicamente, mas não nascemos emocionalmente. Ainda carregamos dentro de nós uma *gestalt* emocional incompleta do nascimento. E as pessoas que estão passando por um estado suicida sob a influência da terceira matriz emergente usam a liberação anatômica, que acontece durante o parto, como um modelo para a liberação emocional. Como resultado, elas procuram uma situação na qual a tensão cresce para um final explosivo catastrófico e tem de haver desordem biológica associada a isso.

Assim, geralmente as pessoas que completam experimentalmente o processo do nascimento movem-se ou para a primeira matriz ou para a quarta matriz e retrospectivamente concluem que não queriam se matar. Queriam sair deste desconforto perinatal para uma situação que fosse mais como a que é sentida antes do nascimento ou após o nascimento. Mas elas não sabiam que estavam tentando criar uma situação que tinha as características destas memórias perinatais.

JE: Você viu o filme Crash?

SG: Sim, ele tem muitos elementos perinatais.

JE: Você poderia comentar como é que batidas de automóveis podem tornar-se afrodisíacas? Qual é a conexão aí?

SG: A terceira matriz, quando a criança está lutando para passar pelo canal vaginal, está relacionada a uma situação onde há confinamento físico, dor e ao mesmo tempo, um tipo de despertar sexual, que vem da sufocação e da dor. Este é o tipo de mecanismo que forma a base para o sadomasoquismo, por exemplo, a síndrome da sujeição. Não sei se você viu o filme *O Império dos Sentidos*.[7] É um filme japonês onde os amantes no final se estrangulam durante o ato sexual.

Quando as pessoas estão revivendo o nascimento, com esta estranha mistura de dor, sufocação e despertar sexual, tipicamente elas têm estes tipos de imagens sadomasoquistas de sujeição. E ao final do processo de nascimento geralmente ocorrem imagens mentais relacionadas a quedas e altas velocidades, à medida que as energias reprimidas estão sendo liberadas numa proporção muito alta. Por exemplo, eu tenho um amigo que ficou preso nesta terceira matriz numa seção psicodélica e no dia seguinte arranjou um emprego como testador de pára-quedas. Significa subir quinze vezes num pequeno avião e pular com um pára-quedas não testado. Você conhece a história de Mishima?

JE: Não.

SG: Mishima foi um escritor e figura política no Japão que chegou a ser indicado para o prêmio Nobel em literatura. Após uma vida tumultuada, ele cometeu *hara-kiri.* O seu passatempo favorito era levar um avião com quatro lugares até uma elevadíssima altitude e então tirar a máscara de oxigênio e perder a consciência. Então ele deixava-se cair até uma área onde houvesse ar bastante. Ele recobrava a consciência e então nivelava o avião e subia para mais uma sessão. E então terminou com o *hara-kiri.*[8]

JE: Você menciona em The Adventure of Self Discovery (A Aventura da Autodescoberta) *certas similaridades entre a fenomenologia descrita em experiências de abdução por OVNIs e o*

---

[7] Um filme japonês produzido em 1976 por Nagisa Oshima. Foi proibido para menores de 18 anos devido às cenas explícitas de obsessão sexual.

[8] Veja o filme *Mishima: A Film in Four Chapters*, dirigido por Paul Schrader (1985).

trauma do nascimento. E em filmes como A Fire in the Sky vê-se mesmo muita imagem mental de útero e de feto. Há também um tipo de atmosfera de câmara de tortura medieval em muitas dessas narrativas dos abduzidos. Há uma relação entre o trauma do nascimento e estas experiências? Qual você acha que poderia ser a relação?

SG: Bem, há um sujeito chamado Alvin Lawson de Los Angeles que tinha uma linha direta para casos de OVNIs. Ele escreveu um trabalho onde usou meu material tentando explicar o fenômeno OVNI. Segundo ele, não eram experiências autênticas; eram todas derivadas do perinatal. Eu não acho que esta seja uma explicação adequada. A questão é, por que as pessoas fabricariam estes tipos de histórias não às centenas mas aos milhares? Há conferências onde centenas de abduzidos vêm ouvir e contar suas histórias. Assim eu agora vejo os fenômenos dos ONVIs como uma manifestação do inconsciente coletivo, como Jung dizia. Quando se lida com arquétipos, há um tipo geral de arquétipo e então você descobre variações específicas. Eu acho que as abduções perinatais e por OVNIs são variações do mesmo arquétipo básico, mas não acredito que os fenômenos dos OVNIs possam ser explicados a partir das matrizes perinatais.

JE: Em Beyond the Brain (Além do Cérebro) *você contrasta sua abordagem da psicologia transpessoal com a abordagem do espectro de Ken Wilber, que no livro dele* The Eye of The Spirit (O Olho do Espírito) *devota todo um capítulo a criticas ao seu trabalho.*[9] *Embora ambos reconheçam vastas áreas de concordâncias em seus modelos, há diferenças significativas. Você poderia descrever algumas dessas diferenças?*

SG: A diferença principal é que eu considero a área perinatal do inconsciente como muito importante clinicamente, enquanto que até bem recentemente toda aquela dimensão era absolutamente descartada na obra de Ken Wilber. A evolução da consciência segundo ele começa

---

[9] Para conhecer os comentários críticos de Ken Wilber sobre Grof, veja *The Eye of Spirit: an Integral Vision for a World Gone Slightly Mad* (1997) Capítulo 7: "*Born Again: Stan Grof and the Holotropic Mind,*" pp. 165-85. Veja também *Sex, Ecology, Spirituality; the Spirit of Evolution* (1995) pp. 741-51 de Wilber. Para os comentários críticos de Grof sobre Wilber veja *Beyond the Brain: Birth, Death and Transcendence in Psychotheraphy* de Grof. (1985) pp.131-37. Veja também, *Ken Wilber in Dialogue* (1998).

do estágio pleromático do nascituro e depois atravessa os estágios do urobórico, tifônico e da sociedade-verbal até o nível egóico e do centauro, e daí aos níveis sutil e causal, até o Absoluto. E quando fala sobre cosmogênese, ele considera do Absoluto para baixo, usando o Livro Tibetano dos Mortos, e termina a viagem com a concepção. Assim o sistema dele descarta tudo que há entre a concepção e o momento do nascimento. Essa foi a minha objeção original. Mas eu também apontei o fato de que Otto Rank é o único dos psicanalistas clássicos que não entra na sua síntese. Assim ele usa basicamente a análise freudiana e a psicanálise do ego quando tenta criar um modelo sintético.

Eu também discordo do seu modelo linear de desenvolvimento espiritual, em que se tem de alcançar o nível centáurico de consciência antes do desenvolvimento espiritual começar. A partir daí continua-se diretamente em frente em direção ao Absoluto. O que nós vemos é que o desenvolvimento espiritual acontece muito mais amiúde através da regressão: traz-se toda a consciência para a infância e daí para os períodos do nascimento e pré-natal. Isso leva ao renascimento psicoespiritual, que é um passo crítico na jornada espiritual. E então o processo regressivo chega cada vez mais longe em direção ao inconsciente coletivo e descobre-se o reino cármico, a dimensão da reencarnação. Deste modo, o desenvolvimento espiritual tem a forma de uma espiral. Ken considera a consciência perinatal simplesmente como a primitiva consciência fetal embrionária, enquanto que eu a vejo como algo muito mais complexo. Inclui uma dimensão transpessoal dormente que se torna manifesta quando se regressa ao nascimento. A compreensão que Ken Wilber tem do processo espiritual é realmente linear.

> *JE: Quando eu o entrevistei, Terence McKenna disse que a exploração pessoal da psique levada a cabo por ele não tendia a apoiar sua teoria das matrizes perinatais e que a maioria das pessoas que não ouviram falar de sua teoria provavelmente não poderia ter experiências que pudessem ser mapeadas para o seu sistema enquanto tomavam LSD.*[10] *Como você caracterizaria as diferenças entre o LSD e o psilocybin? Um tem efeito maior que o outro?*

---

10 Veja minha entrevista com Terence McKenna acima.

SG: Não, eu acho que as duas substâncias basicamente geram o mesmo espectro de experiências. Trabalhamos com os dois clinicamente e observamos experiências de nascimento em ambos. Eu não sei a que se deve a posição de Terence, visto que o domínio perinatal é uma parte muito importante da psique, o que é óbvio mesmo fora do ambiente da experimentação psicodélica. Depois que mudamos para o Método de Respiração Holotrópica ainda vemos as experiências perinatais diariamente nas pessoas. Se você olhar para a história da espiritualidade, o fenômeno da morte-renascimento é extremamente significativo. Considere a crise xamânica por exemplo: a viagem ao submundo onde o iniciado está sujeito a provações e aniquilamento e retorna à vida numa nova forma. Vê-se também as mesmas experiências nos rios púberes das culturas aborígines, onde a idéia é que meninos e meninas morrem e homens e mulheres nascem. Lê-se sobre isso na literatura cristã, também. Há uma discussão entre Nicodemus e Jesus no Novo Testamento em que Jesus fala sobre a necessidade de nascer novamente e Nicodemus não entende. Ele diz: "Olhe para mim – eu sou um homem grande e o pélvis da minha mãe é pequeno. Como posso nascer novamente?" E Jesus diz: "Bem, nós não estamos falando em nascer na carne. Estamos falando em nascer do espírito e da água." E no Hinduísmo tem-se o conceito de *dvija,* ser duas vezes nascido. E em toda história da psicologia junguiana, há uma tremenda ênfase na morte e no renascimento, a jornada noturna da alma, e assim por diante. Assim, não sei como ele pode dizer isso.

> *JE: Em* Beyond the Brain (Além do Cérebro) *você menciona rapidamente o trabalho de L. Ron Hubbard, o fundador da Cientologia, e você diz que há algumas similaridades entre o trabalho dele e o seu. O trabalho deste homem não é apenas uma paródia da psicologia elaborada para ganhar dinheiro?*

SG: Bem, para mim há dois aspectos diferentes. Ao contrário das outras psicoterapias verbais, a Cientologia tem algo que orienta o processo objetivamente. Ele usa o galvanoscópio, que mede objetivamente a intensidade do despertar emocional. Assim, quando os cientologistas executam o que é chamado de auditagem, os clientes estão segurando o galvanoscópio. Quando eles começam a conversar sobre alguma coisa que é emocionalmente relevante, a pessoa auditada recebe uma leitura. Assim, eles não perdem muito tempo em questões que são emocionalmente irrelevantes. Eles têm uma orientação objetiva, e usando esta orientação descobriram, por exemplo, que os traumas físicos são psicotraumas extremamente importantes. Isso é algo que não se encontra em nenhum dos outros sistemas exceto na Cientologia e no meu trabalho. Do mesmo modo, os cientologistas também enfatizam a importância do trauma do nascimento, porque a auditagem os levou diretamente ao trauma do nascimento. Eles também incluem experiências de vidas passadas. Isso é semelhante ao trabalho com estados não-ordinários porque os estados não-ordinários de consciência têm esta característica muito peculiar, por assim dizer; eles ativam material que tem uma forte carga emocional. Assim eles separam automaticamente o relevante do irrelevante.

Enquanto que se você trabalha com terapias verbais, temos muitas escolas diferentes, e cada escola tem um foco diferente, uma idéia diferente sobre como a psique trabalha e por que os sintomas estão lá. E cada escola lhe dá uma técnica terapêutica diferente. De modo que o que deve ser considerado relevante e o que é considerado irrelevante depende da ênfase das diferentes escolas. Para os freudianos é a sexualidade, para Adler são os sentimentos de inferioridade. Para Karen Horney são fatores sociais, para Reich é o conflito entre a biologia e a sociedade e assim por diante. Estes diferentes sistemas têm tendências teóricas diferentes e mesmo que o terapeuta esteja tentando ser indireto há uma sutil doutrinação e orientação pela filosofia da escola. Enquanto que, com um galvanoscópio há simplesmente uma orientação objetiva, como nos estados não-ordinários de consciência. O que a Cientologia faz como organização, como usa o seu sistema é outro assunto.

JE: Você menciona que as pessoas submetidas a estas seções holotrópicas ocasionalmente lembram-se do que parece ser vidas passadas. É possível que quando elas dizem ter memórias de vidas passadas durante estas sessões que elas estejam apenas usando a imaginação para inventar estes cenários?

SG: Não, eu não acho. Sabe, esta foi a minha atitude original como freudiano. Eu estava sempre tentando ver estas experiências de vidas passadas como fantasias que de algum modo eram elaborações de algo na biografia pós-natal. Agora eu vejo estes fenômenos de vidas passadas como um tipo muito autêntico de fenômeno *sui generis*. Mas eu separaria a fenomenologia destas experiências do problema de se vivemos antes como unidades separadas de consciência.

É uma categoria de experiências muito importante que você verá mesmo em pessoas que não acreditam em reencarnação. Estas experiências as leva a outro século, outro país, onde elas de repente se identificam como protagonistas, e têm um senso pessoal de lembrança: "Uma vez fui aquela pessoa; esta não é a primeira vez que isso está acontecendo comigo." Se você estuda estes tipos de experiências, descobrirá que as pessoas freqüentemente trazem informação muito esotérica sobre o tempo e a cultura que estão vivenciando, em termos de compreender muito sobre os costumes, a arquitetura, as armas, a estrutura social, etc. – e às vezes até mesmo detalhes de eventos históricos. De vez em quando se pode realmente verificar essa informação pelo estudo independente de arquivos.[11]

Outra coisa que é bastante extraordinária é que elas descobrem, tipicamente, certos aspectos destas experiências que explicam várias desordens emocionais e psicossomáticas que tenham no presente. E quando completam a experiência, estes problemas emocionais e psicossomáticos desaparecem. Pode também haver correção de alguns problemas nas relações interpessoais.

Às vezes as pessoas acham que os outros protagonistas naquela experiência são pessoas de sua vida presente com quem elas têm algum tipo de problema. E quando terminam a experiência, o relacionamento parece clarear para ambos os lados, o que é fascinante. Às vezes coisas sincronicamente poderosas acontecem ao mesmo tempo na vida da outra pessoa, de modo que quando se encontram é numa plataforma completamente diferente.

Assim, todos esses são fatos que dizem respeito a experiências de vidas passadas. Isso não prova necessariamente que vivemos antes como unidades separadas de consciência. Por exemplo, o elevado ensinamento hindu tem a idéia de que acreditar na continuidade do indivíduo através de muitas vidas é uma interpretação popular de nível muito baixo acerca deste tipo de fenômenos cármicos. O ensinamento mais elevado diz que há apenas uma entidade que reencarna, que é *Brahman*. Não há quaisquer fronteiras absolutas no universo. Se temos uma história que tenha mais de um protagonista, ainda estamos sob a influência de *maya*, a ilusão do mundo.

Há uma abordagem diferente sobre a qual você provavelmente já deve ter ouvido falar. É o estudo de memórias de vidas passadas de crianças entre os três e cinco anos de idade. Ian Stevenson publicou

---

[11] Grof foi hipnotizado e de fato lembrou-se de sua última vida como monge russo. Para seu relato destas experiências veja *The Holotropic Mind* (1992), pp. 128-131.

vários livros sobre isso, e o seu último acaba de ser editado. Discute especificamente o problema de sinais de nascença reveladores. Ele encontrou muitos casos nos quais a criança se lembra de uma vida passada em outra cidade e descreve as circunstâncias da morte. A criança carrega o sinal de nascimento nos lugares onde a pessoa foi ferida na vida passada. E quando encontram a cidade e a pessoa de quem a criança está falando, descobre que aquela pessoa foi realmente morta do modo como se reflete nos sinais de nascença na criança.[12]

JE: Você trabalhou muito com o astrólogo Richard Tarnas ao longo dos anos. O fato sugere que a arquetipologia dos planetas Netuno, Saturno, Plutão e Urano corresponde às quatro matrizes perinatais. Que tipo de relacionamento você acha que estes planetas poderiam ter para as matrizes?

SG: Estas correlações são realmente surpreendentes. Eu acredito que a razão por que tantas pessoas têm dificuldade em levar a astrologia a sério é que elas estão tentando abordá-la usando o pensamento comum que é característico da ciência materialista. O que as pessoas crêem que os astrólogos estão dizendo é que os planetas *causam* alguma coisa, têm uma influência material sobre nossas psiques e sobre os eventos do mundo externo. Eu me lembro de ter falado sobre isso com Carl Sagan e ele disse: "Isso é tolice. Aqui de pé ao seu lado, eu tenho mais influência sobre você do que Plutão." Você sabe disso, pensando em termos de atração gravitacional e mecanismos semelhantes. Não é desta maneira que o assunto deve ser entendido.

O que nós descobrimos empiricamente é que quando as pessoas passam por experiências das quatro matrizes consecutivas, as experiências são idênticas ao que está descrito nos manuais de astrologia como arquétipos planetários. Assim a primeira matriz leva características netunianas, a segunda é saturnina, a terceira plutoniana e a quarta, uraniana. Mas verdadeiramente surpreendente foi descobrirmos que as pessoas realmente passam por experiências daquelas matrizes quando têm trânsitos importantes destes planetas correspondentes. Esses são simplesmente fatos de observação.

Se os bons astrólogos tentarem formular uma estrutura conceitual que leve isso em conta, a interpretação será sincronística e não causal. Apontará para um universo permeado por uma inteligência superior, construído sobre um tipo de grande plano ou projeto no qual os eventos

---

[12] Stevenson (1987).

do plano material estão correlacionados com os eventos no mundo arquetípico. E a dinâmica do mundo arquetípico está correlacionada com os movimentos dos planetas. Porque os planetas são tipos de sinais visíveis, podemos usá-los para inferir o que está ocorrendo no mundo arquetípico e, de lá, o que está ocorrendo em nosso mundo.

Você teria de fazer uma mudança muito radical na sua compreensão do universo. Em vez de vê-lo como um sistema mecânico que criou a si mesmo a partir de partículas em movimento, ele é um sistema num certo sentido vivo e consciente, baseado num plano maior elaborado pela consciência absoluta ou inteligência universal. Um tipo de compreensão que é muito similar aos sistemas espirituais das grandes tradições místicas do Oriente. É basicamente impossível apenas colocar a astrologia junto ao que Fritjof Capra chamou de "a visão materialista cartesiano-newtoniana do mundo."

JE: Você acha que as visões atuais do imaginário apocalíptico na arte e na cultura contemporâneas – incluindo fenômenos como Waco e Heaven's Gate e assim por diante – poderiam indicar que estamos sofrendo um processo de nascimento, que alguma nova fase de cultura ou mitologia está surgindo? [13]

SG: Eu tenho ouvido isso repetidamente de pessoas com quem tenho trabalhado, e eu mesmo tenho tido a experiência. Parece haver um tremendo paralelismo nos tipos de fenômenos com que uma pessoa se depara, particularmente no contexto da terceira matriz, entre o processo individual de transformação, de um lado, e os fenômenos que hoje vemos manifestados no mundo, de outro. Por exemplo, nós certamente vemos um aumento tremendo da violência. Se você olhar rapidamente para a situação deteriorante das cidades americanas, o aumento do crime e do terrorismo no mundo, não há dúvida que estamos testemunhando uma grande liberação do impulso agressivo. Também vemos a liberação do impulso sexual, tanto em seus aspectos positivos quanto negativos, em termos de liberdade sexual, sexualidade adolescente, liberação da homossexualidade e assim por diante, como também mercado de escravos sexuais, locais para encontros sadomasoquistas, e todo tipo de

---

13 "E assim toda cultura nova é estimulada em uma e com uma nova visão do mundo, isto é, um rápido relance da morte como o segredo do mundo perceptível. Foi quando a idéia do iminente fim do mundo se espalhou pela Europa Ocidental (por volta do ano 1000) que nasceu a alma faustiana desta religião." Veja Spengler (1926), p.167.

extremismo sexual. A mesma coisa se aplica ao elemento satânico. Há também a poluição, tanto a industrial como um tipo de poluição moral, se olharmos o cenário político, as práticas comerciais, etc.

Muitos destes fenômenos que vemos manifestados no mundo são alguma coisa que tipicamente encontramos no processo da transformação interior. Muitas pessoas sentem que estamos num tipo de competição crítica. Se continuarmos dando vazão a todos estes impulsos perigosos, nós, sem sombra de dúvida, nos destruiremos. Por outro lado, se conseguirmos internalizá-los em grande escala, podemos nos deslocar para um nível de evolução de consciência que seria sem precedentes. Terence McKenna tem esta frase interessante em um de seus livros: "A história do macaco engraçado acabou, de uma maneira ou de outra." Ou nós nos transformamos em algo diferente ou não vamos conseguir. Quando se olha para a história da humanidade, ela está cheia de agressão maligna, violência e ganância insaciável. E agora estas tendências tornaram-se incompatíveis com a vida. As armas de destruição em massa são simplesmente poderosas demais. De modo semelhante, a ganância insaciável tornou-se incompatível com a vida. Não podemos continuar saqueando as fontes de energia não-renováveis e transformando-as em poluição. Assim, todas essas tendências têm que mudar para que a vida possa continuar no planeta.

> *JE: O seu novo livro* The Cosmic Game (O Jogo Cósmico) *parece estar quase inteiramente focado nos temas transpessoais. Você poderia descrever sobre o que é este livro e o que levou você a escrevê-lo?*

SG: Foi no final dos anos sessenta que observei a ocorrência freqüente de fenômenos místicos e espirituais nas sessões psicodélicas. Passei algum tempo analisando mais de 5.000 protocolos das sessões de LSD, especificamente observando episódios onde as pessoas estavam lidando com alguns problemas filosóficos, ontológicos, cosmológicos básicos. Fazendo perguntas tais como: Existe um Deus? Como é Deus? Qual é o princípio supremo do universo? Como é minha relação com Deus? O que é o tempo? O que é o espaço? O que é a causalidade? Como foi criado o universo? Existe Carma? O que se sabe sobre o bem e o mal? Estes tipos de perguntas.

Naquela época escrevi um trabalho intitulado *O LSD e o Jogo Cósmico: Esboço da Ontologia e da Cosmologia Psicodélica*. Fiquei impressionado quando analisei este material e descobri que todas as pessoas que tiveram estes tipos de experiências profundas metafísicas concordavam basicamente sobre um tipo de cosmologia superior. Não era apenas um emaranhado de alguns tipos de fantasias idiossincrático-psicóticas sobre o universo, mas era uma visão alternativa realmente compreensível da realidade que emergia desta pesquisa. Tornei-me ciente de como isso era similar ao que Aldous Huxley chamou "a filosofia perene"[14]. E então gradualmente concluí que esta visão era de modo crescente compatível com a nova descrição paradigmática do universo. E assim o livro novo basicamente descreve os *insights* filosóficos e metafísicos de estados não-ordinários, comparando-os com a filosofia perene, de um lado, e com o novo paradigma científico, de outro lado.

---

[14] Isto é, a Teosofia, a Sabedoria Divina, a Doutrina Secreta. (N. ed. bras.)

7 – Medicina

Deepak Chopra e a Ioga do Desejo

O Oriente tornou-se uma espécie de Meca para aqueles ocidentais em quem a fome da alma por proteína espiritual não é nem mitigada pelas lendas e fábulas da Bíblia nem satisfeita pelas equações dos *Principia* de Newton. T.S. Elliot, em sua obra-prima de 1922, *The Waste Land*, tinha em mente para a metáfora do seu título o cenário ateu da Europa industrializada, onde os pistons de aço e as precisas engrenagens planetárias de suas fábricas gigantescas estavam escurecendo o céu e envenenando as árvores de suas grandes florestas. A busca de um ideal feita por Elliot levou-o à Índia, onde ele encontrou nas páginas do *Brihadharanyaka Upanixade* o *ethos* espiritual de cooperação com os poderes superiores do universo como uma alternativa para o lema do Ocidente de "colocar a natureza na roda da tortura e arrancar-lhe os segredos." Nas décadas subseqüentes, uma porção significativa da *intelligentsia* ocidental – incluindo Carl Jung, Mircea Eliade, Arthur Koestler e outros – seguiram os passos de Elliot viajando para o Oriente. E como temos visto nas páginas deste livro, pelo menos três de seus protagonistas, Ralph Abraham, Rupert Sheldrake e Terence McKenna, tiveram experiências transformadoras enquanto lá residiam temporariamente.

Aliás, este romance com o Oriente tem-se desenrolado no Ocidente desde quando Alexandre o Grande invadiu a Índia em 327 a.C. Tendo acabado de conquistar os persas e somado o Egito à sua coleção, a história registra que ele e suas tropas marcharam para o vale do Indo, onde encontraram um grupo de velhos iogues nus queimando-se ao sol. Quando eles tiveram notícia de que os gregos estavam interessados em discutir filosofia, avisaram que ninguém vestido em roupas de batalha poderia aprender qualquer coisa deles, e a única saída era que os gregos estivessem dispostos a despir-se e sentar-se sobre as rochas escaldantes.

Mas um iogue de nome Kalanos gostou dos gregos e viajou com eles por um tempo, instruindo pessoalmente Alexandre nos mistérios da filosofia hindu, até a volta à Pérsia, onde Kalanos os surpreendeu anunciando-lhes sua intenção de queimar-se vivo como demonstração de seus ensinamentos. E assim os gregos lhe construíram uma enorme pira na qual ele subiu com grande cerimônia e enquanto o observavam, tocou fogo em si mesmo e sentou-se pacificamente em chamas. Assim começou o diálogo do Ocidente com o Oriente.

E embora o diálogo se tenha reduzido a um virtual monólogo durante a Idade Média, ele foi renovado com força especial no século dezoito quando os ingleses, seguindo os passos de Alexandre, estenderam o seu império de modo a incluir a Índia. Quando da época helenística, após a decadência do império de Alexandre, um período de vigoroso comércio de idéias foi iniciado. A supervisão das traduções dos clássicos indianos pelos ingleses foi recebida com satisfação por partes da *intelligentsia* ocidental. Goethe enaltecia a obra de Kalidasa enquanto Thoreau afastava-se para Walden Pond com Homero e o *Bhagavad-Gita.* E quando o grande filósofo alemão Arthur Schopenhauer pegou uma tradução francesa dos *Upanixades*, a obra-prima que saiu de suas mãos foi *The World as Will and Ideas (O Mundo Como Vontade e Representação),* foi uma grande síntese de Platão, Kant e da filosofia hindu. Isso trouxe um novo impulso para a corrente acadêmica do Ocidente, que se viu instantaneamente arrebatada pelos dois discípulos mais famosos de Schopenhauer, Wagner e Nietzsche[1], de onde a tocha foi

---

[1] Wagner pensara certa vez em compor uma ópera sobre a vida do Buda, enquanto o primeiro livro de Nietzsche, *The Birth of Tragedy*, muito deve a seus predecessores Wagner e Schopenhauer, particularmente quanto ao fato de terem ambos sido inspirados pelo Hinduísmo e Budismo. Nietzsche, é claro, depois também reverteu sua atitude quanto ao Oriente, cometendo os mesmos equívocos de ambos os seus mentores, simplificando excessivamente as doutrinas do Oriente e transformando-as em uma simples ética renunciativa do mundo. Mas diferentemente deles, Nietzsche dispensou o Oriente como coisa sem valor para aqueles que desejam abraçar a vida. É preciso que se diga que diferentemente de certos jornalistas de hoje em dia estes grandes filósofos do Ocidente podem ser desculpados por suas simplificações porque pouca coisa era conhecida sobre as complexidades do pensmento hindu e budista no século 19. Porém, os equívocos cometidos pelos editores da revista *What is Enlightenment?* em suas entrevistas e escassos comentários sobre Deepak Chopra não podem ser perdoados por conta da ignorância cultural do Ocidente. Os erros aqui são devidos à ignorância individual e à confiança indevida nos fluentes pacotes de Chopra que nos são passados pela mídia. Veja Hal Blacker (1997) p.39 e Susan Bridle (1997), p. 46-52.

passada adiante para Carl Jung, James Joyce e os ilustres estudiosos das conferências Eranos da Europa.

A história da contribuição de Deepak Chopra para este diálogo é bastante singular. Como ele conta em sua autobiografia, *Return of the Rishi (O Retorno do Rishi),* sua carreira como médico começou quando seu tio lhe explicou os mistérios da morte. Para horror de sua família, tinha sido descoberto que o seu tio era comunista, e embora isso manchasse a imagem que Chopra tinha do tio favorito de sua infância, ele ficou mesmo assim fascinado pelas explicações ateístas do seu tio sobre a morte. Apontando para o esqueleto enferrujado de um velho automóvel, ele explicou que a morte não era mais misteriosa que o que acontecia àquele automóvel à medida que o tempo o consumia em oxidação. Era a mesma coisa com o corpo, e não havia necessidade de qualquer conceito de uma alma ou uma pós-vida para compreender o que a ciência podia explicar bem facilmente, se se tivesse bastante estudo e ambição. Tem sido dito que idéias tais como a imortalidade da alma e a eternidade são inventadas para mitigar ansiedades sobre o fim inevitável da vida, mas no caso de Chopra, a idéia da morte parece tê-lo motivado a passar sua vida fazendo o que podia para prolongá-la da única maneira que a ciência permite: através do estudo e da prática da medicina ocidental.

De fato, a Índia em que Chopra cresceu estava numa transição turbulenta de colônia de um império para um moderno estado-nação, com sua indústria e políticas definidas em grande parte através dos modelos ocidentais, enquanto suas próprias tradições estavam desaparecendo na obscuridade do folclore e da superstição. O pai de Chopra, por exemplo, que foi treinado como médico sob supervisão inglesa, considerava a tradição médica hindu do *Ayurveda* praticada pela avó de Chopra como mero remédio caseiro e parte do passado supersticioso da Índia.

Assim Chopra decidiu tornar-se médico e passou por treinamento na Índia como endocrinologista. Ele aproveitou-se da falta de médicos durante a guerra do Vietnã para vir para os Estados Unidos e trabalhar nos hospitais de Boston. Por volta dos 35 anos, ele era chefe de pessoal do hospital *New England Memorial,* mas o seu estilo de vida estava centrado no álcool, cigarros e café, vícios que adotara como estratégias de luta na atmosfera de alta tensão nas salas de emergências de Boston. Mas então um encontro casual com um livro sobre Meditação Transcendental começou a lhe apontar outra vez na direção de suas tradições nativas. Chopra sempre pensara na meditação como algo estritamente para iogues prontos a renunciar ao mundo, mas a Meditação Transcendental falava de estresse e relaxamento. Ele começou a praticá-la todos os dias e logo estava livre de seus maus hábitos. Numa visita de volta à Índia com um amigo, ele encontrou um médico *ayurvédico* que o impressionou com sua habilidade em diagnosticar simplesmente tocando os pulsos daqueles que vinham consultá-lo. A capacidade dele fazer isso está realmente baseada numa tradição muito antiga de pensamento, comum tanto ao Oriente quanto ao Ocidente, que Aristóteles chamou "fisiognomonia", querendo dizer que o caráter interno ou a essência espiritual de uma pessoa torna-se visível na sua constituição física e no biorritmo.

O paradigma clássico para isso foi a medicina grega, que era baseada na teoria dos quatro humores, ou substâncias do corpo, que eram analogias fisiológicas dos quatro elementos, terra, ar, fogo e água. A predominância de um ou outro destes humores numa pessoa produzia um tipo de disposição psicológica, ou fleumática (água), colérica (fogo), ardente (ar), ou melancólica (terra). Os quatro humores, a bílis negra (terra), a bílis amarela (fogo), fleugma (água) e sangue (ar) constituíam a composição física do corpo, e quando estes humores entravam em desarmonia, resultava em doença somática ou fisiológica. Assim, a saúde era definida como a manutenção perfeitamente equilibrada dos humores, exatamente como todo o planeta estava constantemente tentando equilibrar-se através dos quatro elementos: o frio inverno era a tentativa da natureza de compensar o calor do verão, e assim por diante.

A *Ayurveda,* do mesmo modo, está baseada num conceito semelhante: há três *doshas* em vez de quatro humores, e a predominância de uma ou outra cria um tipo de corpo específico. As três *doshas – vata, kapha e pitta –* são contrapartidas microscópicas dos três *gunas* que compõem a substância de todas as coisas em diferentes proporções: *tamas*, ou "inércia," corresponde a *kapha*, um tipo metabólico de movimento lento; *rajas*, seu oposto, é "energia", o análogo de *vata*, ou tipo metabólico rápido; enquanto *sattva*, "pura claridade" é de certo modo análogo a *pitta*, que tende a produzir clareza de julgamento, e daí os tipos *pitta* nascerem geralmente como líderes natos. A saúde é definida como estado de equilíbrio, e a doença como um desequilíbrio das *doshas*, que podem ser influenciadas por dietas específicas, uma vez que todos os alimentos são compostos destas *doshas* (em suas formas de *gunas*).

Em 1987, Chopra publicou seu primeiro livro, *Creating Health (Criando Saúde)* que apresentava a sua síntese do *Ayurveda* e da medicina ocidental. A este seguiram-se em 1988 suas memórias pessoais, *Return of the Rishi (A Volta do Rishi)* e em 1989 o seu melhor livro, *Quantum Healing (A Cura Quântica),* que faz referência aos problemas maiores de fundir a ciência e a medicina ocidental com a metafísica oriental. É ainda a melhor introdução às suas idéias.

Em 1991, Chopra e o Maharishi Mahesh tiveram uma desavença acerca de um artigo que Chopra e outros dois médicos *ayurvédicos* publicaram no *Journal of the American Medical Association.* Chopra então escreveu o seu *bestseller: Ageless Body, Timeless Mind (Corpo Perene, Mente Eterna),* que elabora a sua teoria de que o envelhecimento é moldado em grande parte pelos preconceitos culturais e pode desse modo ser reprogramado, quando essas preconceitos são afastados. Após sua aparição como convidado no *Oprah Winfrey Show,* o seu livro vendeu 137.000 cópias no dia seguinte.

Segundo a revista *Newsweek,* as empresas de Chopra arrecadam cerca de 15 milhões de dólares por ano, tornando-o o guru mais rico de todos os tempos.[2] Talvez ele se tenha tornado o primeiro real guru multimídia, tendo saturado o mercado com dezenove livros, uma publicação mensal, fitas de vídeo, cassetes, CD-ROMs e produtos medicinais. Ele também viaja pelo mundo dando palestras e seminários ao preço de 25.000 dólares cada. Ele abriu uma nova clínica em La Jolla, Califórnia e planeja abrir várias outras. Ele escreveu um romance, *The Return of Merlin (A Volta de Merlin),* e no momento da entrevista que segue estava trabalhando em outro romance sobre a tradição mística judaica da Cabala. Detém também os direitos sobre duas obras para o cinema. *The Path to Love (O Caminho Para o Amor)* é o seu mais recente *bestseller,* mas há mais coisa por vir. Chopra tornou-se algo como uma instituição de um homem só.

Na verdade, deve ser dito que o valor da contribuição de Chopra ao diálogo Oriente-Ocidente é controverso. Artigos nas revistas *Newsweek* e *What is Enlightenment?,* por exemplo, o mostraram como uma serpente gananciosa vendedora de petróleo e pronta para ganhar mais um tostão empurrando aos ocidentais espiritualmente famintos versões consumistas da espiritualidade hindu.[3] O problema dessas cari-

---

[2] Leland e Power (1997), pp. 53-58.

[3] Bridle (1997), ibid.; Leland e Power (1997), ibid.

caturas é que elas não apenas descaracterizam a sinceridade de Chopra e o trabalho árduo que o tem levado a profundas percepções, mas também supersimplificam muito a enorme heterogeneidade da doutrina que é o legado da espiritualidade hindu. Deveria ser evidente para qualquer um que se dê ao trabalho de uma leitura completa, digamos, de *Philosophies of India (As Filosofias da Índia)* de Heinrich Zimmer, que a filosofia hindu, tanto quanto a filosofia ocidental, não pode ser reduzida a um simples ponto de vista. Ela é composta de várias escolas, há seitas em competição, e diferentes doutrinas com ênfases bastante específicas, onde nem todas estão baseadas na renúncia ao mundo. Aliás, a visão que Chopra tem do Vedanta como uma filosofia baseada na gratificação do desejo está longe de ser não-espiritual; constitui, antes, uma atualização das tradições de afirmação – *não* de renúncia – da vida de tais escolas de pensamento orientais embasadas pelo Budismo *Mahayana*, Carma Ioga, ou Tantra. Deveras, a máxima dessa última escola, "*bhoga* ('prazer físico') é Ioga", significa que a deliciosa participação nos prazeres do mundo pode envolver consciência espiritual uma vez que tudo é uma manifestação de *Brahman*, o Absoluto. A imersão no reino dos sentidos é espiritual se a consciência do participante está ciente desta dimensão metafísica.[4] E a percepção central do Budismo *Mahayana* é que a diferença postulada pelo próprio Buda, no sentido de que *nirvana* se *opõe* a *samsara* como libertação da escravidão, é falsa, já que a realização última da mais alta consciência transcende *todas* as dualidades, incluindo aquela postulada pela renúncia *versus* desejo. Como está escrito no texto do Budismo Tibetano, o *Madhyamika Sastra*: "O limite do nirvana é o limite do samsara. Entre os dois, não há a mínima diferença".[5]

E assim, poderemos julgar por nós mesmos o valor das contribuições de Chopra na entrevista que se segue.

JE: No seu livro Return of the Rishi (A Volta do Rishi) *você descreve como foi treinado na Índia como médico embora você não se tenha familiarizado com a abordagem tradicional*

---

[4] "O principal problema é – o que é *moksha?* É libertação do mundo? Ou é libertação da ignorância? Se for essa última e se *Atma* está no mundo, a libertação do mundo é supérflua e pode até representar uma noção errada sobre a natureza de *moksha* ... Se sabemos da imanência de *Atma-Brahma* em todas as coisas, então o que acontece se respondermos ao desejo? Eu estaria feliz de ficar louco de desejo, ao saber que ele é divino...". Veja Joseph Campbell (1995), pp. 171-172.

[5] Veja Campbell (1962) p. 351.

oriental da medicina até vir para a América. Você pode descrever como essa viagem do Oriente para o Ocidente e depois novamente de volta transformou a sua visão materialista do mundo numa visão espiritual?

DC: Eu fui treinado em Boston em medicina interna e neuroendocrinologia, que é o estudo da química do cérebro. Isso foi nos anos 70. E para mim tornou-se óbvio, enquanto fazia meus estudos, que havia esta nova fronteira muito excitante que fazia a interface tanto da consciência quanto da realidade material: o estudo dos neuropeptídeos, estes mensageiros materiais do espaço interior, se você os quiser chamar assim. Então me tornei consciente de que havia todo um corpo de conhecimento no Oriente que considerava a realidade material como subproduto ou epifenômeno da realidade não-material, que é a consciência. E havia a possibilidade de que a compreensão desta realidade não-material pudesse ter um papel na cura e na transformação, assim eu comecei a embarcar na minha própria viagem pessoal através do estudo da *Ayurveda* e da meditação.

Ao mesmo tempo, eu tinha os pés perfeitamente no chão com a compreensão da muito sofisticada química do cérebro – neuroquímica – e da fisiologia do cérebro. Assim, também comecei a estudar a fisiologia da meditação e retornei à Índia muitas vezes para estudar com os médicos *ayurvédicos*. A *Ayurveda* é parte de um corpo mais amplo de conhecimento chamado *Vedanta*, que é totalmente dedicado à transformação espiritual. Logo que tive intimidade com todo o arcabouço teórico da cura como tem sido articulada num corpo muito sadio de conhecimento durante vários milhares de anos na Índia, eu também imaginei que esta era apenas uma oportunidade para conhecer e explorar uma realidade e uma consciência ainda mais profunda que chamamos de espírito. Assim foi uma transformação muito gradual ao longo dos anos.

JE: Você mencionou que a visão do mundo científico ocidental surpreendentemente apóia a visão dos antigos sábios da Índia. Você poderia descrever alguns dos modos como a ciência ocidental apóia a espiritualidade oriental?

DC: Eu diria, depende de como você interpreta a ciência ocidental, porque há muitos cientistas no Ocidente que são puramente materialistas e podem não concordar com o que eu tenho a dizer. E ainda assim, à medida que adentramos os avanços mais recentes da física quântica, acho que somos incapazes de escapar da conclusão de que a natureza essencial do mundo material é que ele não é material, que a matéria essencial do universo é não-matéria. Mas esta não-matéria não é apenas não-matéria convencional. É um vazio que não é em si mesmo um vazio, mas a plenitude de informação e de energia. E se formos além da informação e da energia, é mais do que isso, é inteligência. E se é inteligência, então deve ser consciência.

Assim, a consciência torna-se matéria-prima da criação. A consciência concebe, governa, constrói e por fim torna-se a realidade física. Se você olhar para qualquer coisa que seja material, quer seja o meu corpo ou a mesa que está aqui diante de mim ou a cadeira na qual eu estou sentado, você pode reduzi-la a seus componentes essenciais, que são átomos; os átomos por sua vez são partículas que estão se movendo à velocidade do raio através de enormes espaços vazios; e, da mesma forma, essas partículas não são coisas materiais, elas são flutuações de energia e informação num enorme vazio. Vistos através dos olhos de um físico, esta cadeira e esta mesa e este corpo são proporcionalmente tão vazios quanto o espaço intergalático. Mesmo aquelas partículas que nós chamamos flutuações de energia e informação são realmente interseções de campos. São fantasmas matemáticos, provavelmente amplitudes.

Assim, de fato, estamos sendo enganados pelos nossos sentidos. Os sentidos nos dizem que há um mundo material lá fora. Mas o que realmente está lá fora é uma sopa quântica radicalmente ambígua e que flui incessantemente. E a magia ocorre em nossa percepção. De algum modo, através de nossos aparelhos sensoriais, nós decodificamos aquele campo de informação e energia em árvores, estrelas, corpos físicos e pensamentos. Mas na realidade, isso é semelhante à maneira como um aparelho de rádio capta um campo de informação e energia e cria daí uma sinfonia, ou um aparelho de televisão capta um campo de informação e energia e cria daí uma novela. Agora mesmo, o espaço ao meu redor tem toda essa infinita quantidade de energia e informação: aí estão todos os programas de rádio e todos os programas de televisão, todos os raios cósmicos, todas as microondas, todas as ondas de rádio, toda essa imensa quantidade de informação e energia está presente em cada milímetro cúbico de espaço em todo o universo.

Há uma imensa atividade no que nós vemos como coisa nenhuma. Realmente, o que nós vemos como um mundo material é menos de um bilionésimo de um bilionésimo de um bilionésimo dele e nós pensamos que é aí que a atividade está. A maior parte da atividade está no imanifestado, e o imanifestado não é apenas informação e energia, tem curvas de *feedback* de auto-referência. Alimenta-se de si próprio, e à medida que o faz cria laços. E isso é que é inteligência. A única diferença entre inteligência e informação comum é que a inteligência é a informação que tem a habilidade de se desenvolver, aprender de sua própria experiência, para realmente criar expressões de si mesma mais abstratas, mais flexíveis e portanto mais criativas. Desse modo começamos com o caos, e então, a partir daquela sopa caótica de inteligência, surge a ordem, e então novamente o caos e então a ordem. Este é o modo como se comporta a inteligência. Assim eu penso que a visão quântica dos cientistas e a visão sagrada dos *rishis* nos está levando essencialmente ao mesmo lugar.

JE: Você vê o campo quântico como igual ao Brahman *hindu, ou* Brahman *transcende até mesmo isso?* [6]

DC: *Brahman* transcende o campo quântico porque *Brahman* é inteligência e o campo quântico agora como o entendemos é definido como um *continuum* de amplitudes de probabilidades para eventos no espaço-tempo. Assim, há probabilidades já dentro do próprio campo. E *Brahman* está além disso, está além até mesmo do campo de probabilidade de pura potencialidade.

JE: Você articulou uma espécie de filosofia da realização de desejos através de toda sua obra. Por exemplo, você diz que "quando temos um desejo, as nossas mais leves intenções estão

---

[6] *Brahman* é a concepção hindu da realidade Absoluta, o terreno ontológico de ser do qual todas as formas do mundo são uma manifestação. *Brahman*, porém, é impenetrável, incognoscível e em última instância um mistério para o intelecto, embora possa ser experenciado no transe iogue em *samadhi*, no qual a mente é lançada além de todos os nomes, formas, visões e pares-de-opostos em uma experiência deste Um último que é o terreno de todo ser no espaço e no tempo. *Atman*, que muitas vezes é mal traduzido como "alma", é o terreno pessoal do mistério incorporado pelo indivíduo. *Brahman-atman* formam desse modo um par de conceitos – o mistério como macrocosmo subjacente ao universo e como microcosmo subjacente à alma humana – que deve ser transcendido pela experiência não-dual do *samadhi*, pelo qual os dois se tornam um, *brahmanatman*. Não é muito verdadeiro dizer-se, porém, que não se pode atribuir predicados a *Brahman*, pois sua raiz etimológica é o prefixo *brh* – que significa "energia." Algumas escolas, no entanto, atribuem três predicados a *Brahman*, conhecido como *sat*, *cit*, *ananda*. *Sat* é o "ser," *cit* é a "consciência," e *ananda* é o "êxtase."

se agitando através do universo no nível quântico. Você pode explicar como os nossos desejos são realizados ou frustrados através de seus relacionamentos com o campo quântico?

DC: Sim, eu vejo o desejo, ou a intenção, como uma força da natureza, da mesma forma como a gravidade é uma força da natureza, ou o eletromagnetismo é uma força da natureza. Nos tempos de Darwin, havia um cientista de nome Lamarck que era desacreditado por seus contemporâneos, mas foi ele provavelmente o primeiro a sugerir que os organismos biológicos organizam seu comportamento segundo sua intenção. Para dizer isso de modo mais simples: uma girafa tem pescoço comprido porque pretende alcançar o alto daquela árvore para comer aquela folha. Um camelo tem uma corcova porque o campo quântico ou a consciência que experimentamos como a expressão material chamada "camelo" tem realmente a intenção de navegar pelo deserto durante sete dias sem água, por isso desenvolve uma corcova. E uma ave sabe como voar porque pretende fazê-lo. O organismo biológico cria as asas. Um papagaio tem um cérebro que é menor que um terço da unha do dedo da minha mão e não tem quase nenhuma corda vocal e tem como boca um bico, mas pode simular a linguagem humana e pode aprender a falar. Como isso acontece? Se eu fosse um cientista tentando estudar a mecânica da coisa, isso poderia custar-me toda a vida e, no entanto, com a idéia da intenção, a biologia organizará os fatos. E você pode estudar muitas outras coisas: os hábitos migratórios das borboletas monarcas, como os pombos-correio retornam aos locais de procriação, etc.

Assim, parece que o princípio por detrás da intenção é que se ela estiver estruturada a partir do nível mais básico no campo – e o campo é *Brahman,* ou você pode chamá-lo de campo unificado ou o que está além do campo quântico – então a intenção organiza a sua própria realização. Há uma expressão que aprendi quando criança na Índia, e que é dos Vedas: "a intenção, estruturada em *Brahman,* tem infinito poder de organização." Esse ensinamento também está no *Bhagavad-Gita* quando Sri Krishna diz a Arjuna, "estabelecido na Ioga, execute a ação." O que Ele está dizendo é que, se a sua intenção é daquele nível – o que significa que não está obscurecido pelo ego e que você também está desapegado do resultado – então aquela intenção assume o poder do próprio campo porque é mais uma intenção universal do que uma intenção pessoal.

Assim, quando aplicada à nossa própria vida pessoal, a intenção – ou desejo – torna-se muito poderosa. primeiro, quando vem de um nível de profundo silêncio; segundo, quando não há ego envolvido; terceiro, quando há submissão ao mistério do universo; quarto, quando há desapego do resultado; quinto, quando há comunhão com a inteligência do universo; e sexto, quando há uma atitude de não-resistência. Agora, estes são basicamente os atributos da intenção no campo, mas não é uma intenção motivada pelo ego, guiada pela ambição. Se dessa dinâmica surgem nossos desejos pessoais, eles serão realizados com muito mais facilidade e muito menos ansiedade.

Acreditamos que a realização do desejo se dá sempre através da ambição, de planos severos, trabalho duro e disciplina, o que, certamente, resulta em realização, mas também traz junto consigo a hipertensão, ataques cardíacos, derrames, malignidade, divórcio, comportamentos baseados em dependência, etc, etc. Uma vez que você esteja no caminho espiritual, então, o que acontece é que, devido ao fato de que o espírito é um domínio da percepção onde vivenciamos nossa universalidade, então, automaticamente, a intenção torna-se menos pessoal e mais universal, para que o diálogo interno mude de "o que eu ganho com isso?" para "como posso ajudar?"

JE: Muitas pessoas no Ocidente entendem que a filosofia oriental envolve uma renúncia ao desejo. Estaremos entendendo mal, no Ocidente, as idéias orientais?

DC: Não necessariamente. Depende de quem está interpretando. Se você ler os escritos de Gautama Buda, ele diz basicamente: "No caminho da auto-iluminação, a nada devo prender-me como sendo eu ou meu." Agora, depende de como você interpreta a coisa. Você pode interpretar como renúncia. Mas eu conheço muitos monges que vivem em mosteiros e eles não abriram mão de nada. Estão lendo a revista *Playboy*. Assim o verdadeiro desapego nada tem a ver com o fato de se você vive num mosteiro ou num castelo. O verdadeiro desapego é na consciência. A sua atitude de renúncia é que você está desapegado do resultado, que você se submeteu ao mistério do universo. E eu também acredito que quando uma pessoa entende isso, então a renúncia é um subproduto, um resultado, e não um meio.

Você vê, se eu estou no caminho espiritual e estou vivenciando a minha universalidade, a minha alegria, a minha capacidade de experimentar alegria e levá-la aos outros, então estou experimentando a minha habilidade de amar e ter compaixão. Estou vivenciando a segurança de saber que eu tenho um sentido de conexão com o poder criador do universo. Se estou vivenciando em algum nível profundo o fato de que a minha vida tem significado e propósito, e ao mesmo tempo os meus desejos estão sendo espontaneamente realizados, então estou automaticamente pronto para a renúncia. A renúncia é um subproduto da vivência. Mas se eu começo logo com a renúncia, vou apenas ficar frustrado. Há uma prece de Santo Agostinho: "Senhor, dai-me a castidade. Dai-me continência. Mas não agora."

JE: Você diz que nós fazemos as coisas acontecerem embora pareça que elas estão acontecendo para nós. Isso também se aplica a ficar doente? Nós nos tornamos doentes?

DC: Nós participamos em tudo que acontece conosco, inclusive nossa doença, inclusive nosso bem-estar. Não podemos ter um sem ter o outro. A palavra "responsabilidade" literalmente significa "a habilidade de ter uma resposta." E a minha definição de responsabilidade, que aprendi quando criança, é a habilidade de ter uma resposta criativa para um desafio. Embora a maioria de nós em qualquer situação responda com uma resposta conservadora, ou uma resposta reativa, nós temos outras respostas implantadas no nosso sistema nervoso: a resposta intuitiva, a resposta criativa, a resposta visionária e a resposta sagrada. De modo que a qualquer momento de nossas vidas, temos a habilidade de fazer estas escolhas. E são estas escolhas que finalmente levam à experiência da saúde ou da doença.

Assim, quando adoecemos, ou quando algo acontece conosco, é importante nos perguntarmos: "Qual a minha contribuição para este processo?" Essa é a única coisa que eu posso mudar. Se fumo cigarros, isso é algo que eu posso mudar na minha doença. Por outro lado, posso estar pegando câncer não porque fumo cigarros, mas porque todos os outros ao meu redor fumam e o ambiente está completamente contaminado. Bem, mesmo aí, eu tenho algum grau de participação. Eu tenho a escolha de estar naquele ambiente ou não. Poderíamos dizer, que tal esta criança que nasceu e que após dois anos adquire leucemia? Bem, no esquema do Vedanta, a vida não é espremida para dentro do volume de um corpo ou do período de uma vida na terra. Atravessa a eternidade. E se você entende isso, então você está querendo se reconciliar com algumas das confusões e aflições que advêm do fato de não compreender completamente o mistério do carma. Há uma expressão nos *Upanixades* que diz, "impenetráveis são os mistérios do carma." Assim, nós não sabemos realmente quais são as respostas verdadeiras. Mas à medida que desenvolvermos mais a percepção e pararmos de olhar a vida como apenas uma doença sexualmente transmitida, temporária e incurável, mas como algo muito maior, então teremos um senso de paz em relação a algumas das coisas que não compreendemos.

JE: Você descreveu a abordagem da indústria médica ao tratamento de doenças como a "abordagem da bala mágica." Você pode caracterizar esta abordagem e o que há de errado com ela?

DC: Eu acho que a abordagem médica é muito eficiente. Se eu tenho pneumonia, então o antibiótico apropriado pode salvar a minha vida. Se quebrasse a perna, não acredito que deveria recorrer imediatamente a algum tipo de tratamento à base de ervas. A medicina tem salvo milhões de vidas e continua a fazê-lo, e ainda assim transformou os médicos em técnicos soberbos que sabem tudo sobre o corpo humano e nada sobre a alma humana.

Deste modo, a medicina perdeu sua própria alma. Este é o maior problema da abordagem técnica da medicina moderna. A bala mágica interfere com o mecanismo das doenças, mas não vai à origem da doença, ou à origem da saúde. Assim, você pode interferir com o mecanismo da doença e pode livrar-se da doença em pouco tempo. Se você conhece o mecanismo de como as bactérias se multiplicam e interfere com ele, pode livrar-se da infecção. Mas então se você continua a usar estes antibióticos e especialmente se você o faz indiscriminadamente, então você termina com uma infecção resistente a antibióticos. E nesse momento, este é o maior problema da medicina: infecções perigosas que estão sendo contraídas somente em hospitais e literalmente centenas de milhares de pessoas estão morrendo destas infecções. É devastador, e ninguém sabe como tratá-las. Aliás, há uma grande preocupação na medicina com o fato de que nós tenhamos criado estes organismos monstruosos que são assassinos e não saibamos como lidar com eles. A causa número um de dependência a drogas no mundo não é as drogas de rua mas as receitas que são prescritas por médicos. Trinta a quarenta por cento das pessoas em hospitais sofrem de doença medicamentosa contraída nos hospitais ou como resultado de uma prescrição.

Eu li um artigo no *Journal of the American Medical Association* que revelava que se você contasse todas as mortes em hospitais a partir de acidentes médicos, seria equivalente ao desastre com três jumbos, dia sim, dia não. Isso é muito assustador. Mas por outro lado, a medicina é útil, também. Você não pode dizer que não seja. Mas o que esquecemos é que há uma diferença entre tratamento e cura. A palavra *healing,* "cura", está relacionada com as palavras *holy,* que significa "sagrado", e *whole,* que significa "íntegro, inteiro". Isso significa que se você realmente quer curar alguém, você tem que curar todo o ambiente da pessoa. Tem que curar o seu corpo físico. Tem que curar sua vida emocional. Tem que lhe dar uma experiência espiritual; de outro modo, você não está se dedicando ao ser como um todo. Há um contexto para tudo. Dez pessoas podem ser expostas a um vírus e nem todas contraem a infecção. Cem pessoas são expostas a um carcinógeno; nem todas contraem câncer. Assim, temos uma abordagem muito mecanicista tanto para a doença quanto para o seu tratamento, uma abordagem baseada numa visão incompleta do mundo.

> *JE: Em* Ageless Body, Timeless Mind (Corpo Perene, Mente Eterna), *você vê o envelhecimento não como uma constante biológica, mas como uma constante do condicionamento social. Você pode explicar isso?*

DC: Antes de mais nada, devemos compreender que toda a dinâmica do envelhecimento tem mudado através dos séculos. No Império Romano, a idade média de um ser humano era de 28 anos. No início do século vinte, a idade média de um ser humano era de 49 anos. Hoje em dia, o segmento que mais cresce da população norte-americana vive além dos 90 anos de idade. Assim, estamos vendo uma expressão completamente diferente do envelhecimento. As pessoas com 70 e 80 anos hoje não são as mesmas que há uma geração, de outro modo John Glenn não poderia ter sido capaz de voltar ao espaço, como ele fez. Assim assistimos a uma expressão biológica diferente do envelhecimento.

Há um excelente estudo de Ellen Langer, da Universidade de Harvard, mostrando que as nossas expectativas em relação ao que nos acontece influenciam a biologia do envelhecimento. Ellen fez uma experiência nos anos oitenta, levando pessoas a um mosteiro fora de Boston e fazendo-as agir como se estivessem vivendo há trinta anos. E todos os estímulos sensórios repetiam a experiência de 30 anos atrás, incluindo a música, com Elvis Presley, *rock and roll,* automóveis Chevrolet Impalas, filmes de Alfred Hitchcock. Elas usavam etiquetas com fotos de trinta anos atrás, e ela dizia, "ajam como vocês agiam há trinta anos", e então media as marcações biológicas e descobria que haviam revertido dramaticamente em três semanas. Assim, se a sua expectativa é aposentar-se aos 65 anos e tornar-se um inútil, e por isso espera passar todo o seu tempo na Flórida espreguiçando-se num asilo, isso se transforma em uma profecia que realiza a si mesma.

Outras pessoas, incluindo Alexander Lee, de Harvard, estudaram o envelhecimento das populações em outras culturas, na Abkhasia e na Geórgia, na Rússia, e descobriram que nestas culturas ficar velho é considerado quase como encantador. Assim, se você perguntar a alguma dessas pessoas que idade ela tem, ela irá exagerar na idade porque envelhecer é considerado encantador. Você é honrado, é venerado, é respeitado, lhe dão mais responsabilidade, e assim você é a pessoa mais importante na sociedade. E toda essa afetação, adulação, respeito e atenção de algum modo influencia a sua biologia para que você tenha uma resposta biológica completamente diferente. Eu acho que foi Nietzsche quem disse que nós vivemos com a idéia de que pensamos, mas na maior parte do tempo estamos sendo pensados. Assim, se a mente coletiva diz, "é assim que você envelhece", então é assim que você envelhece. Se a mente coletiva diz, "não, não é assim que você envelhece," então você envelhece de modo diferente.

JE: Você não está dizendo, está, que é possível para nós nos tornarmos fisicamente imortais?

DC: Eu não sei a resposta para essa pergunta. Eu definitivamente diria que não é *desejável* tornar-se fisicamente imortal. Poderíamos estar condenados à senilidade eterna. Mas eu não sei quais são os limites do envelhecimento humano. Como eu disse, hoje em dia, o segmento que cresce mais rapidamente da população tem 90 anos ou mais. A ciência de hoje diz que você pode viver até os 120 anos na ausência de doença, e de fato há casos documentados de pessoas vivendo até os 121 anos.[7] A doença não é necessariamente um acessório do envelhecimento. Você pode ter 90 anos e ter artrite, enquanto outros não têm. Algumas pessoas terão doença em artérias e coronárias e outras não. Assim você pode estar mais freqüentemente predisposto a doenças à medida que envelhece, mas a doença não é necessariamente um acessório. É isso que está acontecendo agora, dado o *status* nutricional e condições ambientais. Mas se você me dissesse há cinqüenta anos que as

---

[7] O caso de maior longevidade de que se tem conhecimento no Ocidente é o de Thomas Parr, que nasceu em 1483 e morreu em 1635 com a idade de 152 anos! Com a idade de 130, dizia-se que ele debulhava milho.

pessoas viveriam até os 90 ou 100 anos com uma certa freqüência nos anos 1990, eu teria dito, "você está louco." Assim, eu não sei o que nos aguarda no futuro.

JE: Numa outra entrevista, você uma vez disse que se pudéssemos retirar a religião da face da terra todos nós seríamos pessoas muito mais felizes e nos tornaríamos realmente espirituais no verdadeiro sentido. Você poderia elucidar isso para mim?

DC: Deus deu a verdade aos seres humanos e o diabo veio e disse, "eu organizarei essa coisa para você e nós a chamaremos de religião." Na organização da espiritualidade nós temos a perda da verdade. Se você contar o número de guerras e todas as pessoas que foram mortas em nome de Deus. ... Tem acontecido desde antes das Cruzadas; hoje na Bósnia, em Sri Lanka, e até mesmo budistas, e hindus, que se supõe que sejam pessoas não-violentas, tornam-se extremamente violentos quando se tornam religiosos no sentido fundamental – porque esse tipo de religião alimenta a noção de que a minha visão de Deus e a minha visão do divino é o único ponto de vista verdadeiro. E essa é a contradição: a verdadeira espiritualidade é um domínio de percepção que é universal.

Eu passei minhas férias de Natal no país islâmico do Marrocos, que é um país muito tranqüilo e bonito, com belas mesquitas e pessoas muito espiritualizadas. Depois passei meses estudando o Alcorão, que é todo sobre o *Velho Testamento* e todo sobre Cristo. Maomé é um profeta posterior. Noventa por cento do Alcorão fala sobre Abraão, Isaac, Ismael e Jesus Cristo. Fala sobre a ressurreição. Assim, onde está a contenda? Onde está o conflito? É uma rixa de família. Já foi dito que o homem foi criado à imagem de Deus; eu creio que é o contrário, Deus é criado à imagem do homem. E todos nós temos a nossa própria versão Dele ou Dela. Por outro lado, a espiritualidade é um domínio de percepção. Nada tem a ver nem mesmo com a filosofia ou um ponto de vista. É *todos* os pontos de vista. É tolerância, é perdão, é amor, é compaixão. É a habilidade de se conectar com a alma de outra pessoa.

8 – História

Pontes Entre Mundos: Wiliam Irwin Thompson e a Imaginação da Cultura

Uma das preocupações primárias de William Irwin Thompson ao longo de toda sua carreira tem sido o modo como a imaginação humana cria a "realidade" histórica. Narrativas da evolução humana c cósmica são tão velhas quanto o mito, e mesmo a historiografia é pelo menos tão antiga quanto Zoroastro, que imaginou o drama do cosmo desdobrando-se em três atos: a queda primordial da Luz nas Trevas foi seguida pela chegada de Zoroastro no palco da história, e no final dos tempos, o Grande Homem, Saoshyant, viria restaurar a Luz ao seu estado de pureza original. Este esquema triplo reencarnou-se na imaginação de Agostinho, Joaquim de Floris e mesmo no esteticista alemão Lessing, mas tem sido o contraponto ao mito quaternário muito mais antigo do Eterno Retorno, como articulado, por exemplo, no ciclo de Hesíodo das Quatro Idades do Homem. Foi esta espécie clássica da idéia cíclica que migrou para a imaginação do grande filósofo italiano do século dezoito Giambatista Vico em seu ciclo quádruplo de Deuses, Heróis, Homens, e Caos. Estas quatro grandes vértebras, então, se transformaram no esqueleto do clássico purânico *Finnegan's Wake (O Despertar de Finnegan)* de Joyce, que foi publicado em 1939. Goethe pegara a idéia de Vico, e em seu trabalho de 1817 intitulado *Epochs of the Spiri*t *(Épocas do Espírito),* designara os quatro estágios de cultura como o Poético, Teológico, Filosófico, e Prosaico.[1] Oswald Spengler, então, em sua obra-prima de

---

[1] Sobre o curto ensaio de Goethe veja Campbell (1968), pp.378-79.

1918 *The Decline of the West (A Decadência do Ocidente)* ampliou o livreto de Goethe fazendo uma magna obra operática de história da cultura, a que Arnold Toynbee, em *A Study of History (Um Estudo da História)* respondeu com a igualmente brilhante versão inglesa da ascensão e queda das civilizações.

Agora, o ponto onde o tronco desta grande árvore da historiografia bifurca na filosofia da evolução da consciência é a publicação em 1949 do primeiro volume do *Ever Present Origin (A Origem Sempre Presente)* de Jean Gebser.[2] Gebser pega de onde Spengler largou, vendo na desintegração do mundo moderno durante o século dezenove não apenas a decadência, mas a gênese de toda uma nova estrutura da consciência humana, a que Gebser deu o nome de "Aperspectiva." Mas esta transformação da consciência, com sua mudança desde o Espaço Perspectivo da Renascença – no qual um mundo de três dimensões foi criado pelo olho humano – para uma mudança de Aperspectividade – na qual o espaço tridimensional foi relativizado para um contexto maior de múltiplos espaços, múltiplos tempos, múltiplos pontos de vista – tem muito em comum com a observação de Marshall McLuhan da mudança da Galáxia de Gutenberg desde a capacidade de ler e escrever o que está impresso e da mecânica, até a criação da cultura eletrônica. Esta nova cultura, com o seu senso de "tudo ao mesmo tempo", despedaçou com-

---

2 A obra máxima de Sri Aurobindo *Life Divine* foi publicada no mesmo ano, que, incrível como possa parecer, *Origins and History of Consciousness* de Erich Neumann e o clássico de Joseph Campbell *The Hero with a Thousand Faces*. Carl Jung ao ler estes dois últimos subsídios à sua obra, viu-se então forçado a revisar seu livro de 1912 *Psychology of the Unconscious*, o qual ele depois publicou em 1952 como *Symbols of Transformation*. *O Fenômeno Humano*, de Teilhard de Chardin, apareceu postumamente em 1955, embora a maior parte do manuscrito tivesse sido completada por volta de 1938. A obra de Gebser explica apenas aqueles níveis de consciência que dizem respeito à "noosfera" de Chardin e assim o livro de Chardin, que cobre o desabrochar do cosmo, é mais compreensível, embora menos detalhado. Owen Barfield é menos lido hoje em dia, mas a sua obra ocupa a mesma categoria e forma o elo de volta a Rudolf Steiner, que o influenciou enormemente. Os dois primeiros livros de Barfield, *History in English Words* (1926) e *Poetic Diction* (1927) surgiram do ambiente inglês de Eliot, Tolkien e C.S. Lewis, que eram seus amigos, mas a obra de Barfield era radicalmente diferente da deles por ver a língua como um registro arqueológico da evolução da consciência. Seu próximo trabalho importante foi *Saving the Appearances* (1957). *Creative Evolution* (1907) de Bergson também não deve ser aqui esquecido, pois foi um dos primeiros esboços dos diferentes órgãos de percepção graças aos quais a consciência cresce por si própria à medida que evolui através da natureza.

pletamente o antigo sistema de grade linear da visão analítico-cartesiana do mundo.

É a partir desta tradição, então, de grande meta-narrativas históricas que a visão da cultura humana de William Irwin Thompson ganha inspiração. Ele é uma daquelas raras mentes, como Spengler ou Gebser, capazes de absorver todo o espectro da atividade cultural humana, e iluminar com a precisão do raio-X a morfologia da imaginação humana. A mente de Thompson habita o tal espaço Aperspectivo que Gebser articulou, em que ele muda ao redor de vários meios nos quais os homens imaginaram os grandes padrões da história com a aparente facilidade de mover ícones num MacIntosh. Na verdade, já nos tempos de estudante universitário ele estava habitando livremente este espaço, enquanto seus professores ainda estavam constrangidos pela miopia do Espaço Perspectivo. Como diz Thompson, "Eu tocava o meu próprio Vico," e "numas simples duzentas páginas de uma Tese de Honra de um estudante universitário que os meus professores desdenharam como a minha Summa Antropológico-Filosófica ... eu tentei mostrar que a evolução de estilos na estatuária grega antiga, na Arquitetura Maia Médio-Americana, e na poesia inglesa, todos revelavam o mesmo padrão estrutural."[3]

O primeiro livro de Thompson, *The Imagination of an Insurrection (A Imaginação de uma Insurreição)* (1967), num contraponto direto à sua Tese de Honra, se caracterizou por focar um único evento que aconteceu "numa semana numa cidade." Mas novamente, o tema principal do livro era "o papel da imaginação na construção da realidade histórica", cronologia do desdobrar da cultura irlandesa feita por Thompson através da restauração da mitologia celta nas décadas que precederam o famoso levante.

Durante este período, Thompson estivera ensinando inglês no MIT *(Massachusetts Institute of Technology),* mas, impacientando-se com o culto da instituição à tecnocracia e com o paradigma materialista que delineava seus princípios básicos, ele saiu e foi para o norte, para o Canadá, onde ensinou por algum tempo na *York University,* e em 1971 publicou *At the Edge of History (À Margem da História).* Neste livro, a inquietação de Thompson torna-se evidente quando ele vagueia de Los Angeles para Esalen e para o MIT, peneirando o detrito cultural das civilizações passadas da história em busca de indícios para a criação de sua própria mitologia.

---

[3] Veja Thompson (1989), p.134.

No seu livro seguinte, *Passages About Earth* (1973), Thompson articulou a visão daquela mitologia. O estabelecimento da instituição de contraposição em meados dos anos sessenta como uma alternativa ao sombrio seqüestro da universidade pela indústria da defesa, após a Segunda Grande Guerra, inspirou Thompson a assumir um tipo de *Volkerwanderung* (peregrinação) sobre a terra, visitando tantas dessas instituições quanto ele pôde. O resultado deste "afastamento e retorno" foi a criação de Lindisfarne por Thompson, uma comunidade internacional originalmente estabelecida em Southampton, Nova Iorque, onde as pessoas de todas as crenças podiam vir reconhecer o terreno comum, e no processo, cultivar habilidades ecológicas. Mais tarde Lindisfarne mudou-se para o Colorado, onde uma bela capela foi projetada por Thompson em colaboração com o geômetra Keith Critchlow, baseada nos princípios clássicos da geometria pitagórica. Mas, como Thompson escreveu depois num poema:

Nenhuma esposa e nenhum filho poderiam ficar
perto da estrutura proibitiva,
da tirania platonicamente absoluta,
apenas uma pequena equipe de homens solteiros,
cheios de desejo por abstrações masculinas
que os cegavam para o verdadeiro lixo
que se empilhava junto ao seu templo sagrado.[4]

O idealismo de Thompson pela Nova Era começou a se desintegrar quando ele entendeu que Lindisfarne, como um ímã cultural, atraíra cultura em demasia, pois uma série de conflitos ontológicos começaram a se lhe tornar evidentes nos vários projetos nos quais se envolvera. A sagrada escola de mistérios da geometria platônica, compreendeu Thompson, era elitista e reacionária, temerosa de abraçar as transformações da cultura moderna, embora interessada nos valores estéticos; enquanto isso, o conteúdo ecológico da contracultura, com suas preocupações com a eficiência energética e a reciclagem de resíduos era intensamente dramática, embora não muito sintonizada com a necessidade da alma pelas proporções harmônicas da geometria pitagórica. Este caleidoscópio de excesso cultural foi resolvido quando Thompson transferiu

[4] Veja "*The Quest for the Holy Grail,*" em Thompson (1997) p.103. Sobre o modo como Thompson elaborou isso veja o livro seu e de David Spengler *Reimagination of the World: A Critique of the New Age, Science and Popular Culture*. (1991), pp.3-9.

a capela para um grupo de monges Zen e depois foi-se embora, levando Lindisfarne com ele.

Durante estes anos, ao mesmo tempo, Thompson produziu um par de livros, *Evil and World Order (O Mal e a Ordem Mundial)* (1977), uma coleção de antigos ensaios, e *Darkness and Scattered Light: Four Talks on the Future (Trevas e Luz Dispersa: Diálogos sobre o Futuro)* (1978), uma meditação neo-maniqueísta sobre a tensão entre duas forças que ameaçam destruir nossa sociedade: uma através do gerenciamento burocrático – com sua obsessiva busca do poder através de sistemas de controle cada vez mais arrochantes – a outra através do caos manifesto em várias formas de terrorismo com o objetivo de desagregar os sistemas burocráticos. Depois, em 1981, Thompson publicou o que é considerado por muitos como a sua maior realização, *The Time Falling Bodies Take to Light (O Tempo que os Corpos em Queda Levam para Iluminar-se),* que foi baseado num ciclo de palestras proferidas em Lidisfarne em Manhattan em 1976, sobre a evolução da consciência através da história.

A mudança epistemológica na imaginação de Thompson – da estática visão do mundo do platonismo para a dinâmica da "morfologia processual", como ele a chama – está contida em dois livros que ele escreveu durante este período: o romance *Islands Out of Time: A Memoir of the Last Days of Atlantis (Ilhas Fora do Tempo: Uma Narrativa dos Últimos Dias da Atlândida)* (1985) e *Pacific Shift (Mudança Pacífica)* (1985). No último livro, ele inventou um novo mito para si mesmo, que talvez seja o seu melhor ensaio, "*The Four Cultural Ecologies of the West*" *(As Quatro Ecologias Culturais do Ocidente),* no qual ele imagina que a história da matemática, da literatura, e da ecologia sofreu quatro modificações básicas: da Aritmética Ribeirinha do mundo Sumério-Babilônico para a geometria platônica Mediterrâneo-Euclidiana; e da Atlântico-Caucasiana, ou dinâmica para a Planetário-Processual do Mundo Pós-Segunda Guerra. A mudança desde o estado-nação industrial, baseado na posse da terra – a criação econômica da terceira mentalidade – para Sociedade Planetária, com sua ênfase na ecologia, na biosfera, na atmosfera, e na teoria dos sistemas dinâmicos – a criação da Quarta mentalidade – é a transformação fundamental da cultura sobre a qual Thompson baseia toda a sua visão do mundo.

A essa altura Thompson refocaliza as energias de Lindisfarne para curar o cisma entre "as duas culturas" das ciências e das humanidades. Conseqüentemente, Lindisfarne tornou-se uma espécie de refúgio para cientistas dissidentes interessados em amplificar as dimensões de sua ciência com uma renovada ressonância espiritual. Um novo grupo de poetas, filósofos e cientistas começou a migrar para Lindisfarne. A obra-prima de Thompson, *Imaginary Landscape (Paisagem Imaginária)* (1989) celebra o renascimento de Lindisfarne neste período, e expressa sua gratidão aos cientistas James Lovelock, Francisco Varela, Lynn Margulis e Ralph Abraham, que o auxiliaram na criação da nova interface entre a ciência e a espiritualidade que se tem tornado o foco primário de Lindisfarne.

Em 1991, Thompson publicou dois de seus mais importantes – e divertidos – livros, *Reimagination of the World (A Reimaginação do Mundo)* com o co-autor David Spangler, e *The American Replacement of Nature (A Substituição Norte-americana da Natureza).* No primeiro, Thompson "lança um olhar frio" à Nova Era, provendo um olhar crítico muito necessário a um movimento que diz-se ser "novo" e ainda assim, de acordo com Thompson, contém muita coisa que é velha, muito velha; enquanto o último é uma crítica absolutamente histérica, ao estilo de Swift, do tipo de atitude norte-americana em relação à natureza que é perfeitamente expressada, por exemplo, nos comerciais de cerveja com norte-americanos gigantescos jogando voleibol sobre montanhas-miniaturas enquanto que macias latas prateadas de cerveja pairam sobre os eventos como divindades diretoras num jogo de bola entre os Maias.

O livro de Thompson *Coming Into Being (Vindo à Existência)* (1996), baseado numa série de palestras que ele deu em Nova Iorque na Catedral de São João o Divino, é ao mesmo tempo um resumo conciso da evolução da consciência humana e uma recapitulação dos principais estágios no desenvolvimento de sua trajetória de visionário. É um "resumo consciente" no qual todas as linhas de pensamento que preocupavam sua imaginação – mito, ciência, filosofia, antropologia e literatura – são tomadas e entremeadas numa tapeçaria de idéias vivas. Em 1977, ele publicou *Worlds Interpenetrating and Apart (Mundos Que se Interpenetram e Mundos à Parte)* uma coleção de poesias que ele tinha escrito desde 1959. No momento em que o entrevisto, ele está trabalhando num livro com o teórico do caos Ralph Abraham, intitulado *Bolts Out of the Blue: Art, Mathematics and the Evolution of Consciousness (Raios Inesperados: A Arte, a Matemática e a Evolução da Consciência).*

JE: Eu queria começar, se você não se incomoda, com o seu primeiro livro, The Imagination of an Insurrection (A Imaginação de uma Insurreição). *Ele parece ser algo atípico nos seus escritos, já que é uma narrativa específica de um simples evento histórico: a Rebelião da Páscoa na Irlanda em 1916. Eu estava pensando se você aceitaria conversar um pouco sobre como esse livro evoluiu na sua imaginação e o que o impeliu a escrevê-lo.*

WT: Bem, eu sempre quis ir à Irlanda, pois sendo norte-americano-irlandês eu tive – como têm muitos norte-americanos-irlandeses – um tipo de desejo por um cenário de fantasia de retornar ao velho solo e de encontrar uma cultura que possuía tradição e raízes e algo mais profundo do que as estradas da América do Norte, quando eu estava crescendo em Los Angeles. Desse modo, a Irlanda e o espírito celta em geral – especialmente os escritores celtas, como Yeats e Dylan Thomas – foram sempre os heróis de minha adolescência.

Quando eu era estudante universitário, escrevi uma longa tese de honra sobre filosofia da história, para desgosto de todos os meus professores, que acreditavam que se deveria fazer algo especializado apenas sobre um poema ou um escritor. Eu compus toda uma teoria da história cultural e toquei o meu próprio Vico e eles não gostaram. Tive que lutar muito contra eles para conseguir, já que eu estava me especializando simultaneamente em antropologia, filosofia e literatura inglesa. Assim, o livro representou para mim a junção de todos os fios das minhas três diferentes especializações. E depois, quando fui para a escola de pós-graduação – e ela era até mesmo mais intensamente especializada em Cornell – interessei-me em AE e Yeats e na Rebelião da Páscoa e seus diferentes poemas sobre ela. Produzi um longo trabalho escrito para Martin Adams em Cornell sobre o Levante da Páscoa, e então sugeri que havia ali material suficiente para uma dissertação de doutorado e eles disseram "OK," embora não houvesse lá ninguém especializado em estudos irlandeses. Adams realmente era apenas um estudioso de Joyce.

Então eu disse – porque eu já tinha publicado uma tese do tamanho de uma dissertação como estudante, e já tinha publicado um par de artigos – que eu queria pular todo o exercício de dissertação e apenas escrever um livro. Se fosse um livro erudito, você se arrastaria no Capítulo I por cerca de 200 páginas e muitas notas de rodapé. Então no seu primeiro ano como professor você teria que transformar todas aquelas 200 páginas em apenas um capítulo introdutório, e depois juntar todo o material restante para fazer um livro. Assim eu disse, "Por que simplesmente não pulamos este exercício, e eu simplesmente vou a Dublin e escrevo um livro?" Fiz isso, e o livro foi publicado sob as restrições acadêmicas, que exigem especialização. Eu estava interessado em combinar os estudos antropológicos de um movimento nativista, estudos históricos ingleses, e os estudos literários da Renascença Irlandesa, de um jeito que nenhum estudioso que eu conheço tinha combinado, ou sequer conhecido, aquelas áreas de estudo. E encontrei muita resistência dos acadêmicos especialistas: eles nutrem uma suspeita e um desprezo visceral por grandes idéias. Eles são basicamente funcionários dos correios: vivem numa burocracia, recebem opiniões carimbadas e então as passam adiante. Esse é o trabalho deles.

Assim, mesmo quando eu estava escrevendo o livro, o historiador irlandês do MIT, Emmer Larkin, no fim já não gostava de modo algum das minhas generalizações sobre a imaginação e a história. Ele disse com cáustico desprezo: "Se eu quisesse um 'Final Aberto' eu ouviria David Susskind" – um programa de entrevistas dos anos sessenta.

E eu disse: "De modo algum, eu fiz a pesquisa para me permitir o direito de fazer estas generalizações sobre a imaginação e a história. É nisso que eu estou interessado, e de qualquer maneira vou acrescentar isso ao trabalho". Ele realmente não gostava daquele tipo de coisa porque ele era historiador de estudos muito detalhados do papel da Igreja na Irlanda do século dezenove.

Mas a *Oxford University Press,* a editora, gostou do livro e o publicou como livro interno da universidade, e assim não foi um livro comercial. Tem muito em si de um trabalho de história, não de um trabalho que seria agora chamado não-ficção comercial. Isso foi antigamente quando eu era professor no MIT. Foi parte daquele período da minha vida.

> *JE: No seu livro seguinte,* At the Edge of History (À Margem da História), *você fala sobre a sua desilusão com a universidade. Você pode discutir como era a atmosfera intelectual no MIT dos anos sessenta?*

WT: Era extremamente polarizada entre os guerreiros da Segunda Grande Guerra, que acreditavam em modernizar o mundo através das corporações americanas, em soluções de alta tecnologia para todas as coisas, e estavam basicamente presos às ciências do comportamento e a um tipo de ciência política modernizadora; e de outro lado a Nova Esquerda, que estava inspirada pelo marxismo sob a liderança de Noam Chomsky e o diretor das divisões de Humanidades e Literatura, Louis Kampf. Eles eram basicamente os opositores diretos aos tecnocratas.

Eles eram tecnologistas que acreditavam na racionalidade tecnológica, e acreditavam que a filosofia e a ideologia simplesmente eram as superestruturas dos meios de produção, e que a realidade era econômica e tecnológica. Assim, de um modo ou de outro, você tinha uma escolha entre um materialismo de uma variedade ou de outra, e não havia nada que se parecesse com a tradição a que eu era atraído, que era expressada por poetas mais místicos como Yeats, Blake e Whitman, a capacidade do misticismo de credenciar o indivíduo para criar um tipo de visão democrática, especialmente com pessoas como Blake e Whitmann. Yeats era um pouco mais conservador, assim eu era atraído mais pela poesia de Yeats do que por sua política.

Basicamente, não havia qualquer espaço para o que eu queria fazer. E assim simplesmente decidi cair fora e fui para o Canadá. McLuhan estava em Toronto e Trudeau estava acabando de chegar, assim o Canadá não era mais o tipo de província sonolenta da Inglaterra esquecida pela América. Estava começando a tornar-se um lugar interessante, excitante a seu modo. E Toronto ainda é uma das minhas cidades preferidas.

JE: Você estudou com McLuhan por algum tempo?

WT: Não, absolutamente. Eu já era um professor assistente quando fui para Toronto e acho que já tinha publicado *At the Edge of History* quando conheci McLuhan. Eu tinha assistido uma palestra dele quando ele veio visitar o MIT, e eu, certamente, sempre tinha lido suas obras nos anos sessenta e as usara em todos os meus livros. Sempre gostei do seu estilo intelectual livre porque ele parecia ser capaz de viver uma vida intelectual imaginativa, mesmo no meio acadêmico. Assim ele era, nesse sentido, um modelo positivo. Mas jamais estudei com ele.

Depois, quando fui para sua Casa de Treinamento eu estava um pouco angustiado porque o local era como um templo com discípulos e seguidores. Eram todos cópias xerox de má qualidade dele, clones fracos. Eles realmente não estavam levando as suas idéias de modo imaginativo e trabalhando com elas de modo original do modo como eu pensava estar fazendo.

E você não podia, com pessoas como Bucky Fuller ou Joseph Campbell ou Marshall McLuhan, realmente estar junto a eles a não ser como discípulos beijando os seus anéis. E eu simplesmente não me sentia à vontade daquele modo, então pensei, bem, a melhor maneira de conseguir o melhor destes cavalheiros era estudá-los em meu escritório, e integrar o que eu considero valioso naquilo que escrevo, e simplesmente ignorar a personalidade e o ego, e a dinâmica egocêntrica de um culto de seguidores.

Assim eu fui para a Casa de Treinamento, e McLuhan ficou muito na defensiva e sentiu-se ameaçado por mim, porque um repórter dissera que o centro intelectual de Toronto tinha-se mudado do sul com McLuhan na Universidade de Toronto, para o norte da cidade, para a *York University,* comigo. Certamente, não era esse o modo como eu me sentia; aquilo fora apenas embalagem jornalística. Ele pensou que eu estava querendo derrubá-lo.

Fui para a Casa de Treinamento como um modo de homenageá-lo e disse, "não, o caso não é bem assim, esse é apenas um jornalista irresponsável, eu respeito o seu trabalho e eu não quero derrubá-lo". Mas ele era basicamente um indivíduo altamente autista: ele realmente não conseguia ouvir, ele só conseguia recitar – *brilhantemente* – os seus aforismos e *insights.* Sem dúvida ele era um gênio, e a mídia tende a exagerar essas coisas nas pessoas. Sempre que eu encontrava pessoas como Alan Watts ou Bucky Fuller ou Joseph Campbell – muito freqüentemente – a mídia exagerava os seus egos e os elevava a uma espécie de *status* de celebridade e desse modo eles não conseguiam ouvir ou trocar idéias e pensamentos. Eles só conseguiam rodar a fita que continha suas idéias gravadas. E essas coisas é melhor se conseguir simplesmente lendo-se um livro em vez de ficar rodeando a pessoa. E assim fui embora.

JE: Não foi por volta dessa época que você fundou Lindisfarne?

WT: Sim, eu estava ficando inquieto porque *York* estava tornando-se uma universidade *drive-in* suburbana, e basicamente estava tentando duplicar a visão tecnocrática da sociedade pós-industrial de que o MIT fora pioneiro. Assim, tirei licença e viajei ao redor do mundo – isso foi *Passages About Earth (Viagem em Volta da Terra)* – e procurava por alternativas, porque quando estava no Canadá fui a uma conferência de verão, e Ivan Illich fez o discurso de abertura. Ele era um orador *muito* carismático, um dos palestrantes mais carismáticos que já ouvi, realmente. Ele articulou toda a visão da instituição defensiva, e estabelecera o seu próprio Centro para Documentação Intercultural, em Cuernavaca

Assim, decidi visitar esses locais ao redor do mundo. Eu já tinha ido a Esalen em 1967 e ficara muito impressionado por Michael Murphy, que ainda tenho como um velho amigo do peito.[5] Eu decidi visitar Arcosanti e o Centro da Sabedoria Oriental e da Ciência Ocidental em Starnberg, Alemanha, Auroville no *ashram* de Sri Aurobindo na Índia, e Findhorn na Escócia. Assim, eu decolei e viajei pelo mundo e tentei entender a nova cultura planetária que estava emergindo, conversando com pessoas como Aurelio Peccei, do Clube de Roma, e pessoas do Projeto de Modelos da Ordem Mundial em Tóquio, e do Instituto da Ordem Mundial em Nova Iorque.

A partir de toda essa andança eu escrevi o livro *Passages About Earth*, e com base na inspiração de Findhorn e no meu encontro com David Spangler decidi tomar coragem e não retornar após o final da minha licença da universidade. Fui promovido a professor titular, e muito obrigado, mas não iria voltar. Desertei e fundei Lindisfarne.

JE: A sua visão de Lindisfarne mudou alguma coisa ao longo dos anos?

WT: Oh, sim, tem que mudar porque Lindisfarne morre a cada ano; tem 24 anos, e morre todo ano por falta de dinheiro. Assim, tem-se que ser um *bricoleur* "faz tudo" e ser flexível. Você só pode ser rígido e inflexível se você tiver uma doação que lhe torne uma instituição, como a Universidade de Princeton. Lindisfarne não recebe doações, apenas tem um pequeno fundo tático que doadores e indivíduos dão de tempos em tempos para um programa, e só para o programa, e quando o dinheiro termina, você está quebrado e tem de começar tudo novamente. Tenho feito isso há 24 anos, e assim Lindisfarne tem mudado.

Na primeira onda, nos anos setenta, por causa do belo idealismo dos anos setenta – eu sinto falta disso nessa década materialista dos anos noventa – a influência da comunidade intencional como um meio de livrar-se dos subúrbios – visto que cresci em Los Angeles – era atrativa. E assim Findhorn, Auroville e a dinâmica da comunidade intencional como o Centro Zen e Tassajara, Califórnia, estes eram interessantes. Eu estabeleci uma espécie de instituto que era dirigido por um corpo de trabalhadores da comunidade. E nós estávamos envolvidos com o

---

5 Sobre a aventura de Thompson em Esalen, veja capítulo "*Going Beyond it at Big Sur,*" em *At the Edge of History*. (1971) pp.27-66.

tipo usual de retorno à natureza, jardinagem orgânica e medicina alternativa, e depois grande parte da agenda dos anos setenta.

Depois, à medida que se desenvolvia, Lindisfarne tornava-se mais uma associação de artistas, cientistas e poetas, e a associação é que era realmente carismática e dinâmica, mais que a comunidade intencional. E isso começou a nos levar para dentro da interface que há entre espiritualidade e ciência. Assim, nos anos setenta, começou com Gregory Bateson e o astronauta Rusty Schweickhart, e simplesmente continuou crescendo com Francisco Varela e os físicos David Finkelstein, e depois Jim Lovelock na química atmosférica, e Lynn Margulis na biologia.[6] Nosso programa de biologia e ciência começou a ser a coisa mais forte e mais original em Lindisfarne, porque Findhorn é muito emocional mas é intensamente anti-intelectual. E Auroville é apenas um novo *ashram* ou comunidade da Nova Era. Não tem componente científico.

Assim, a característica exclusiva de Lindisfarne era ser uma associação de cientistas reimaginando um novo tipo de ciência, na qual a arte, a ciência e a religião colaboravam numa ecologia da consciência mais interessante do que era o caso no MIT. Eu tentei estabelecer uma interface desse tipo *no* MIT, mas eles não me deixaram fazê-lo, e por isso fiquei inquieto e sai de lá.

> *JE: O que você quer dizer quando fala da mudança de uma sociedade industrial para uma sociedade planetária, e o que as novas estruturas sociais e culturais poderiam trazer consigo?*

WT: Bem, o estado-nação industrial surgiu no século dezoito – sendo a Inglaterra o exemplo carismático – e foi uma mudança de um império feudal com todos os valores baseados na terra, na aristocracia e na igreja, para o capitalismo com base na produtividade industrial e numa nova troca econômica de valores. Assim, o estado-nação industrial criou o sistema internacional mundial que nós temos hoje e a sua economia mundial, que está, certamente, criando todos os problemas que enfrentamos agora com a industrialização da biosfera, o efeito estufa e o buraco na camada de ozônio. O que nos traz coisas loucas como furacões em julho, quando costumavam acontecer em setembro, e trinta furacões, em

---

6 Sobre uma série de palestras a respeito da primeira fase de Lindisfarne, veja Thompson (1977). Sobre uma série de palestras a respeito da segunda fase, veja Thompson (1987) e (1991).

vez de três. E a impossibilidade de que as crianças em idade escolar saiam para brincar ao sol na Austrália.

A interface entre uma economia industrial e a biosfera é algo que o estado-nação industrial não consegue administrar. Assim, a nova cultura não está baseada no quinhão da nação-estado; está baseada principalmente nos processos biológicos e ecológicos, de modo que a atmosfera é mais decisiva do que a terra agricultável. E as ciências que descreveriam o processo da atmosfera são mais as novas e mais complexas ciências dinâmicas, os sistemas caóticos de nuvens, em vez de pedaços de terra.

O velho romantismo queria retornar à natureza. Havia uma tentativa romântica de atingir o mundo pré-industrial das tradições populares, com o romantismo na Alemanha e Inglaterra. Mas eu estou mais interessado em ir adiante para *fora* da sociedade industrial, por isso uso a palavra "planetária" para distinguir em relação a "internacional," porque "internacional" é o que eu tinha no MIT. Esse é basicamente o relacionamento entre o G-7 e o compromisso com a modernização tecnológica e o desenvolvimento industrial. E isso, certamente, apenas exacerba o problema que temos agora.

Também estamos polarizando, à medida que criamos uma nova economia na qual os ricos ficam mais ricos e os pobres mais pobres. O efeito derradeiro desta nova forma de capitalismo pós-moderno é a fusão peculiar da sociedade industrial de classe média, à medida que a classe média está sendo novamente empurrada de volta para baixo para junto das classes mais baixas. Assim, se está conseguindo uma fabulosa quantidade de riqueza mas com um grupo cada vez menor de pessoas. A classe média-baixa, que costumava viver em casas com terreno, que tinha carros e era razoavelmente rica, que tinha sindicatos e podia mandar seus filhos para a faculdade, está sendo empurrada de volta para a servidão pós-industrial. A sociedade industrial está se despedaçando em vários aspectos.

Os meus esforços em *Passages About Earth*, em *Darkness and Scattered Light,* e em *Evil and World Order* eram no sentido de articular a mudança da economia, como a ciência governante da sociedade, para a ecologia, como a ciência governante. Esta é uma mudança que nos afasta de uma ideologia na qual há uma elite governante, quer seja uma elite esquerdista à maneira de Chomsky, ou uma elite tecnocrática à maneira de Jerry Wiesner, para uma nova ecologia de diferença na qual não há uma única elite articulando uma única ideologia. É por isso que Lindisfarne sempre foi uma associação e não um conjunto de seguidores; por isso tínhamos pessoas muito diversas, que compartilhavam um *ethos*. Mas elas definitivamente não compartilhavam uma ideologia, e eu não era um líder articulando uma ideologia em busca de seguidores.

JE: Você menciona muito amiúde em seus escritos que você vê as estruturas culturais e sociais da Idade Média reemergindo em nossa sociedade eletrônica. Você poderia descrever o que são essas estruturas?

WT: Bem, parte dela é a incapacidade de ler e escrever, no sentido de que você está voltando para uma cultura que não é baseada na galáxia de Gutenberg das classes médias tendo acesso à informação através de livros e brochuras. Você viaja através da televisão e canais e TV a cabo e Internet, e isso está criando um tipo de papo desinteligente pela Internet onde as pessoas certamente não escrevem cartas no estilo Jeffersoniano modelo século dezoito. Assim você tem uma cultura que é uma fusão da aptidão literária civilizada. Você tem uma fusão do estado-nação e esta fusão da classe média, e um retorno aos aristocratas e servos. E você consegue políticas intelectuais que são muito parecidas com a Igreja e as ordens religiosas da Idade Média – como os Cavaleiros Templários – que se estendem através de fronteiras e não estão presas à ideologia de qualquer estado-nação, sejam estas *Microsoft,* ou *Pepsi,* ou a ciência, ou a música *pop*, ou o *Greenpeace.* Há muitas versões diferentes que são configurações meta-nacionais onde a identidade não surge do nacionalismo.

E também o retorno ao colapso do consenso religioso para as ordens religiosas é algo medieval, onde você tem grupos fanáticos como a Nação Ariana, ou os cultos, ou a liderança carismática, ou algum santo fanático. Esse é um padrão muito medieval. Tudo isso aparece com o colapso de um consenso literato civilizado. Sabe, não há nenhuma *New York Review of Books* nem uma única *intelligentsia*, em Nova Iorque ou em Harvard, articulando para o restante de nós qual é o problema da civilização. É muito semelhante à diversidade medieval. É um sistema meio precário que reúne tolos, eruditos e cavaleiros com suas capitais eletrônicas, e aristocratas, não em terra, mas aristocratas em vastos recursos financeiros à maneira de Bill Gates.

A outra coisa medieval é o modo como a informação está sendo controlada por aquilo que eu chamo de vastos latifúndios eletrônicos.

Os latifúndios eram aquelas plantações colossais feitas por escravos que vieram ao final do Império Romano antes do colapso. E quando você tem a *CNN,* as Indústrias de Capital, *Disney, Time Warner* e todas estas vastas unidades de processamento de informações reunindo-se para controlar livros e publicações e as livrarias *Barnes&Noble,* satélites, *software,* Internet e todas estas coisas – America on Line – você está conseguindo um tipo de homogeneização amordaçada onde as pessoas são como coletivizadas como gado nesses criatórios e têm apenas este tipo de ração tecnológica como alimentação. Quando eu tinha Prime Star na parabólica do meu quintal, no Colorado, eu tinha algo como cinqüenta canais, e era tudo lixo – *The Golf Channel, The Faith and Values Channel* –, não havia absolutamente qualquer tipo de conteúdo intelectual. E a PBS não era uma alternativa porque era uma PBS de Oaklahoma que achava que televisão educacional era Lawrence Welk e um concerto onde se põe no ar imagens da mão do pianista, o que é um arremedo de música. Assim, esse tipo de amordaçamento da América, com a criação desta ração tecnológica, está de fato transformando as pessoas em servos. Os indivíduos não são cidadãos que estão lendo panfletos e filosofia, e a quem se permite o discurso filosófico e o voto em seus representantes em Washington. As pessoas estão apenas votando na celebridade da sua escolha. Assim, essa é uma formação medieval, onde todo mundo se torna um tecno-camponês.

E isso vai continuar. É muito difícil para um intelectual como eu viver neste mundo, pela mesma razão básica pela qual é muito difícil para qualquer um encontrar os meus livros numa livraria, porque na *Barnes&Noble* o editor tem que ser grande e rico, e tem que subornar e alugar o espaço na prateleira. O editor tem que pagar uma taxa se o livro ficar exposto – com a capa para fora – e se a prateleira for na parte da frente perto da janela ele tem que pagar mais. Os editores intelectuais não têm meios para pagar essas taxas e assim os intelectuais como eu não serão reprimidos, simplesmente você não nos encontra na *Barnes&Noble*. Você encontrará O.J. Simpson ou uma estrela de cinema ou algum cara que pretenda ser filósofo – talvez um cascateiro em potencial com a última engenhoca para dar um jeitinho na sua vida. E isso também é uma formação medieval.

Assim, isso significa que a capacidade de ler e escrever – você sabe, no tempo de Kant havia provavelmente cerca de doze filósofos – significa que os intelectuais serão muito poucos e isolados. As massas não irão para a faculdade ficar espertas, vão apenas ser ... provavelmente irão para a faculdade, mas lerão livros que serão produzidos pela *Time Warner* e terão os anúncios da *Nike* e *Pepsi* nas páginas finais. E sentar-se-ão nas salas de aula com seus bonés de *baseball* com outro comercial na testa. Aliás, já estamos lá.[7]

JE: Você vê a sua escrita como exemplo de um novo gênero literário que você chama de Wissenkunst. Você pode definir o que é isso?

WT: Bem, eu tentei encontrar uma palavra para isso em inglês mas não consegui. Acredito que quando estava criando a expressão eu tinha acabado de chegar de uma reunião com Werner Heisenberg no Instituto Max Planck. Eu estava lendo algumas poesias de Rilke e assim a minha mente estava mais na língua alemã. Estava pensando na palavra alemã 'ciência,' *Wissenschaft*, e pensei, bem, o que eu estou procurando não é algo como *schaft* (cabo) mas *kunst* (arte). Assim eu pensei, bem, por que simplesmente não a chamo de *Wissenkunst?*

Mas eu não estou sozinho nisso. Uma vez almocei com Lewis Thomas, que ganhou o *National Book Award* com *Lives of a Cell (Vidas de uma Célula),* e eu lhe disse, "sabe, todos os pequenos ensaios que você escreve para o *New England Journal of Medicine* têm a estrutura dos poemas românicos de descrição e meditação", e uma vez que escrevi o meu ensaio de mestrado sobre esse gênero, eu estava sensível à coisa. E ele disse, "sim, eu amo a poesia, escrevo poesia e tentei conscientemente produzir esses pequenos ensaios sob forma poética." Assim, esse tipo de gênero – Tom Wolfe também elevou a não-ficção a uma forma de arte novelística – eu acredito que era algo que foi peculiar à minha geração. Muitos de nós simplesmente sentiram-se enfadados, e a realidade era tão fascinante enquanto eu viajava ao redor do mundo. Tentar inventar uma realidade fabricada como romancista não era tão fascinante quanto apenas escrever sobre o que estava acontecendo. Por isso mudei e apenas tentei transformar a não-ficção numa forma de arte.[8]

JE: O seu livro de 1981 The Time Falling Bodies Take to Light *é uma meditação sobre o mito da Queda. Você vê isso como um tipo de mito além do mito?*

---

7 Para uma amplificação posterior deste tema, veja o ensaio *The Return of the Middle Ages* de Umberto Eco no seu livro *Travels in Hyperreality*, Nova Iorque: Harcourt Brace, 1986.

8 Para ler Thompson discorrendo sobre não-ficção como uma forma de arte, veja seu *Foreword* (prefácio) para seu romance *Islands Out of Time: A Memoir of the Last Days of Atlantis.* (1990) pp.vii-xii.

WT: Certamente é um mito básico para o Ocidente. Eu fiquei fascinado pelo Gnosticismo e pela Cristandade reprimida que foi excluída da Cristandade dominante, desde o tempo do Bispo Irineu e daí para a frente. Eu estivera praticando *Kriya* Ioga e estava envolvido com um tipo de prática tântrica. Por isso a abordagem mística à filosofia me interessou. Aquele livro foi escrito sob um tipo de prática iogue em que eu estava extremamente excitado. Mas na verdade é parte de uma trilogia porque o volume dois, *Blue Jade from the Morning Star (O Jade Azul da Estrela da Manhã),* que aborda o tema do afogamento, queda, captura, centrando o foco em Quetzalcoatl, o avatar do Novo Mundo e do México. E o volume três – *Islands Out of Time (Ilhas Fora do Tempo)* – projeta de volta para uma paisagem mítica da Atlântida, mas seguindo adiante para um modo no qual a Atlântida numa volta da espiral é também uma cultura futura que lida com engenharia genética e com reter as pessoas em Bardo, porque parte do que está acontecendo com a Internet é um tipo de retorno do plano astral para dentro do espaço público. As qualidades do demoníaco, a troca de identidades, a pornografia; tudo que é característico do plano astral é característico da Internet.

Para poder captar a complexidade de uma nova cultura eletrônica planetária eu não poderia apenas escrever três volumes de ficção científica. Por isso um volume é uma espécie de bolsa-de-estudos lírica e rapsódica em meta-antropologia; outro é o ensaio e o ciclo poético; e o terceiro é romance de fantasia da ficção científica. Eu estava tentando expressar o tipo de alcance lírico que eu quero ter como escritor porque gosto de ter muito espaço para escrever. Não gosto de ficar preso a um tipo de disciplina ou a um gênero. Isso me põe em meio a muita confusão porque nesta cultura não se pode fazer isso na América, porque todo mundo está preso a um tipo. Sabe, você é um poeta e você é Robert Bly; você é filósofo e você é Daniel Dennett; você é historiador e você é Arthur Schlessinger. Mas se você fizer o que eu faço, então você está fora, as pessoas não sabem o que fazer com você, onde encontrar você. Desse modo eles basicamente o ignoram, porque isso é mais fácil, já que não sabem em que prateleira colocar você na *Barnes&Noble.*

JE: Freud no livro Totem e Tabu *viu a origem da religiosidade num crime primordial e numa refeição em comunidade, mas no livro* Falling Bodies *você vê a cultura como tendo emergido das origens da sexualidade humana, quando as fêmeas hominídeas mudaram do cio para a menstruação e para a receptividade ao ato sexual durante todo o ano. Você poderia falar sobre isso?*

WT: Sim, e também ao compartilhamento do alimento no sentido de que as fêmeas primatas teriam mais probabilidade de balbuciar para o bebê e criar um laço através da amamentação. Sabe, os caçadores têm que ficar quietos para não assustar o animal e deixá-lo fugir. Eu estava vendo as raízes de toda nossa cultura nas ocasiões femininas da cultura, enquanto que Lionel Tiger e Fox e Lévi-Strauss viam-nas como o homem caçador, o homem matador e não havia qualquer expressão de cultura feminina. Eu estava reescrevendo todos esses mitos, incluindo *Totem e Tabu*, que obviamente é um mito. Não é ciência, mas uma forma de imaginação ativa. Lida com a própria estrutura da fantasia de Freud do pai primário e da horda de irmãos insurgindo-se para matar o pai, porque o próprio Freud sempre teve medo de que a horda de irmãos psicanalistas se insurgisse e matasse o seu pai. Ele era ameaçado por Jung, e Lacan foi descartado muito cedo. Na dinâmica social da psicanálise isso tornou-se estruturado como um bando de primatas dominado pelos machos no qual havia apenas um herói, e para ganhar *status* você tinha que matar o pai e criar o seu próprio bando. Desse modo Jung matou Freud e criou sua própria religião, e Lacan foi descartado e assim criou sua própria análise lacaniana, que se tornou um culto em Paris e assim vai.

JE: Em meados dos anos oitenta você parece ter sofrido um tipo de mudança epistemológica de uma visão platônica e de Nova Era do mundo, baseada na geometria estática, para uma visão pós-moderna de mudança de terreno e horizontes incertos. Você pode falar sobre o que aconteceu, o que estava acontecendo na sua imaginação?

WT: Equivalia basicamente a voltar-se para o lado sombra de toda escola européia da geometria sagrada e descobrir que, sem que eu soubesse, Schwaller de Lubicz era um fascista anti-semita e que fora membro de um grupo fascista na França. E que Rene Guenon era basicamente um fundamentalista islâmico que odiava o mundo moderno. Keith Crichlow não era fascista, mas estava totalmente apaixonado pela geometria rígida e o culto do líder e do seguidor e não gostava da geometria no espaço nem de nada que fosse multidimensional. E assim o que aconteceu foi que a escola da geometria sagrada simplesmente tornou-se um bando de primatas dominado por machos com seus seguidores. Era muito rígido e não havia espaço para mulheres ou crianças e era muito esotérico com um tipo de espírito desagradável e superiormente antidemocrático.

Eu apenas fiquei muito inquieto e infeliz com tudo isso, e ao mesmo tempo na complexidade da associação de Lindisfarne, separada de todo esse grupo europeu, estava o ciclo científico de Lynn Margullis, Jim Lovelock e Francisco Varela, e depois Ralph Abraham e a matemática. Comecei a entender que estávamos dando um salto quântico crítico na cultura, e que estávamos nos movendo para uma nova mentalidade, e que pessoas como Critchlow estavam realmente voltando ao passado, ao passado platônico-medieval, pré-Galileu. E eu queria, novamente, prosseguir para a mentalidade pós-Galileu e entrar na nova quarta mentalidade em vez de voltar para a segunda. Foi aí então que eu desenvolvi toda a teoria de que havia uma evolução da literatura e da matemática através da história. Que passava pela Aritmética, pela Geometria, que é platônica e critchloviana; e a evolução galileica dinâmica, que é a modernista, cartesiano-galileica; e então para a nova evolução, na qual nós estamos agora, que começa por volta de 1972 com Rene Thom, *Structural Stability and Morphogenesis (Estabilidade Estrutural e Morfogênese),* que se desenvolve na teoria dinâmica do caos.

Eu não gosto da expressão 'pós-moderno' porque significa diferentes coisas em diferentes disciplinas. Eu sempre uso 'planetário' para distinguir a minha abordagem. Eu criei esta frase 'cultura planetária' há 25 anos, mas agora ela foi um pouco cooptada pelo movimento Nova Era e assim a palavra parece como um tipo de senha em vez de um termo técnico, como eu gostaria que fosse. Mas 'pós-moderno' é um termo ainda pior, porque significa uma coisa em literatura e outra em arquitetura. Assim, eu simplesmente não gosto da expressão. E também significa niilista, amoral, não centrado, e isso é exatamente o oposto do meu próprio tipo de sensibilidade contemplativa.

Meu romance de 1985, *Islands Out of Time,* foi o meu esforço para livrar-me do carisma e da influência de Keith Critchlow, e depois redesenhar a capela e evitar que se tornasse um templo do platonismo, e lhe dando uma forma estrutural minimalista muito mais pós-histórica, arcaica, simples, quaker, como é agora. Assim eu tive que redesenhar o prédio. Somente a gelosia do domo é critchloviana.

JE: Como você tomou conhecimento do trabalho de Ralph Abraham?[9]

---

[9] Veja Thompson (1993).

WT: Outra pessoa que participa de Lindisfarne, que fundou a Synergy International e que publica o *IS Journal*, Andra Akers, a atriz, me pediu para dar uma palestra no *Film Institute* no *Sunset Blvd*, em Los Angeles. Depois da palestra ela deu uma festa naquela noite e me apresentou a Ralph Abraham. Então Ralph me enviou em Berna uma cópia de seu ensaio *Mathematics and Evolution (Matemática e Evolução)* e aquilo foi como uma espécie de semente que fez com que eu pegasse a idéia e a desenvolvesse totalmente no capítulo *The Four Cultural Ecologies of the West (As Quatro Ecologias Culturais do Ocidente)* no livro *Pacific Shift (Mudança Pacífica)*. Eu desenvolvi ainda mais, no livro *Imaginary Landscape (Paisagem Imaginária)*, a teoria de que há estas quatro mentalidades matemáticas. Desde então, Ralph e eu temos dado palestras juntos e organizamos um currículo para uma escola para meninas, uma escola primária do jardim de infância aos 12 anos em East Hampton, Nova Iorque.[10] Assim, temos colaborado um com o outro o tempo todo.

> *JE: No seu livro* Reimagination of the World (Reimaginação do Mundo) *você fala sobre ficção* ciberpunk *– e as palavras de William Gibson, em particular – como uma forma disfarçada do mito gnóstico da queda. Você pode falar sobre isso?*

WT: Sim, tem muito a ver como o corpo cai e é capturado pela tecnologia. Gibson é um escritor muito interessante que trabalha com a tradição do *film noir* e no romance de detetive de Raymond Chandler. É basicamente um tipo de análise da grande corporação multinacional como uma forma de captura demoníaca, com a eletrônica e o ciberespaço como uma forma de captura da consciência, assim é um tipo de revista *Omni*, um adeus tipo silicone-encaixado-na-carne à era biológica. Eu achava que Gibson e o seriado de televisão *Max Headroom* fossem muito sensíveis ao tipo de crise biológica em que estamos, a partir da doença e assim por diante. Eles puseram o seu foco no silicone em vez de no complexo de doença virótica, mas eu achei a expressão brilhante e convincente, e fiquei fascinado.

---

10 *The Ross School,* fundada por Courtney Ross, herdeira da *Time-Warner*. Veja Shnayerson (1996), p. 190, esp. pp. 194 e 234 para Thompson e Abraham.

JE: Você também mencionou a obra de David Cronenberg, e particularmente Videodrome *com o mesmo tipo de ênfase.*

WT: Aquele é um grande filme para apreciadores do gênero, sim. É uma análise *incrível* de McLuhan. É um trabalho de gênio. Deixa-me de cabelo em pé, mas é um filme espantoso. E é um estudo brilhante do mal e do lado sombra de McLuhan em Toronto. Cronenberg como um artista de Toronto realmente captou muito mais do culto que havia em torno de McLuhan. As pessoas que de algum modo acendiam velas no seu santuário causavam muito mal-estar. Mas como um estudo sobre o mal e como a psicologia da televisão nos afeta, eu achei que foi a melhor análise, pois todo mundo ainda está errado quando acha que havendo um conteúdo pacífico na TV, está tudo bem. Neil Postman e McLuhan eram os únicos que compreendiam que a televisão é um sistema de interrupções neurológicas geradas por linhas massivamente paralelas, e como disse Neil Postman, brilhantemente – " 'Vila Sésamo' não ensinou às crianças a ler, lhes ensinou a gostar de televisão."[11] O único filme que captou isso foi *Videodrome.* Assim eu acho que Cronenberg e Thomas Pynchon são os analistas mais brilhantes e penetrantes deste mundo contemporâneo. Eu acho que *Videodrome* e *The Crying of Lot 49* são melhores que Anton Wilson ou Philip K. Dick.[12]

JE: Há outros artistas que você admire trabalhando em filmes ou livros que abordem esses temas de uma maneira inteligente?

WT: Eu gosto de Philip Glass, e embora não tenha conversado com ela em 24 anos, eu fiquei muito impressionado com Doris Lessing. Ela é apenas um ser humano bom e é diferente do tipo americano que gosta do culto à celebridade. Ela é sólida, genuína, e ela passa o tempo todo afastando situações de culto à celebridade. Ela acabou de escrever

---

11 " Se temos que culpar 'Vila Sésamo' por alguma coisa, é pela pretensão de que seja uma aliada da sala de aulas ... Como *show* de televisão, e dos bons, 'Vila Sésamo' não encoraja as crianças a amar a escola ou qualquer coisa a respeito da escola. Encoraja-as a amarem televisão." Veja Postman (1985), p.144.

12 Para mais informação sobre Cronenberg, veja Thompson (1989), pp.166-67. Para Cronenberg e Pynchon, veja o ensaio *Visions of a Biomechanical Apocalypse,* de John David Ebert (1997), pp. 67-71.

sua autobiografia, que ainda não li.[13] E eu não sei se Stanislaw Lem no original é bom, mas certamente gosto de *Solaris* na versão de Tarkovsky e a usei em alguns de meus simpósios em Lindisfarne.[14] Também gosto das revisões inteligentes em *A Perfect Vacuum (Um Vácuo Perfeito)*. Stanislaw Lem previu a vida artificial e algumas outras coisas. A ficção científica européia tende a ser mais intelectual e filosófica, e a ficção

---

13 Doris Lessing é uma das verdadeiramente grandes escritoras do século 20. Ela compôs uma fieira de obras de arte, as mais famosas das quais são *The Golden Notebook* (1962) e suas novelas *Children of Violence* (1950-1969), e para estas últimas, o mais elevado paradigma é exatamente o paradigma deste livro, por assim dizer, a mudança do nosso legado de filosofias materialistas do século 19 tais como comunismo e industrialismo, para as aptidões do ser humano que apresentassem maior tendências espiritualistas e potenciais paranormais. Mas é sua obra magna *Canopus in Argos* (1979-1983) que na minha opinião é sua mais bela realização. Nesta série de cinco novelas ela ressuscita a mitologia gnóstica como uma ópera espacial sob a forma de ficção científica que consiste de uma negra visão apocalíptica da condição do homem contemporâneo. O primeiro volume de sua autobiografia foi publicado em 1994, intitulado, *Under my Skin: Volume One of My Autobiography to 1949*. O segundo volume, que faz uma crônica de sua vida até escrever *The Golden Notebook* foi publicado em 1997. Para ler as reflexões de Thompson sobre a obra de Lessing, veja o seguinte: *Passages About Earth* (1974), pp. 132-139 e *Pacific Shift* (1985), pp. 11-12.

14 Solaris (1972) é um filme dirigido pelo grande produtor russo Andrei Tarkovsky, que também dirigiu o famoso Andrei Rublev. A história é a respeito de uma estação espacial russa que está orbitando um planeta inteiramente coberto de água. Quando um psicólogo é enviado para tentar recuperar qualquer informação que permaneça nas mentes dos cosmonautas à beira da morte, dos quais apenas dois ainda estão vivos, o psicólogo logo descobre que um fantasma está assombrando a nave espacial abandonada, um fantasma que vem a ser o de sua esposa morta. Nós descobrimos que o fantasma é na realidade a Supermente do planeta mãe que está tentando se comunicar com os astronautas assumindo a forma humana daqueles seres a quem eles amaram mais intimamente. É interessante como teorias científicas muitas vezes lançam suas sombras no passado, aparecendo primeiramente na imaginação de poetas e artistas. *Solaris,* o romance, foi primeiramente publicado em 1961 e oferece certos detalhes importantes que não aparecem no filme. Dizem-nos, por exemplo, que o planeta está orbitando entre dois sóis e que as pressões gravitacionais exercidas sobre o mesmo deveriam não apenas impedir a formação de vida mas deveriam, com o passar do tempo, lançar a órbita do planeta no caos levando-o a chocar-se com um dos sóis. Os cientistas concluem, porém, que a evolução do oceano senciente do planeta o havia permitido desafiar estas previsões, uma vez que ele aparentemente aprendeu a fazer correções em sua própria órbita para evitar colidir com um dos sóis. Deste modo a visão de Lem pareceria representar a mais antiga e clara formulação da hipótese Gaia na imaginação ocidental. Até mesmo a frase que ele usa para descrever sua criação, "oceano homeostático" aproxima-se extraordinariamente da linguagem que os cientistas usam para descrever Gaia.

científica americana tende a ser de um tipo algo mais psicodélico e tecnológico.

JE: No seu livro Coming Into Being (Vindo à Existência) *você compara o trabalho de Jean Gebser com Ken Wilber.*[15] *Que diferenças você vê nas abordagens destes dois homens quanto à evolução da consciência?*

WT: Oh, é quase como um europeu aculturado clássico *versus* o caipirismo americano do meio-oeste. Sabe, acho que pessoas como Terence McKenna e Ken apenas cresceram no lado leste do Colorado e Nebraska em áreas tão culturalmente carentes que eles foram capturados por um tipo de construção abstrata do que eles imaginam ser o grande pensador europeu, ou o herói psicodélico no caso de McKenna. E Wilber, como eu digo em *Coming Into Being*, é apenas muito abstrato, mas Gebser é um artista. Ele tem um *insight* incrível, por exemplo, no papel dos adjetivos de Rilke, e o que isso significa quando você usa a linguagem de um modo particular para criar uma paisagem imaginária que é mais *processual* e menos prospectiva de objetos compostos presos ao espaço da perspectiva. Assim, há uma sensibilidade surpreendente para a arte, a poesia, a pintura e a riqueza da cultura européia. Mas, quando eu estava ensinando temporariamente no *Califórnia Institute of Integrated Studies,* nenhum estudante gostava de Gebser porque eles não conseguiam lembrar-se de uma pintura de Cézanne; eles não lêem Rilke. Eles estão ligados apenas em drogas, tomar *Extasy* e procurar algum tipo de técnica psicoterapêutica. E assim Wilber é o herói deles apenas porque lhes dá todos esses mapas e cartas, este *guia Michelin*. Ele é um excêntrico controlador. Não há senso de humor, não há senso de arte, simplesmente é tudo estéril e masculino de uma maneira muito árida e abstrata.[16]

Eu não queria ser egomaníaco e dizer, "bem, a minha história da cultura é melhor que a de Wilber". Eu não queria chegar a isso. Por isso saí da minha prática para usar o *Up from Eden* de Wilber como livro-texto, e mandei que todo mundo o lesse no meu simpósio na catedral em Lindisfarne. Mas quando eu fiz isso, e me desviei do meu caminho para dedicar tempo igual e estar realmente aberto a Wilber, e ler o livro,

---

[15] Veja pp. 12-13 em Thompson (1996).

[16] No tempo em que Thompson ensinava no *Califórnia Institute of Integral Studies*, Brian Swimme, Stanislav Grof e Richard Tarnas eram colegas de trabalho.

e eu o enfatizei, apenas pensei, Deus, a diferença entre isso e *The Time Falling Bodies Take to Light* – tratam exatamente da mesma coisa – é a diferença entre um livro texto e uma obra de arte!

E então eu retornei, porque queria ser justo, pois conhecia Treya Wilber e estava me correspondendo com ela quando ela estava atravessando sua crise. Ela também era amiga da minha esposa, e eu estava com câncer, e assim Treya e eu conversávamos muito sobre câncer.[17] Jamais encontrei Ken face a face, mas eu conheci Treya antes de ela se casar com Ken, e eu queria mudar o meu jeito de ser, para ser justo com Ken. Assim, peguei o livro novo[18], e pensei, Deus, isso é ridículo! Três mil páginas que vão explicar tudo. Sabe, aquele tipo de erudição alemã do século dezenove, isso acabou. Eu não tenho tempo para ler 3.000 páginas! Então quando ele continuou usando este pequeno *slogan* que o seu agente literário, John White, colocava em todos os seus livros: "o Einstein do movimento consciencial," eu fiquei revoltado pela vulgaridade da coisa. E depois ele foi ainda além e colocou seu retrato na capa do livro e disse, *Uma Breve História de Tudo!* Ken Wilber lhe explica o universo inteiro, tudo o que você quis saber sobre tudo. E eu pensei, isso é apenas inflação; isso é um ego que está sofrendo de hérnia.[19]

---

17 Sobre a história do câncer de Treya e de seu relacionamento com Ken Wilber, veja *Grace and Grit: Spirituality and Healing in the Life and Death of Treya Killan Wilber* (1991), de Wilber.

18 *Sex, Ecology, Spirituality: The Spirit of Evolution.* (1995).

19 Ocorre-me que Ken Wilber e William Irwin Thompson são encarnações modernas de uma dicotomia arquetípica de temperamento intelectual. Aristóteles e Platão são talvez as mais antigas manifestações na cultura ocidental, mas a tendência continuou em pares como Newton e Leibniz, Kant e Goethe, Hegel e Schopenhauer. O tipo Wilber é o Sistemático para quem o mundo é capaz de reduzir-se a uma arquitetura simples e clara. Há *um* conjunto de verdades, eterno e imutável, o qual o Sistemático, quer seja Kant ou Hegel, Newton ou Aristóteles, acredita ter sido ele o único privilegiado a descobrir. Tudo pertence a seu próprio nicho, como os santos e os apóstolos numa catedral gótica, e um sistema contém todas as respostas necessárias para qualquer pergunta que possa surgir. Para Wilber, conseqüentemente, há apenas uma teoria que é articulada repetidamente em cada um de seus livros, repetindo todos os mesmos esquemas e diagramas infinitamente. Sua obra pode muito bem ser dividida em duas metades, pois *Sex, Ecology, Spirituality* marca o nascimento de sua Teoria Final, à luz da qual devem seus trabalhos anteriores ser tomados como precursores. Tudo a partir daquele livro contém uma cópia carbono dos mesmos quádruplos diagramas de quadrantes, como se a consciência pudesse ser mapeada tão precisamente quanto a trajetória de uma parábola numa tela cartesiana.
Para o tipo Thompson-Schopenhauer-Goethe-Leibniz-Platão, o mundo é um fluxo e as suas verdades estão mudando juntamente com ele. As idéias destes pensadores jamais terminam, sempre sujeitas à revisão, e constantemente sofrendo transforma-

ção à medida que novas verdades vão sendo testadas, ou novas teorias adquiridas. O mundo é um estado de perpétuo Vir-a-ser e nenhum sistema ou corpo de conhecimento pode jamais ter esperança de ser completo, açambarcando tudo o que finalmente haja para ser conhecido. Nenhum estudioso jamais logrou, por exemplo, capturar as sutis nuances das idéias de Platão à medida que elas se desenvolvem através do discorrer de seus diálogos. Nada a não ser lê-las completamente e em ordem cronológica pode replicar a experiência de observar seu pensamento desenvolver-se até a total maturidade. Platão, assim como Nietzsche, não tinha medo de contradizer-se, pois ambos eram semelhantes em seus modos de constantemente experimentar novas idéias em si mesmos para ver no que dariam os pontos de vista resultantes.

Algo desta dicotomia está incorporado, também, em Miguel Ângelo e Leonardo da Vinci . Para o primeiro, trabalhar no meio de rochas significava a produção de obras de arte completas. Miguel Ângelo sempre terminava aquilo que começava – até os seus últimos dias, por assim dizer – e conseqüentemente nós temos apenas um punhado de obras inacabadas. A Capela Sistina constitui um genuíno Sistema do Cosmo Cristão, completo em cada detalhe do *Gênesis* ao *Apocalipse*. Para Leonardo, por outro lado, o mundo estava sempre mudando, e também os seus pontos de vista. Ele raramente terminava o que começava. Cada pintura é uma espécie de teste de uma teoria inteiramente provisória. Seus cadernos de apontamentos são assistemáticos e ninguém realmente jamais conseguiu captar toda complexidade desses cadernos numa sinopse.

Thompson, igualmente, deve ser lido em toda sua inteireza, cada livro seu, para se poder captar a substância de sua visão, que está sempre mudando. Ele é assistemático, mas sempre inovador, incorporando novos *insights* em cada novo volume. Cada livro é uma experiência única. Para ele, em conseqüência, Wilber personifica aquilo que Thompson mais teme: a Teoria Final Gravada em Pedra.

"... certamente a metáfora
da máquina é *mais*
antropocêntrica que a metáfora
orgânica. As únicas
máquinas que nós conhecemos são
feitas pelo homem."
– Rupert Sheldrake

Conclusão

A Transubstanciação da Ciência

1. O Organismo Cósmico

Os jainistas que ainda sobrevivem na Índia moderna são um tipo de fóssil religioso vivo cujas origens jazem em algum lugar no nevoeiro que prenunciava a civilização indiana quando a sociedade dravídica floresceu no vale do Indo, antes do surgimento dos Vedas Arianos. A sua cosmologia é, por isso, extremamente arcaica, contemporânea da construção das pirâmides do Egito e dos gloriosos saltadores de touros de Creta de Mino. Esta foi uma época em que os ecos das sociedades das Deusas do neolítico ainda podiam ser ouvidos nos mitos e contos das grandes civilizações do mundo. Os jainistas não eram exceção, pois eles enxergavam o cosmo como uma deusa única, gigantesca, a partir de cuja substância protoplasmática viera à existência toda a criação. A terra crescera de seu umbigo, e abaixo de sua cintura estavam vários níveis de inferno, enquanto o céu estava acima como as camadas de um bolo de casamento. O interior de seu crânio supunha-se ser o teto do mundo, dentro do qual as almas dos libertos pairavam como bolhas de metal líquido em gravidade zero. [1]

Para Brian Swimme, o universo é também algo como um ser vivo, que ele compara à imagem mítica e lendária de Gaia. Swimme vê na imagem de uma terra auto-reguladora, capaz de ajustar seus níveis de temperatura e oxigênio em um meio propício à vida, uma analogia do modo pelo qual o universo se tem expandido numa proporção que é perfeitamente adequada à criação de estruturas estáveis como as estrelas e as galáxias. A aparência de flutuações assimétricas no vácuo quântico no nascimento do universo também foi fortuito, pois de outro modo o universo ter-se-ia destruído, já que as partículas e antipartículas forma-

---

[1] Veja Campbell (1988b), fig. 1 nas pp. 40-41 para ilustração. Eu devo assinalar aqui que nem todos os eruditos da história e cultura da Índia concordam com a antigüidade dos jainistas. Aliás, a maioria acha que os jainistas tiveram início no século quinto a.C., algo contemporâneo com o Senhor Buda. Heinich Zimmer e Joseph Campbell, porém, acreditam que eles claramente remontam à civilização dravídica. Veja o capítulo sobre Jainismo no livro *Philosophies of India* de Heinrich Zimmer, editado por Joseph Campbell. Bollingen Series XXVI, Princeton: Princeton University Press. Veja também Campbell (1962), p. 219.

vam pares para destruir umas às outras como os deuses e titãs do apocalipse escandinavo.

Tanto a imagem jainista do cosmo como uma deusa e o universo automítico de Swimme são bastante diferentes dos relógios e das máquinas a vapor da física clássica, pois eles antevêem um universo que é vivo e sensível, transbordando de criatividade. O criador tinha de dar corda periodicamente ao relógio do sistema solar de Newton, para evitar que os planetas se perdessem em órbitas caóticas, e a grande máquina a vapor dos termodinamicistas finalmente esgotaria sua própria energia através da fricção e dissipação das moléculas que compunham seu esqueleto. No universo mecanicista, não há nada novo sob o sol e jamais acontece qualquer real criatividade.

A visão do universo esboçada pelos protagonistas deste livro, por outro lado, é uma visão onde tudo está em fluxo e nada é previsível. No retrato dinâmico de Ralph Abraham, o caos mora no sistema solar, e a possibilidade de colisão de mundos ou planetas que saltam de suas órbitas normais para passearem sobre vetores errantes não está fora de questão. Para Rupert Sheldrake, as leis do universo não são fixas, e elas próprias estão sujeitas à evolução criativa. Do mesmo modo, na visão da onda-do-tempo de Terence McKenna, a história cósmica e humana é uma série de Novidades imprevisíveis, e para William Irwin Thompson a imaginação criativa é o conduto primário que leva à Mente arcaica de que falam os escritos antigos. Para Lynn Margulis, o indivíduo está holonômicamente aninhado dentro de membranas orgânicas cada vez maiores, desde a célula procariótica até Gaia, enquanto que, para Deepak Chopra e Stanislav Grof, o indivíduo humano está espalhado através de toda criação como uma onda em vez de como um dos átomos clássicos de Demócrito.

A cosmologia que levamos conosco em nossas cabeças age como um tipo de projeto para as nossas ações, e assim é importante se aquele projeto nos concebe como células dentro do corpo de um superorganismo maior, ou como átomos reunidos pelas pressões inorgânicas de algum tipo de máquina gigantesca. Sem um sentido de participação no corpo de um organismo cósmico, nossas vidas podem parecer sem sentido e deprimentes, e assim terminamos sofrendo daquilo que Doris Lessing chama de visão fragmentada, na qual não conseguimos identificar o lugar de nossas vidas individuais na totalidade do universo.

Parte do problema é que a ciência e a religião são radicalmente opostas em seus métodos de abordagem do cosmo, e ainda por cima, para muitos, a ciência usurpou o lugar da religião como fonte de nosso retrato do mundo e do lugar do homem dentro dele. O propósito da religiosidade está implícito na própria palavra *religio*, que significa juntar ou unir. O sentido de uma refeição de comunhão, por exemplo, na qual tomamos parte da divina substância consumindo o vinho e o pão transubstanciados, é que somos absorvidos como células individuais dentro do corpo místico do Cristo e nos tornamos um com o organismo universal. O método da ciência, no entanto, é diametralmente oposto ao da religião, pois ele avança fracionando sistemas inteiros em suas partes componentes com base no pressuposto de que isto explicará como funcionam. Enquanto isso pode ser verdadeiro quanto a máquinas, não é verdadeiro para o universo; mas desde que o universo foi confundido com uma máquina durante os séculos da gênese e do desenvolvimento do método científico, não é surpresa que muitos de nós ainda pensemos nisso dessa maneira.

Conseqüentemente, o fato de a ciência ter tomado o lugar da religião – como aconteceu para muitos – equivale à violação de suas fronteiras. E naqueles para quem a ciência *é* uma religião existe uma tensão psíquica inconsciente, uma vez que as necessidades da alma por imagens do cosmo cada vez maiores e mais inclusivas são negadas pela própria simplificação da ciência.

Deepak Chopra descreveu um conceito psicológico conhecido como "compromisso cognitivo prematuro." Na Índia, por exemplo, filhotes de elefantes são amarrados a uma árvore como parte do seu treinamento, mas à medida que se tornam maduros, suas mentes retêm as imagens do passado, porque eles nem tentam partir as finas cordas com as quais são amarrados a árvores que, na verdade, poderiam facilmente arrancar do chão. Também foram feitas experiências com gatinhos recém-nascidos, nas quais três diferentes grupos foram colocados em ambientes distintos. O primeiro grupo foi colocado numa caixa pintada apenas com linhas verticais, o segundo numa caixa apenas com linhas horizontais e o terceiro numa caixa completamente branca. Quando atingiram o estágio no qual suas visões estavam totalmente desenvolvidas, os gatinhos foram removidos destas caixas e demonstrou-se que aqueles que tinham crescido num ambiente vertical não conseguiam ver nada horizontal. Para os que foram colocados na caixa com listas horizontais, aconteceu o inverso, enquanto que o grupo que cresceu na caixa branca mal podiam enxergar qualquer coisa. Uma vez formadas, parecia que suas conexões neurológicas não podiam ser reprogramadas.[2]

---

[2] Chopra (1989), pp.225-26 sobre experiências com gatinhos.

E assim talvez também nós no Ocidente tenhamos feito um compromisso cognitivo prematuro. Neste caso, o nosso fascínio pelas máquinas parece ter moldado toda a nossa visão do mundo de modo que não podemos ver nada mais. Estamos sofrendo de miopia cosmológica porque o modelo mecanicista é o que ensinamos às nossas crianças na escola elementar e esse é o modo como a maioria delas vê o mundo pelo resto de suas vidas.

2. O Gênese e os Upanixades

Em sua obra-prima de 1907, *Creative Evolution (Evolução Criativa),* Henri Bergson foi um dos primeiros filósofos a começar o processo de desatrelar umas das outras as respectivas esferas de máquinas e organismos, mostrando exatamente onde e como diferiam, e por que as coisas vivas não podem ser consideradas como autômatos, assim como as máquinas não podem ser consideradas como coisas vivas. A construção de máquinas, ele apontou, prossegue por meio de um movimento *compressivo* da periferia para o centro à medida que são montadas através da *adição* e *associação* de suas partes, colocadas de modo a executar uma função específica. Os organismos, por outro lado, vêm à existência por um processo exatamente oposto, visto que crescem por *divisão* e *dissociação* de suas partes como, através da mitose celular, desenvolvem-se com um movimento *explosivo* do centro para a periferia. *Mais* forma, por assim dizer, é derivada de *menos forma*, e o todo está contido em cada uma de suas partes, como demonstra a clonagem. Ainda assim, este definitivamente *não* é o caso das máquinas, que não são mais do que a soma de suas partes e não têm a habilidade de auto-replicar-se.[3]

As distinções de Bergson são aqui bastante úteis, pois sua descrição dos organismos é realmente muito mais coerente com o que nós *conhecemos* sobre o modo como o universo veio à existência. A explosão do *Big Bang,* com o seu concomitante processo de galáxias dividindo-se e reproduzindo-se como células, tem mais em comum com o paradigma de um universo vivo do que com uma máquina.

Einstein, que conhecia Lemaître, achava que a visão de seu amigo sobre a criação do universo a partir de um ovo primordial soava desconfortavelmente semelhante ao primeiro capítulo do *Velho Testa-*

---

3 Veja Bergson (1944), pp.102-04.

mento. Mas há um mito hindu da criação que realmente parece mais próximo do sentimento da hipótese do nosso Big Bang do que este último se parece com o *Livro do Gênesis.*

No início, afirma essa narrativa, havia apenas um único Ser primordial, uma espécie de embrião bissexual flutuando no Vazio azul da mãe-espaço durante a eternidade, como a Criança estelar no final do filme *2001: Uma Odisséia no Espaço.* Estava só, e subitamente num momento *satori* (de iluminação espiritual) no sentido oposto, ela disse as palavras: "Eu sou!" Com esse som, as fontes obscuras da angústia existencial foram liberadas e o medo fluiu através da criança e ela sentiu-se insuportavelmente só. Esta solidão essencial aumentou até que a criança não mais pôde suportar as tensões, e num processo de meiose cósmica, subitamente dividiu-se em duas metades, uma masculina e uma feminina. A feminina transformou-se numa égua, a masculina num cavalo, e da união dos dois produziram-se todos os cavalos do mundo. Assim, eles continuaram de modo a preencher o Vazio com todas as coisas vivas. E então, um dia, quando este Ser em sua parte masculina estava passeando no jardim, *satori* (a iluminação espiritual) desceu sobre ele e ele disse: "Eu sou tudo isso que emanei!"[4]

O contraste entre este mito e o da Bíblia não poderia ser mais gritante, pois aqui o universo cria a si mesmo a partir de sua própria substância divina. O *insight* fundamental da metafísica hindu, conseqüentemente, é compreender a divindade inerente a todas as coisas, incluindo a si mesmo. O mundo é uma manifestação de *Brahman*, o estado Absoluto de ser que é a fonte e a raiz de nossas origens.[5] Talvez se for correta a idéia de que as imagens mentais de sonhos e visões estão enraizadas na estrutura que compõe as reações químicas, os tecidos e os órgãos do corpo, então é possível que o mito seja uma visualização do próprio processo de mitose celular que veio a algum iogue quando em transe. De qualquer modo, é com certeza mais coerente com a nossa narrativa do *Big Bang,* na qual o universo originou-se de um tipo de átomo primevo que espontaneamente se desintegrou. Tudo que *é*, conseqüentemente, é consubstancial com aquela Partícula primordial de Deus.

A cosmologia do *Gênesis,* porém, está desatualizada e eu acredito que ela é perniciosa. Pois lá o mundo é criado por um Deus que está separado de sua criação, que ele molda do jeito que Ele quer do

---

4 Veja Campbell (1988a), p. 13 sobre versão oficial hindu.

5 Veja-se, a propósito, o volume I de *A Doutrina Secreta*, de H.P. Blavatsky (Ed. Pensamento), e mais especificamente a sua p. 93. (N. ed. bras.)

mesmo modo que um oleiro molda um vasilhame de barro. Nós e todas as coisas, conseqüentemente, não temos que ser identificados com o espírito divino, mas com a matéria sem vida. O céu é a única fonte verdadeira de divindade uma vez que a terra está caída. Toda ajuda vem, portanto, de cima, e nós falíveis mortais aqui embaixo somos apenas cópias xerox da coisa verdadeira. Adão é tirado da terra sob a forma de lama e Eva é arrancada de sua costela como um galho. A única ponte entre nós e o Espírito é fornecida no mito cristão do Salvador, que é único em toda criação por ser simultaneamente Deus *e* Homem, espírito *e* matéria.

E embora os *insights* científicos de Galileu, Kepler e Newton tenham juntado as leis dos céus com as da terra num único *continuum*, o retrato mecanicista criado dessa maneira foi realmente apenas uma versão secular do cosmo cristão. A visão de um gigantesco ser espiritual empurrando a matéria sem vida através do espaço vazio é precisamente a tela teológica sobre a qual Newton pinta o seu mundo de forças que agem sobre massas teimosamente resistentes, pois a matéria no mundo newtoniano comporta-se mais ou menos como os zumbis em *Dawn of the Dead (A Aurora dos Mortos),* vagando cegamente pelo espaço, guiados por tendências inerciais primordiais até serem subordinados por forças externas.

Na metafísica de Descartes, essas rachaduras ontológicas são miniaturizadas em sua analogia do relacionamento alma/corpo com um par de relógios ajustados exatamente para a mesma hora. Quando um deles marca uma hora, o outro dispara. Não há qualquer conexão causal entre eles, embora possamos ser tentados a dizer que havia, se nada soubéssemos sobre a função das engrenagens e rodas-dentadas. A alma e o corpo, de igual maneira, estão ajustados por Deus sobre trilhos paralelos e realmente jamais interagem um com o outro.

Assim, os alicerces do relacionamento da cultura ocidental com a natureza e o meio ambiente foram primeiramente assentadas pela cosmologia da Bíblia, e secundariamente pela mecânica newtoniana e pela epistemologia cartesiana, que foram o seu resultado lógico. Já que não vemos a terra como um ser sagrado – porque as nossas tradições não moldaram nossas mentes para que a víssemos assim – achamos que é correto poluir nossos rios com resíduos industriais, destruir o solo, queimar nossas florestas tropicais e mandar barcos carregados de lixo através do rio Hudson. E como vemos os nossos corpos como não mais que átomos concentrados e reações químicas que por acaso uniram-se e aprenderam a caminhar por aí, aceitamos poluí-los com drogas ou produtos químicos. Para tornar as coisas piores, a indústria farmacêutica tem bilhões de dólares investidos na simplista noção cartesiana de que as doenças são uma questão de reajuste da proporção da química interna com pílulas, pois a mente, do ponto de vista da indústria médica, não tem absolutamente qualquer relacionamento com o corpo.

E mesmo que não tome drogas, a maioria das pessoas que vivem em sociedades industriais não acha nada demais consumir carne de boi e frangos que foram inoculados com hormônios, ou frutas e verduras que foram borrifadas com pesticidas. Não é de admirar que pesquisadores fiquem perplexos quando têm de traçar a etiologia de alergias e doenças como o câncer ou desordens neurológicas degenerativas como a de Lou Gherig ou a distrofia muscular. Estas doenças são funções de *um modo de vida*; especificamente, a vida vivida numa sociedade industrial que tem a obsessão de controlar a natureza.

Assim, a imaginação ocidental desenvolveu-se a partir de um campo morfogenético cultural no qual o espírito não é residente na matéria e as nossas mentes não residem em nossos corpos. E devido ao fato de que tantos cientistas hoje em dia permanecem presos a esta cosmologia ultrapassada, não é de admirar que suas imaginações sejam vez por outra seqüestradas por um Espírito negligenciado que lhes sussurra mitologias de extraterrestres que vivem em algum lugar "lá em cima" e que algum dia descerão e nos elevarão todos a seu nível de desenvolvimento tecnológico ou "espiritual." Tipos como Carl Sagan e Arthur C. Clarke, por exemplo, passaram muito de suas vidas aparentemente inconscientes de que ainda estavam vivendo numa cosmologia medieval – apesar de seu orgulho ingênuo a respeito de sua própria sofisticação tecnocrática – pois estavam constantemente pesquisando os céus em busca de assistência espiritual não de anjos mas de seres extraterrestres.

Aparentemente, o que muda na imaginação humana não são as suas *estruturas*, pois estas permanecem extraordinariamente persistentes, quer estejamos falando sobre a dicotomia espírito/natureza do *Gênesis* ou das forças externas empurrando as massas sem vida por aí, na física newtoniana, ou mesmo os extraterrestres "lá de cima" que descerão até aqueles de nós ainda encalhados "aqui embaixo" no jardim de infância tecnológico. Antes, é o *conteúdo* particular que é despejado no molde da imaginação humana o que constantemente muda de acordo com quaisquer que sejam as imagens mentais que a psique vá "aceitar" no momento.

3. O Mundo Invisível

Do mesmo modo que o estudante de anatomia comparada terá treinado o seu olho para identificar o *mesmo* órgão ou osso transformado em diferentes animais para efeito de adaptação a vários ambientes, assim também a imaginação mítica é suscetível de uma análise estruturalista pela qual podemos identificar o *mesmo* padrão de pensamento quando adaptado para funções específicas em diferentes visões do mundo. A idéia, por exemplo, de que o mundo visível emana de uma dimensão ou estado de ser invisível, que é sua fonte e apoio metafísico, é um desses padrões universais do pensamento humano, pois a idéia já sofreu tantas transformações através da história da cultura que a sua presença dentro de um ou outro sistema de pensamento pode não ser sempre prontamente perceptível. Mas, de fato, essa idéia pareceria constituir um tipo de categoria *a priori* para o pensamento cosmológico, pois onde quer que encontremos mitos ou narrativas de origens cósmicas, ela está quase invariavelmente presente sob a forma de uma ou outra cortina de fundo metafísica.

Às vezes, sua textura é corpuscular, como as mônadas radiantes de Leibniz, ou, como no caso de Spinoza, uma Substância, única, contínua, que ele identifica como Deus. A idéia está presente até mesmo no empirismo superficial de John Locke, que a concebe como um substrato último que dá suporte ao mundo "científico" de qualidades primárias objetivas tais como movimento, extensão ou forma, das quais dependem as qualidades subjetivas como gosto, odor e cor. O filósofo irlandês Bispo Berkeley, sentindo corretamente que a secularização da idéia, feita por Locke, ameaçava acabar com Deus, tentou negar também a existência da matéria, insistindo em que mesmo as qualidades primárias são na realidade subjetivas e dependem da percepção humana. Não foi necessário postular um substrato material para garantir a estabilidade das aparências, pois o mundo físico deriva sua objetividade da mente de Deus, cuja percepção deste mundo garante que cadeiras e mesas ainda estejam lá quando não as estivermos olhando.

A cosmologia de Berkeley não está tão distanciada da noção hindu de que o mundo é um sonho de um deus adormecido chamado *Vishnu,* cujo sonho, porém, termina quando ele entra num sono sem sonhos, arrastando o universo esgoto abaixo sob a forma de enchentes e incêndios. Na Índia, mesmo os próprios deuses são uma manifestação de *Brahman*, que é intrinsecamente sem forma, já que todas as formas derivam de *Brahman.* Arthur Schopenhauer, reconhecendo a equivalência desta idéia com a idéia kantiana "a coisa-em-si-mesma", rebatizou a dimensão invisível simplesmente de Vontade, o Desejo primordial do mundo simplesmente de ser, o que é a raiz não apenas da sobrevivência entre os seres vivos, mas também, como ele descreve, a luta entre as Idéias Platônicas para encarnarem-se nos mesmos pedaços de matéria.

Os gregos jamais puderam suportar a idéia de um Nada cósmico, por isso tenderam a atomizá-lo. Tanto a concepção das formas, de Platão, quanto a noção pitagórica dos números como fontes numênicas de todas as coisas físicas são variantes da idéia, como reconheceu Schopenhauer. E em sua personificação materialista dos "átomos e do Vazio," a ênfase da *gestalt* (forma) nas ontologias de Demócrito e Lucrécio está mais enfatizada nos átomos, e não no Vazio.

A antigüidade da idéia, além do mais, é atestada pela presença daqueles arquétipos animais pintados assombrando as cavernas paleolíticas de Lascaux e *Les Trois Frères,* pois *estes* são os verdadeiros ancestrais das Formas de Platão. Neste caso, a alegoria da caverna de Platão está invertida, pois o mundo das trevas abaixo é o útero protogenético contendo as fontes numênicas dos animais, enquanto o mundo ensolarado das planícies acima pertence às manadas transitórias que vêem e que vão, para as Trevas e para fora delas novamente, enquanto são mortas pelos caçadores.

O grande antropólogo alemão Leo Frobenius, no seu livro ainda não traduzido para o inglês *Unknown Africa (África Desconhecida),* nos fornece um relato de um ritual de caça que ele observou uma manhã entre os pigmeus. Três homens e uma mulher saíram para uma clareira antes do amanhecer e desenharam a imagem de um antílope no chão. Quando os primeiros raios de sol atingiram o desenho, um dos homens deu um passo à frente com o seu arco e lançou uma flecha no pescoço do antílope enquanto a mulher gritava alguma coisa em sua língua nativa. Então os homens se foram para a caça e retornaram mais tarde com um antílope que eles tinham flechado no pescoço exatamente no mesmo local que no diagrama. Eles retornaram à imagem e despejaram um pouco do sangue do animal sobre ela, depois apagaram-na, para que o seu fantasma, não homenageado, não se vingasse deles causando um acidente de caça.[6]

Esta imagem da concretização momentânea do arquétipo do antílope, elevando-se, por assim dizer, do chão como aquelas letras fantasmagóricas que se materializavam na barriga da criança, no filme *O Exorcista*, demonstra como o homem primordial visualizava os arquéti-

---

[6] Campbell cita a narrativa de Frobenius em *Primitive Mythology*(1959), pp. 296-297. Jean Gebser parafraseia a mesma narrativa como um exemplo paradigmático da estrutura mágica da consciência em sua obra-prima *The Ever-Present Origin* (1985), p. 47.

pos animais embutidos no ventre da Mãe Terra. Certamente, há uma continuidade de pensamento entre o ritual de caça destes pigmeus e a atmosfera, semelhante à de um útero, nas cavernas do paleolítico; atmosfera na qual as Formas animais descansam como embriões dentro da Mãe.

A visão das formas eternas, de Platão, sobre as quais as cópias sombrias do mundo estão imperfeitamente modeladas, representa a continuação desta noção antiga nas estruturas da alta civilização. O filósofo neoplatônico Plotino, no século 3 d.C., colocou as Formas dentro da Mente do mundo, de onde emanava a *anima mundi* e por sua vez projetava o plano físico da corporalidade. Esta concepção da *anima mundi* então se tornou a base ontológica para as disciplinas sagradas da alquimia, astrologia e da magia hermética, através do período medieval e dos primórdios da Renascença, de onde foi levada para a revolução científica até Giordano Bruno, antes de desaparecer no século dezessete e esconder-se nas irmandades dos franco-maçons e rosacruzes.

Mas como um cristal que é agora translúcido, depois opaco, a idéia reencarnou nas mentes científicas do Barroco como substrato materialista do mundo, para o qual a chave-mestra estava na matemática, pelo menos desde o tempo de Galileu. Pois foi a precisão e clareza da matemática que inspirou Descartes, Newton e Leibniz a revisualizar o mundo invisível como um tipo de treliça composta de equações com densas camadas à forma de arabescos radiantes. O clero do mundo moderno era agora composto de cientistas, cuja fé nas fórmulas piedosas que compunham as forças secretas do cosmo era a evidência de que a linguagem da matemática, e não o latim, era o verdadeiro idioma para compreender a dimensão numênica. Para o iniciado nesse sacerdócio, as equações da física eram hieroglifos numéricos das forças sagradas do universo, e só ele tinha a capacidade de invocar o reino das constantes universais. A crença mágica de que os poderes do mundo podem ser invocados para atender seus requisitos é tão velha quanto o xamanismo, pois quer assuma a forma dos rituais de caça dos pigmeus, a missa do padre católico ou as experiências do físico, ela é sempre a mesma coisa, até onde vai a estrutura arquetípica da imaginação humana.

A idéia da dimensão invisível parece constituir o núcleo da mente humana, pois a sua presença no pensamento do homem paleolítico como também no cientista contemporâneo não parece ser suscetível de qualquer outra explicação.

A presença dessa idéia como uma espécie de tela metafísica sobre a qual os pensadores deste livro pintam suas visões não deveria, portanto, constituir surpresa. Mas o que é diferente da inflexão que eles fazem da idéia em comparação com a concepção científica de um substrato materialista – sejam átomos newtonianos, massa-energia, ou campo unificado – é o fato de que eles foram inspirados por sistemas de pensamentos tradicionais que muitos cientistas contemporâneos considerariam ultrapassados. Para estas pessoas, como cientistas, acolher as imagens mentais da imaginação mítica definitivamente os coloca à parte dos mecanicistas como Stephen Hawking, Marvin Minsky ou Daniel Dennett, nenhum dos quais sentir-se-ia à vontade com o pensamento de qualquer contaminação de suas "constantes universais" e "forças da natureza" com idéias "religiosas."

Quer estejamos discutindo a tradução científica de Rupert Sheldrake sobre a Mente Neoplatônica do mundo; a teoria da vibração de Ralph Abraham; o renascimento da medicina *Ayurvédica* de Deepak Chopra, completa com suas concepções de *Brahman* como o solo numênico de nosso ser o qual, quando tocado pela consciência humana através da meditação, pode permitir uma reprogramação do corpo de modo a repelir a doença; os encontros de Stanislav Grof na terapia holotrópica com o reino do Bardo; o conceito espinoziano da mente de Deus, de Brian Swimme; o contato de Terence McKenna com a Supermente de Gaia; ou a visão de William Irwin Thompson sobre o ressurgimento do plano astral na tecnologia eletrônica, estamos vivendo no mesmo campo de idéias, em que a concepção materialista do mundo invisível tem sofrido transubstanciação para um conceito mais etérico da natureza da realidade última.

Carl Sagan, Murray Gellmann e Richard Dawkins pertencem à mesma noosfera; Brian Swimme, Deepak Chopra e Stanislav Grof pertencem a outra nooosfera, totalmente diferente. Não se trata nem sequer de "ateísmo" *versus* "teísmo", pois muitos dos cientistas que enumerei na introdução deste livro também compartilham desta fase espacial e sentem-se à vontade, em vários graus, em admitir que extraíram inspiração do mundo dos mitos. Lynn Margulis, por exemplo, é uma atéia declarada, mas ela certamente acolhe as amplificações culturais de William Irwin Thompson, que toma da lente de raios-X da mitologia para iluminar a presença do esqueleto mítico em seu trabalho de microbiologia. As percepções de Thompson, por exemplo, da ressonância estrutural que se encontram nas descrições históricas de Margulis de como as bactérias anaeróbicas foram empurradas para as profundezas do oceano pelos ferozes aeróbios movidos a oxigênio, com o mito de Miguel matando o dragão e atirando-o ao abismo, é uma concepção que ela certamente aprecia.[7]

E assim há uma ressonância não apenas entre os pensadores perfilados neste livro, mas também com aqueles que eu listei na introdução, visto que todos eles compartilham uma porção da noosfera na qual o mito e a ciência se sobrepõem confortavelmente, ao passo que a corrente dominante não o faz. Os pensadores deste livro, além do mais, têm em comum uma eterealização similar do substrato materialista em sua revisão do cosmo, e assim eu vejo a mudança da ciência mecanicista para os seus trabalhos como diretamente análoga à transubstanciação do vinho e do pão na missa quando o padre evoca o Logos divino para que se derrame pelo teto do mundo e lá fixe residência.

4. Em Direção a uma Ciência Mítica

O que eu quero dizer com transubstanciação da ciência não é uma fusão de ciência e religião. Eu enfatizei através do livro que as duas esferas têm funções inteiramente separadas. Mas, uma vez que a ciência está ocupando-se de imagens holísticas do cosmo que são *inclusivas* dos seres humanos, então o clima geral de idéias será mais simpático à imaginação mitológica, em vez de hostil. Apenas a ciência *mecanicista* é que é incompatível com a espiritualidade. Já que isso está mudando, talvez as duas esferas possam engajar-se numa troca de idéias mais frutífera.

Há uma imagem em um texto de Ralph Abraham que eu gostaria de adotar como a visão que encerra esse livro, pois é um exemplo perfeito deste tipo de fertilização mútua entre ciência e religião. Na descrição de Abraham, seria criado um Bioabrigo de dois acres no sótão da Catedral de St. John o Divino, em Nova Iorque. O arquiteto Santiago Calatrava sonhou um tipo de arquitetura gótica que na realidade inclui colunas misturando-se com árvores de verdade da floresta amazônica, enquanto um sistema fechado de água reciclaria o esgoto dos toaletes através do uso das máquinas vivas de John Todd. William Irwin Thompson, numa palestra proferida na catedral, articulou uma visão para a criação de um gigantesco mostrador de cristal líquido com o

---

[7] Veja Thompson (1989), pp. 59-62.

formato de uma rosa eletrônica, sobre o qual seriam projetadas imagens de todo o filme de Lynn Margulis sobre cianobactérias e espiroquetas. Monitores mais convencionais tornariam "os parâmetros invisíveis da fisiologia de Gaia visíveis" mostrando informações sobre temperatura, umidade, oxigênio, níveis de dióxido de carbono, e assim por diante.[8] O decano James Morton comandava a catedral durante o período do início da década de noventa, quando isso foi imaginado. Embora depois disso ele tenha deixado a catedral para criar a Interfé, ele é um exemplo do tipo de filantropia clerical que a Igreja necessita, se quiser sobreviver no século vinte e um como algo mais que um bastião para os renascimentos fundamentalistas.[9]

O que a ciência pode pedir emprestado à religiosidade são *imagens* míticas que ajudarão a criar cosmologias mais intuitivas que abstratas, as quais servirão para nos ligar ao universo em vez de nos divorciar dele. A imaginação visionária é um fluxo de energias jorrando da própria *anima mundi*. A hipótese Gaia é um exemplo disso, porque a ciência pediu emprestada uma imagem intuitiva da mitologia grega para expressar com brevidade ideográfica o que de outro modo seria chamado de "um sistema cibernético com tendências homeostáticas tal como detectado pelas anomalias químicas na atmosfera terrestre."

A transformação das teorias científicas em analogias míticas criará uma linguagem mais eficiente para a ciência, e a imaginação, conseqüentemente, será mais receptiva a teorias que lhe são apresentadas como imagens. A língua-mãe do intelecto é a linguagem abstrata, mas o restante da mente se alimenta de imagens, pois é desse modo que ela se comunica conosco à noite através dos sonhos. A linguagem da ciência, então, seria enriquecida por esta troca.

O que a religião pode pedir emprestado da ciência, por outro lado, é *conhecimento* novo sobre o universo, que ela por sua vez, pode transformar através da imaginação mítica. Foi isso que Chardin tentou efetuar na obra de sua vida, mas a Igreja não quis aceitar sua fusão da ciência e do Catolicismo, e por isso sua obra foi publicada postumamente. O futuro da Igreja parece menos viável se ela não puder adaptar-se às nossas imagens atuais do cosmo. Afinal de contas, os mitos da Cristandade que vieram à existência nos primeiros dois séculos d.C.

---

8 Veja Abraham (1992).

9 Para uma ilustração desta visão, veja *Bioshelters, Ocean Arks, City Farming: Ecology as the Basis of Design,* de Nancy e John Todd (1984), pp. 88-89.

foram baseados no conhecimento científico daquela época. O mundo era uma hierarquia de camada tripla de céu, terra e inferno, com anjos acima e demônios abaixo, e os planetas giravam ao redor da terra, enquanto Deus sentava-se em seu trono no Empíreo e observava sua máquina funcionar. A história do cosmo foi desdobrada numa peça em três atos, consistindo de gênese, crucificação e apocalipse, e cada um destes eventos era único e jamais se repetia. *Essa* era a ciência do primeiro século d. C.

Assim, agora parece que a religião deve alcançar a ciência, pois a ciência já está retornando ao seu local de origem, que são os mitos. Que tipos de filhos o casamento desses dois conhecimentos produzirá para povoar a terra é algo que permanece como um mistério e uma promessa do século vinte e um.

Agradecimentos

Numa era em que o cinema e o *rock and roll* são as formas preeminentes de arte, quase todo empreendimento é um esforço coletivo para o qual nenhum indivíduo sozinho pode assumir crédito total, e o caso não é diferente com o presente livro. Como indica a citação de abertura dessa obra, eu devo a primeira visão deste livro ao capítulo do livro *A Decadência do Ocidente*, de Oswald Spengler, que é dedicado ao "Conhecimento Faustiano e Apolíneo da Natureza". O capítulo demonstra não existir algo chamado "natureza" em si, mas apenas descrições variáveis dela, como pode ser percebido através daquela lente epistemológica que chamamos de "mito", e com o que geralmente desejamos depreciar as cosmologias de outras culturas. Foi o gênio de Spengler que percebeu que aquilo que chamamos "ciência" é de fato uma variação extremamente recôndita e altamente texturizada da "mitologia".

E a Joseph Campbell talvez mais que a qualquer outro devo muito pela inspiração da sua visão "copérnica" da mitologia, na qual o cosmo bíblico é visto como simplesmente um planeta entre muitos, revoluteando em torno do grande mistério sobre o qual pensamos como sendo "Deus." Também devo agradecimenos à Fundação Joseph Campbell pelo apoio financeiro.

A Arthur Young, devo a estrutura do arco involução-evolução do livro, e tenho um débito maior ainda para com William Irwin Thompson, por haver-me apresentado ao mundo pós-Campbell da ciência e cultura contemporâneas.

A F. David Peat devo um agradecimento um tanto perplexo por ter escrito o prefácio para um livro cujo autor poderia muito bem ter sido Adão.

Por revisar o manuscrito, fazer vários comentários e sugestões, devo muitos agradecimentos às seguintes pessoas: John Lobell, Stephen Larsen, Ray Grasse e Ralph White.

E pela generosidade em conceder-me tempo para as entrevistas, agradeço a meus co-autores: Brian Swimme, Rupert Sheldrake, Ralph Abraham, Lynn Margulis, Terence McKenna, Stanislav Grof, Deepak Chopra e mais uma vez, Bill Thompson.

E há aquele amigo lá de Minnesota, Robert Warner, cujo entusiasmo e gentil encorajamento fizeram meus dias transcorrer mais facilmente; o incipiente escritor de ficção Kheir Fakhreldin, cujo livro *Elvis Redivivus: A Myth* está destinado a torná-lo famoso; à minha mãe, pelo imenso sacrifício que fez em educar meu irmão Tom e a mim; e Melynda Christoff, já que eu provavelmente não teria escrito este livro sem o seu encorajamento persistente e as muitas discussões que tivemos a respeito do livro. Para começar, o seu charme inato, fervor e sensitividade supriram-me com o combustível necessário para abraçar o projeto, e depois as suas críticas cuidadosas e atenciosas sobre cada um destes capítulos ajudaram a manter-me no rumo até o final.

Bibliografia

Abraham, Ralph. 1988. "Chaos in Myth and Science." Em *Doing Science: The Reality Club 2*. Ed. John Brockman. Nova Iorque: Prentice Hall Press.

–. 1992. "Cathedral Dreams." *Annals of Earth*, Dec. 1992 .

–. 1994. *Chaos, Gaia, Eros: A Chaos Pioneer Uncovers the Three Great Streams of History*. San Francisco: Harper Collins.

–. 1996. "Vibrations: Communication Through a Morphic Field." Preimpressão de *Synthesis of Science and Religion*. Calcutá, Índia: 1996.

Abraham, Ralph H. and Marsden, Jerrold E, 1978. *The Foundations of Mechanics*, 2d ed. Reading, Ma: Addison-Wesley.

Abraham, Ralph., McKenna, Terence, e Sheldrake, Rupert. 1992. *Trialogues at the Edge of the West*. Santa Fé, NM: Bear&Co.

Abraham, Ralph H. e Shaw, Chistopher D. 1992. *Dynamics, the Geometry of Behavior*, 2ª ed. Reading, MA: Addison-Wesley.

Adams, Henry. 1961. *The Education of Henry Adams*. Boston, Mass: Houghton Mifflin.

Arguelles, José. 1987. *The Mayan Factor*. Santa Fé, NM: Bear&Co.

Badinet, Alan Hunt. "Chaos and Karma." *Yoga Journal*, março-abril.

Bergson, Henri. 1944. *Creative Evolution*. Arthur Mitchell trad. Modern Library Series. Nova Iorque: Random House.

Blacker, Hal. "An Interview with George Feuerstein." *What is Enlightenment*? (outono/inverno), pp.35-43. 1997.

Bridle, Susan. "Deepak Chopra: the Man With the Golden Tongue." *What is Enlightenment*? (outono/inverno), pp. 45-52, 1997.

Brown, David J. e McClen, Rebecca. "What the Universe Remembers: An Interview with Rupert Shelkdrake." *The Sun*. 211:6, 1993.

–. 1995. *Voices From the Edge*. Freedom, CA: The Crossing Press.

Campbell, Joseph. "Review of *Der Weg zum Selbst*." *Review of Religion*, 11, no. 3, 1947.

–. 1949. *The Hero With a Thousand Faces*. Princeton: Princeton University Press.

–. 1959. *Primitive Mythology*. Nova Iorque: Viking-Penguin.

–. 1960. (ed.) *Spiritual Disciplines. Papers from the Eranos Notebooks*. Bollingen Series XXX, vol.4. Princeton: Princeton University Press.

–. 1962. *Oriental Mythology*. Nova Iorque: Viking-Penguin.

–. 1964. *Occidental Mythology*. Nova Iorque: Viking-Penguin.

–. 1968. *Creative Mythology*. Nova Iorque: Viking-Penguin.

–. 1988a. *The Historical Atlas of World Mythology, Vol. I: The Way of the Animal Powers, Part I: Mythologies of the Primitive Hunters and Gatherers*. Nova Iorque: Harper Collins.

–. 1988b. *The Inner Reaches of Outer Space*. Nova Iorque: Harper & Row.

–. 1995. *Baksheesh and Brahman: Indian Journal* 1954-55. Ed. Robin & Stephen Larsen & Anthony Van Couvering. Nova Iorque: Harper Collins.

Chardin, Teilhard de. 1959. *The Phenomenon of Man*. Nova Iorque: Harper & Row.

Chopra, Deepak. 1987. *Creating Health: Beyond Prevention, Toward Perfection*. Nova Iorque: Houghton Mifflin.

–. 1988. *Return of the Rishi: A Doctor's Search for the Ultimate Healer*. Nova Iorque: Houghton Bartom.

–.. 1989. *Quantum Healing: Exploring the Frontiers of Mind/Body Medicine*. Nova Iorque: Bantam.

–. 1993. *Ageless Body, Timeless Mind: The Quantum Alternative to Growing Old*. Nova Iorque: Harmony.

Dobbs, Berry Jo Teeter. 1975. *The Foundations of Newton's Alchemy*. Cambridge: Cambridge University Press.

Ebert, John David. "Visions of a Biochemical Apocalypse." *Lapis* 5:67, 1997.

Fox, Matthew, and Sheldrake, Rupert. 1996a. *Natural Grace: Dialogues on Creation, Darkness and the Soul in Spirituality and Science*. NY: Doubleday.

–. 1996b. *The Physics of Angels*. SF: Harper San Francisco.

Gebser, Jean. 1985. *The Ever-Present Origin*. Noel Barstad e Algis Mickunas trad. Athens: Ohio University Press.

Gibson, William and Sterling, Bruce. 1992. *The Difference Engine*. Nova Iorque: Bantam.

Gimpel, Jean. 1976. *The Medieval Machine: the Industrial Revolution of the Middle Ages*. Nova Iorque: Viking Penguin Books.

Grof, S. 1975. *Realms of the Human Unconscious: Observations from LSD Research*. Nova Iorque: Viking Press.

–. 1980. LSD *Psychotherapy*. Pomona, Cal.: Hunter House.

–. 1985. *Beyond the Brain: Birth, Death and Transcendence in Psychotherapy*. Albany, Nova Iorque: State University of New York Press.

–. 1988. *The Adventure of Self Discovery: Dimensions of Counsciousness and New Perspectives in Psychotherapy and Inner Exploration*. Albany, Nova Iorque: State University of New York Press.

Grof, S. e Bennett, Hal Zina. 1992. *The Holotropic Mind: the Three Levels of Human Consciousness and How They Shape Our Lives*. Nova Iorque: Harper Collins.

Hofmann, Albert. "Interview: Albert Hofmann." *Omni*, 1981.

Hope, Marjorie e Young, James. "Thomas Berry and a New Creation Story." *The Christian Century*. Agosto 16-23, 1989.

Huxley, Aldous. 1954. *The Doors of Perception*. Nova Iorque: Harper.

Jahn, Robert G. e Dunne, Brenda J. 1987. *Margins of Reality: the Role of Consciousness in the Physical World*. Nova Iorque: Harcourt, Brace, Jovanovich.

Jaynes, Julian. 1976. *The Origins of Consciousness in the Breakdown of the Bicameral Mind*. Boston: Houghton Mifflin.

Jeffers, Robinson. 1991. *The Collected Poetry of Robinson Jeffers*, vol. 3, ed. Tim Hunt. Stanford, CA: Stanford University Press.

Jung, C.G. 1953. "On the Psychology of the Unconscious." Em: *Two Essays on Analytical Psychology*. Collected Works, vol. 7, Bollingen Series XX, Princeton: Princeton University Press.

–. 1956. *Symbols of Transformation*. Collected Works, vol. 5, Bollingen Series XX, Princeton: Princeton University Press.

–. 1969a. *Aion:Rresearch into the Phenomenology of the Self*. Collected Works, vol. 9, Bollingen Series XX, Princeton: Princeton University Press.

–. 1969b. *Psychology and Religion: West and East*. Collected Works, vol 11, Bollingen Series XX, Princeton: Princeton University Press.

–. 1971a. *The Portable Jung*. ed. Joseph Campbell. Nova Iorque: Viking Penguin.

–. 1971b. *Psychological Types*. Collected Works, vol. 6, Bollingen Series XX, Princeton: Princeton University Press.

–. 1976. *The Symbolic Life: Miscellaneous Writings*. Collected Works, vol. 18, Bollingen Series XX, Princeton: Princeton University Press.

–. 1978. "Commentary to "The Secret of the Golden Flower." Em *Psychology and the East*. Dos *Collected Writings,* vols. 10, 11, 13 e 18, Bollingen Series XX, Princeton: Princeton University Press.

Leland, John e Power, Carla. "Deepak's Instant Karma." *Newsweek*, oct. 20, 1997. pp. 53-58.

Lessing, Doris. 1974. *The Temptations of Jack Orkney and Other Stories*. Nova Iorque: Bantam.

Mann, Thomas. 1957. *Essays*. Nova Iorque: Vintage.

McKenna, Terence. 1991. *The Archaic Revival*. Nova Iorque:Harper Collins.

–. 1992. *Food of the Gods: The Search for the Original Tree of Knowledge; a Radical History of Plants, Drugs and Human Evolution*. Nova Iorque: Bantam New Age.

–. 1993. *True Hallucinations: Being an Account of the Author's Extraordinary Adventures in the Devil's Paradise*. SF: Harper San Francisco.

McKenna, Terence e McKenna, Dennis. 1993. *The Invisible Landscape: Mind, Hallucinogens and the I Ching*. San Francisco: Harper San Francisco.

Neumann, Erich. 1954. *The Origins and History of Consciousness*. Bollingen Series XLII, Princeton: Princeton University Press.

–. 1974. *Art and the Creative Unconscious*. Bollingen Series LXI, Princeton: Princeton University Press.

Peterson, Ivars. 1993. *Newton's Clock: Chaos in the Solar System*. Nova Iorque:W.H. Freeman and Company.

Postman, Neil. 1985. *Amusing Ourselves to Death: Public Discourse in the Age of Show Business*. Nova Iorque: Viking, 1985.

Rifkin, Jeremy. 1981. *Entropy: A New World View*. Nova Iorque: Bantam.

Schwartz, Tony. 1995 *What Really Matters: Searching for Wisdom in America*. Nova Iorque: Bantam.

Serres, Michel. 1982. *Hermes: Literature, Science, Philosophy*. Baltimore, MD: The John Hopkins University Press.

Sheldrake, Rupert. "The Ageing, Growth and Death of Cells." *Nature* 250: 381,1974.

–. 1988. *The Presence of the Past: Morphic Resonance and the Habits of Nature*. Rochester: Park Street Press.

–. 1994. *The Rebirth of Nature: the Greening of Science and God*. Rochester, VT: Park Street Press.

–. 1995a. *A New Science of Life: The Hypothesis of Morphic Resonance*. Rochester, VT: Park Street Press.

–. 1995b. *Seven Experiments that Could Change the World: A Do-It Yourself Guide to Revolutionary Science*. Nova Iorque: Riverhead Books

–. “Experimenter Effects in Scientific Research: How Widely Are They Neglected?” *Journal of Scientific Exploration* 11, 1997.

Shnayerson, Michael. “Life After Steve.” *Vanity Fair* Nov. 1996.

Spengler, Oswald. 1929. *The Decline of the West*, vol. I., Charles Francis Atkinson trad., Nova Iorque: Alfred A. Knopf.

–. 1932. *Man and Technics*. Charles Francis Atkinson trad., Nova Iorque: Aslfred A. Knopf.

Stevenson, Ian. 1974. *Twenty Cases Suggestive of Reincarnation*. Charlottesville: University of Virginia Press.

–. 1987. *Children Who Remember Previous Lives*. Charlottesville, VA: University Press of Virginia.

Strozier, Charles. 1994. *Apocalypse: On the Psychology of Fundamentalism in America*. Boston, Mass: Beacon Press.

Swimme, Brian. 1984. *The Universe is a Green Dragon: A Cosmic Creation Story*. Santa Fe, NM: Bear & Co.

–. 1996. *The Hidden Heart of the Cosmos: Humanity and the New Story*. Maryknoll, Nova Iorque: Orbis Books.

Swimme, Brian & Berry, Thomas. 1992. *The Universe Story: From the Primordial Flaring Forth to the Ecozoic Era, A Celebration of the Unfolding of the Cosmos*. Nova Iorque: Harper Collins.

Thompson, William Irwin. 1971. *At the Edge of History*. Nova Iorque: Harper & Row.

–. 1977a. (ed.) *Earth's Answer: Explorations of Planetary Culture at the Lindisfarne Conference*. Nova Iorque: Harper & Row / Lindisfarne.

–. 1977b. *Evil and World Order*. Nova Iorque: Harper & Row.

–. 1981. *The Time Falling Bodies Take to Light*. Nova Iorque: St. Martin's Press.

–. 1985. *Pacific Shift*. San Francisco: Sierra Club Books.

–. 1987. (ed.) *Gaia: A Way of Knowing, Political Implications of the New Biology*. Nova Iorque: Lindisfarne Books.

–. 1989. *Imaginary Landscape: Making Wolds of Myth and Science*. Nova Iorque: St. Martin's Press.

–. 1990. *Islands Out of Time: A Memoir of the Last Days of Atlantis*. Santa Fe, NM: Bear & Co.

–. 1991a. *The American Replacement of Nature: The Everyday Acts and Outrageous Evolution of Economic Life*. Nova Iorque: Doubleday Currency.

–. 1991b. (ed.) *Gaia 2: Emergence, The New Science of Becoming*. Nova Iorque: Lindisfarne Books.

–. 1991c. *Reincarnation of the World: A Critique of the New Age and Popular Culture*. Santa Fe: Bear & Co.

–. 1993. "Of Angels, Extraterrestrials, Lost Continents, and other Strange Attractors: A Conversation with Ralph Abraham and William Irwin Thompson," *Annals of Earth*. Vol. XI, No. 2

–. 1996. *Coming Into Being: Artifacts and Texts in the Evolution of Consciousness*. Nova Iorque: St. Martin's Press.

–. 1997. *Worlds Interpenetrating and Apart: Collected Poems*. 1959-1996. Hudson, Nova Iorque: Lindisfarne Books.

Velikovsky, Immanuel. 1950. *Worlds in Collision*. Nova Iorque: Doubleday.

Wilber, Ken. 1995. *Sex, Ecology, Spirituality: The Spirit of Evolution*. Boston, Mass.: Shambhala.

–. 1997. *The Eye of Spirit: An Integral Vision for a World Gone Slightly Mad*. Boston, Mass.: Shambhala.

–. 1998. *Ken Wilber in Dialogue*. D. Rothberg e S. Kelly, eds. Wheaton, IL: Theosophical Publishing House.

Woodcock, Alexander e Davis Monte. 1978. *Catastrophe Theory*. New York: Avon Books.

Young, Arthur. 1976. *The Reflexive Universe*. San Francisco. Robert Briggs Associates.

EDITORA TEOSÓFICA – *Livros Para Viver Melhor*

Consciência e Cosmos

Menas Kafatos e Thalia Kafatou

Este livro correlaciona o pensamento da Física contemporânea com a tradição mística de uma forma renovadora e única, na medida em que reaproxima estes dois campos complementares do conhecimento, um externo e outro interno.

Enquanto nossa pesquisa externa investiga o mundo objetivo, exterior, nossa busca interior dirige-se àquele nível de consciência implícito em toda a experiência subjetiva – tema central da tradição mística.

Os Drs. Menas Kafatos e Thalia Kafatou correlacionam a experiência externa dos mais recentes desenvolvimentos científicos da Teoria Quântica e da Cosmologia com o pensamento oriental, sustentando que os reinos do mundo objetivo e da consciência subjetiva são aspectos complementares da mesma realidade.

O leitor encontrará nesta obra, em linguagem simples e envolvente, uma reflexão sobre esses paradoxos modernos, visando descobrir a unidade que constitui o processo cósmico no qual somos todos participantes.

EDITORA TEOSÓFICA – *Livros Para Viver Melhor*

INTELIGÊNCIA EMOCIONAL
As três faces da mente

ELAINE DE BEAUPORT & Aura Sofia Diaz

Todos sabem que um arquiteto é capaz de "ver" um prédio em sua tela mental antes do início da construção, e que um grande ator pode transmitir uma emoção complexa com um único gesto. Mesmo assim, muitos dirigentes e educadores ainda pensam que habilidades como estas não fazem parte da inteligência, e que a inteligência humana é algo que se mede apenas com testes lógicos e contas de matemática.

Neste livro pioneiro, resultado de 26 anos de ensino e pesquisa, a Dra. Elaine de Beauport mostra que o nosso cérebro tríplice tem pelo menos dez inteligências, e que algumas delas são mentais, algumas são emocionais e outras comportamentais. Contando histórias práticas e recomendando exercícios simples, a Dra. Beauport nos ensina a descobrir, a desenvolver e a administrar todas as inteligências. Aprenda a usar a inteligência espacial visual do seu cérebro mental para pré-vizualizar um novo e importante projeto. Use a inteligência motivacional do seu cérebro emocional para acender o fogo criativo. Faça a inteligência de padrões do seu cérebro comportamental trabalhar para combater dependências e romper padrões negativos.

Um verdadeiro "manual do proprietário", com instruções para o melhor uso possível do corpo e das diversas inteligências próprias da vida humana, este livro vai além da abordagem da consciência emocional e mostra a cada leitor todas as variedades da sua inteligência, que é potencialmente ilimitada, indicando, a cada capítulo, como este potencial pode ser desenvolvido em nossa vida diária.